汽车构造与装调

（上册）

主编　伊晓浏　蔡一凡
主审　潘向民

SPM
南方出版传媒
广东科技出版社

图书在版编目（CIP）数据

汽车构造与装调．上册/伊晓浏，蔡一凡主编．—广州：广东科技出版社，2015.2

ISBN 978－7－5359－5960－7

Ⅰ.①汽…　Ⅱ.①潘…　Ⅲ.①汽车—构造 ②汽车—装配（机械）　Ⅳ.①U463

中国版本图书馆 CIP 数据核字（2014）第 202345 号

Qiche gouzao yu zhuangtiao（Shangce）

汽车构造与装调（上册）

责任编辑：陈毅华
封面设计：郑大龙　柳国雄
责任校对：陈　静
责任印制：罗华之
出版发行：广东科技出版社
（广州市环市东路水荫路 11 号　邮政编码：510075）
http://www.gdstp.com.cn
E-mail：gdkjyxb@gdstp.com.cn（营销中心）
E-mail：gdkjzbb@gdstp.com.cn（总编办）
经　　销：广东新华发行集团股份有限公司
印　　刷：广东新华印刷有限公司
（广东省佛山市南海区盐步河东中心路 23 号　邮政编码：528247）
规　　格：787mm×1 092mm　1/16　印张 13.25　字数 270 千
版　　次：2015 年 2 月第 1 版
2015 年 2 月第 1 次印刷
定　　价：28.00 元

前　言

近年我国汽车制造业取得了长足的发展，汽车产销量已进入世界前列。伴随汽车制造业的迅猛发展，企业迫切需要大量掌握汽车装调技术的技工。以往各类学校汽车专业的培训，都是以汽车维修或检测为主，要求学员掌握的技能只侧重于维护、维修和故障诊断等，对汽车制造中的装拆、检测、调整和试验等技能的掌握，往往难以满足企业的实际需要。汽车制造企业主要是以装调汽车零部件及总成为主，对维修和故障诊断并没有很高的要求，反而对汽车零部件的装拆、调校和测试等技能的掌握有很严格的要求。国家劳动部根据汽车生产企业需求的特点，近年在汽车专业工种方面增加了汽车装调工，以适应生产发展的需要。人力资源和社会保障局辖下的职业技能鉴定中心也设立了汽车装调工技能鉴定所，专门负责对汽车装调工（专业工种号：44001）技能等级证进行考核。现在汽车制造企业招聘的新技工，都以考取装调工技能等级证作为入职的标准（门槛）。

目前专门的汽车装调工专业培训教材还是空白，在用的培训教材普遍都采用汽车维修教材来代替，这对培训和考核都造成一定的困难。鉴此，广州市高级技工学校组织编写了《汽车构造与装调》，填补了汽车装调工专业教材的空白，满足了汽车装调工专业教学的需要。

该教材紧扣汽车装调工专业技术的特点和现代汽车技术发展编写，内容上与传统的汽车构造与维修教材比较，有如下特点：

（1）汽车构造的内容有较大的改动，主要是剔除了一些过时的知识点，将现代汽车已普遍使用的装置作为基础系统教学内容。例如，化油器式燃料供给系的汽车已经不再生产，所以在汽油机燃料供给系的章节里，我们不再设置化油器式燃料供给系的教学内容，而将电子控制喷射式燃料供给系作为汽油机燃料供给系的典型教学内容，并且将电子控制的点火系统也作为电子控制喷射式燃料供给系的电子控制的其中一个控制系统来介绍。

（2）汽车构造方面的内容则是围绕着对汽车的装拆、检测、调整和试验技能培训方面进行设置，而不是围绕着汽车维修和诊断技能方面进行设置。

（3）汽车装调的教学内容重点围绕着汽车的易损易坏零件的拆装、检测、调整和试验来进行。

本书共有 8 章：第 1 至第 4 章由伊晓浏老师编写，第 5 至第 8 章由蔡一凡老师编写，全书由潘向民老师主审。

囿于时间和水平等关系，书中疏漏或难免，敬请专家和广大读者指正。

2014 年夏于羊城

目　录

第1章 绪 论

第1节 汽车类型

现代汽车种类繁多，各国的分类方法各不相同。我国国家标准是按用途与结构特征来分类，而交通车辆管理部门则从道路的管理因素来考虑分类。

一、国标分类

（一）乘用车

在设计和技术特性上主要用于载运乘客及其随身行李和（或）临时物品的汽车，包括驾驶人座位在内最多不超过9个座位。它还可以牵引一辆挂车。通常可分为：

1. 小型乘用车

封闭式车身，通常后部空间较小。固定式硬车顶，有的顶盖一部分可以开启。有至少一排，2个或以上的座位。有2个侧门，也可有1个后开启门。有2个或以上侧窗。

2. 普通乘用车

封闭式车身，侧窗中柱可有或无。固定式硬车顶，有的顶盖一部分可以开启。有至少两排，4个或以上座位。2个或4个侧门，或有一个后开启门。

3. 高级乘用车

封闭式车身，前后座之间可以设有隔板。固定式硬车顶，有的顶部一部分可以开启。有至少两排，4个或以上座位。后排座椅前可安装折叠式座椅。有4个或6个侧门，也可有一个后开启门。有6个或以上的车窗。

4. 多用途乘用车

只有单一车室载运乘客及其行李或物品的乘用车。

乘用车中还有活顶乘用车、敞篷车、越野乘用车、救护车、旅居车、防弹车和殡仪车等。

（二）商用车辆

在设计和技术特性上用于运送人员和货物的汽车，并且可以牵引挂车。乘用车不包括在内。商用车通常可分为：

1. 客车

在设计和技术特性上用于载运乘客及其随身行李的商用车辆，包括驾驶人座位在内座位数超过9座。有单层的或双层的，还可牵引一辆挂车。通常可分为：

（1）小型客车

用于载运乘客，除驾驶人座位外，座位数不超过16座的客车。

（2）城市客车

一种为城市内运输而设计和装备的客车，车辆设有座椅及站立乘客的位置，并有足够的空间供频繁停站时乘客上下车走动。

（3）长途客车

一种为城市间运输而设计和装备的客车。车辆没有专供乘客站立的位置，但在通道内可载运短途站立的乘客。

（4）旅游客车

一种为旅游而设计和装备的客车。车辆的布置可确保乘客的舒适性，不载运站立的乘客。

客车中，还有铰接客车、无轨电车、越野客车和专用客车等。

2. 货车

一种主要为载运货物而设计和装备的商用车辆。通常可分为：

（1）普通货车

一种在敞开（平板式）或封闭（厢式）载货空间内载运货物的货车。

（2）多用途货车

设计和结构上主要用于载运货物，但在驾驶人座椅后带有固定或折叠式座椅，可运载3个以上的乘客。

（3）专用货车

设计和技术特性上用于运输特殊物品的货车，例如：罐式车、集装箱运输车等。

（4）专用作业车

用于特殊工作的货车，例如：消防车、救险车、垃圾车、应急车、街道清洗车、扫雪车以及清洁车等。

货车中还有全挂牵引车、越野货车和专用货车等。

3. 其他车辆

除上述车型外，还有挂车和汽车列车等。

二、交通车辆管理部门分类

（一）载客汽车（客车）

主要指用于载运乘客和行李的汽车，通常可分为：

（1）小客车

座位在12座以下（包括轿车）。

（2）中客车

座位在12～22座。

（3）大客车

座位在22座以上。

（二）载货汽车（货车）

主要指用于运输各种货物的汽车，通常可分为：

（1）轻型载重汽车
载货量<3t。
（2）中型载重汽车
载货量4~8t。
（3）重型载重汽车
载货量>8t。

（三）特种车

主要用于特殊用途的汽车，通常可分为：
（1）特种轿车
检阅车、指挥车。
（2）特种客车
公安用囚车。
（3）特种货车
自卸车、冷藏车、容罐车和集装箱运输车。
（4）特种用途车
救护车、消防车、洒水车、起重吊车和流动工程车。

（四）越野车

主要用于铺装路以外特殊地段需很强通行能力的汽车，通常可分为：
（1）轻型越野车
（2）中型越野车
（3）重型越野车

第2节 国产汽车型号编排规则

我国在1988年颁布的国家标准《汽车产品型号编排规则》（GB 9417—88）中规定自1989年1月1日以后设计的汽车与半挂车的型号一律按该标准来确定型号。汽车产品型号由生产企业名称或企业所在地区代号、车辆类别、主参数代号、产品序号组成，必要时还可附加企业自定代号。

一、国产汽车型号排列规则

国产汽车产品型号编排如图1-2-1所示。

二、专用汽车型号排列规则

专用汽车产品型号编排如图1-2-2所示。

1. 企业名称代号

企业名称代号位于产品型号的首位，用代表企业名称或企业所在地地名的2个（或3

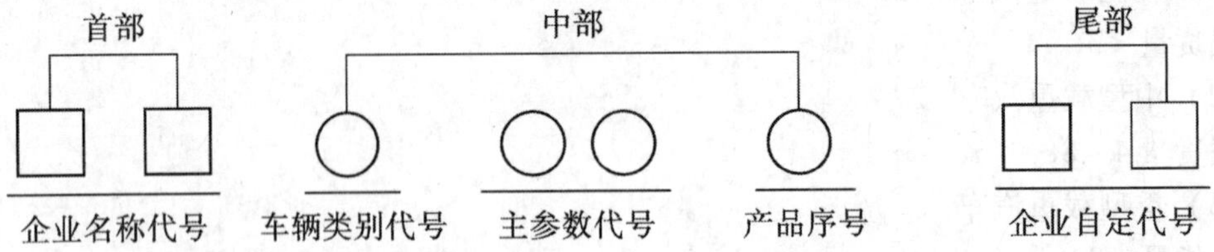

图 1-2-1　国产汽车型号编排规则

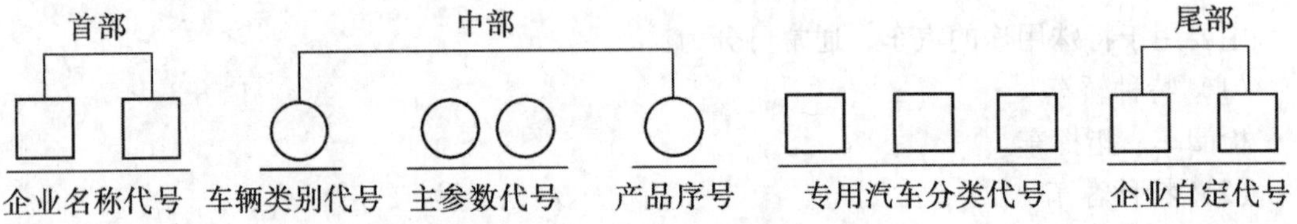

图 1-2-2　专用汽车产品型号构成

个）汉语拼音字母表示。如北京、南京、济南、上海等地汽车厂分别用地名汉语拼音的第 1 个字母的大写表示，第二汽车制造厂用 EQ 表示，长春第一汽车制造厂用 CA 表示（20 世纪 50 年代选定沿用至今，不符合国标规定，作为特例使用）。

2. 车辆类别代号

车辆类别代号位于产品型号第 2 部分，用 1 个阿拉伯数字表示，规定如表 1-2-1 所示。

表 1-2-1　车辆类别代号

类别代号	车辆种类	类别代号	车辆种类	类别代号	车辆种类
1	载货汽车	4	牵引汽车	7	轿车
2	越野汽车	5	专用汽车	8	—
3	自卸汽车	6	客车	9	半挂车及专用半挂车

3. 主参数代号

主参数代号位于产品型号的第 2 部分，用 2 个阿拉伯数字表示。载货汽车、越野汽车、自卸汽车、专用汽车与半挂的参数代号用车辆的总质量（t）表示，总质量在 100t 以上时允许用 3 位数字表示。客车的主要参数代号用车辆长度表示，当车辆长度 < 10m 时，以 1/10m 为单位来表示。轿车的主参数代号用发动机排量值，并以 1/10L 为单位来表示。按上述规定选取的主参数不足规定位数时，在参数前以“0”占位。

4. 产品序号

产品序号位于产品型号的第 4 部分，可依次选取阿拉伯数字 0、1、2……来表示。

5. 专用汽车分类代号

专用汽车还应在“产品序号”之后增加专用汽车分类代号。专用汽车分类代号用以反映汽车结构和用途特征的 3 个汉语拼音字母表示，其中，结构特征代号为：X 表示厢式汽车、G 表示罐式汽车、Z 表示专用自卸汽车、T 表示特种结构汽车、J 表示起重举升汽车、C

表示仓栅式汽车。用途特征代号按中国汽车联合协会行业管理标准规定执行。

第3节 汽车总体构造

汽车是由上万个零件组成的结构复杂的机动交通工具，而且种类很多。以内燃机为动力装置的汽车的基本构造是由发动机、底盘、车身和电气设备4大部分组成。如图1-3-1、图1-3-2所示。

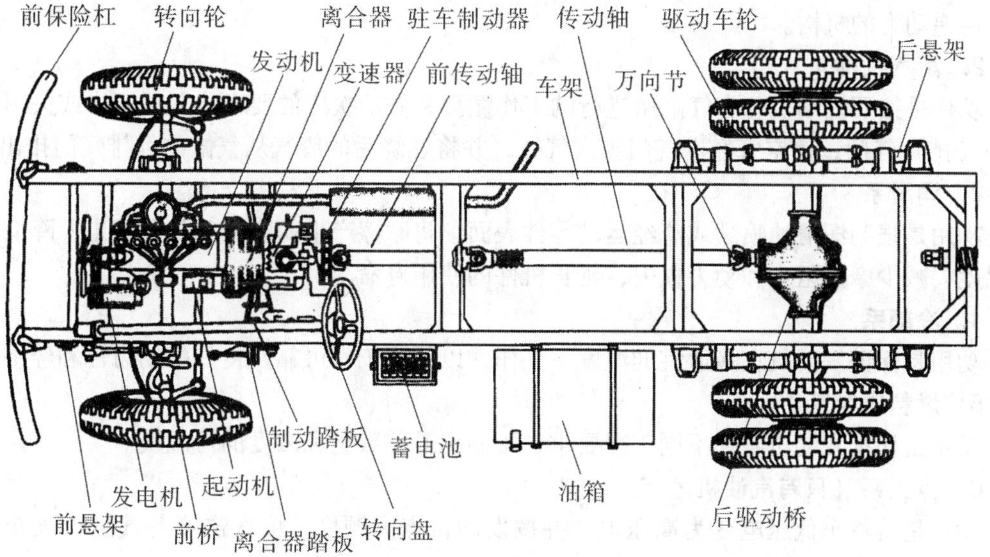

图1-3-1 货车总体构造

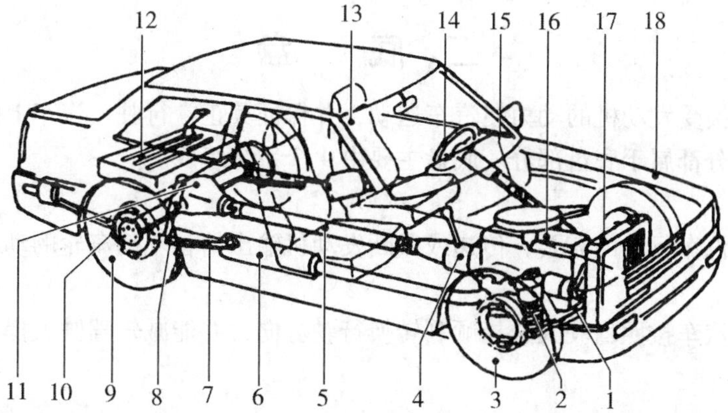

1—前桥 2—前悬挂 3—前轮 4—变速器 5—传动轴 6—消声器 7—后悬挂 8—减振器 9—后轮 10—制动器 11—后桥 12—燃油箱 13—座椅 14—转向盘 15—转向器 16—发动机 17—散热器 18—车身

图1-3-2 轿车的总体构造

一、发　动　机

发动机是推动汽车前进所需的动力装置，作用是将供入其中的燃料燃烧后产生的热能转变为机械能输出，然后通过底盘的传动系统驱动汽车行驶。目前汽车发动机都采用往复活塞式内燃机，在车辆上分前置和后置布置。所用的燃料以汽油和柴油为主。发动机主要由两大机构和五大系统组成。

1. 曲柄连杆机构

功用是把燃气作用在活塞上的力转变为曲轴的扭矩，带动工作机构做功。它是内燃机产生并传递动力的机构。

2. 配气机构

功用是按照发动机每个气缸所进行的工作循环和做功次序的要求，定时开启或关闭各缸的进（排）气门，使空气经进气门吸入气缸，并将燃烧后的废气从气缸内经排气门排出。

3. 润滑系

功用是强制润滑油喷溅或流经运动零件表面，将摩擦产生的磨屑和热量带走，降低其工作温度，减少摩擦阻力和动力损失，延长机件的使用寿命。

4. 冷却系

功用是保证发动机在最适宜的温度下工作，以保证工作可靠及良好的动力性和经济性。

5. 燃料供给系

功用是根据发动机各种不同工况要求，配制出最佳数量和浓度的可燃气。

6. 点火系（只有汽油机才有）

功用是将汽车低压电变为高压电，并按发动机点火顺序，依次击穿各气缸内火花塞间隙，产生电火花点燃混合气。

7. 启动系

功用是驱动发动机曲轴旋转，启动发动机做功运转。

二、底　　盘

底盘功用是接受发动机的动力使汽车运动，并保证其正常行驶。汽车上除发动机和水箱外的其余金属部分都属于底盘部分。底盘主要由 4 个系统组成。

1. 传动系

功用是根据汽车行驶的需要，传递或截断发动机输出给各驱动车轮的动力。

2. 转向系

功用是保证汽车按照驾驶人选择顺利转换行驶方向，并能减轻驾驶人操作转向盘的劳动强度。

3. 制动系

功用是对正在行驶着的汽车作用一阻力，以消耗汽车所蓄有的动能，控制汽车减速或停车，并保证驾驶人离去后汽车能可靠驻停。

4. 行驶系

功用是将汽车各总成件连成一个整体，并支持全车质量。接受汽车传力机构传来的扭矩以保证汽车正常行驶。

三、车 身

车身根据不同用途设计，是驾驶人工作的场所，也是装载乘员和货物的场所。车身为驾驶人提供方便的操作条件，以及为乘员提供舒适安全的环境或保证货物完好无损。轿车和客车的车身一般只有整体封闭式车厢，由车身本体、内外装饰和车身附件组成。货车车身一般是由驾驶室和货箱两部分组成。

四、电 气 设 备

电气设备为汽车的安全行驶、操纵和提高汽车性能和乘坐的舒适性服务。主要由8个系统组成。

1. 充电系（电源）

功用是向汽车上所有用电设备提供电源。

2. 启动系

功用是驱动发动机曲轴旋转，启动发动机做功运转。

3. 点火系

功用是将汽车低压电变为高压电，并按发动机点火顺序，依次击穿各气缸内火花塞间隙，产生电火花点燃混合气。

4. 照明和信号装置

功用是保证夜间及各种运行条件下提供照明和指示信号，以保证行车安全。

5. 仪表（警告灯）

功用是反映当时发动机各部分的工作状况。

6. 辅助系统

功用是保证安全行车外的其他特殊需要。

7. 舒乐系统

功用是为驾驶人和乘员提供良好的工作条件和舒适安乐的环境。

8. 微机控制系统

功用是进行电子自动操纵的控制。此外，在现代汽车上越来越多地装用各种电子设备：微处理机、中央计算机系统及各种人工智能装置（防抱死系统、安全气囊、定速巡航系统、GPS定位系统）。

五、汽车的布置形式

按发动机和各个总成相对位置的不同，现代汽车的布置形式通常有如下几种：

1. 发动机前置后轮驱动（FR）

这是传统的布置形式。国内外的大多数货车、部分轿车和部分客车都采用这种形式。

2. 发动机前置前轮驱动（FF）

这是在轿车上盛行的布置形式，具有结构紧凑、可减小轿车的质量和降低地板高度，以及改善高速时的稳定性等优点。

3. **发动机后置后轮驱动（RR）**

这是目前大、中型客车盛行的布置形式，可降低车厢内噪声，有利于车身内部布置等优点。

4. **发动机中置后轮驱动（MR）**

这是目前大多数运动型轿车和方程式赛车所采用的布置形式。这些车型都采用功率很大的发动机，将发动机布置在驾驶人座椅后和后桥前有利获得最佳轴荷分配和提高汽车的性能。此外，某些大、中型客车也有采用这种布置形式，把配备的卧式发动机装在地板下面。

5. **全轮驱动（nWD）**

这是越野汽车特有的形式，通常发动机前置，在变速器后装有分动器以便将动力分别输送到全部车轮上。

第 4 节　汽车结构特征和技术参数

我国对汽车结构特征和技术参数尚没有一个统一和严格的规定。为了便于使用、维护和管理车辆，通常用以下主要结构特征和技术参数来反映汽车的结构与使用性能。

一、质量参数

1. **整车装备质量**

车辆装备齐全，加足燃油、润滑油和冷却液，并带齐随车工具、备胎及其他规定应带的备品，符合正常行驶要求的质量。

2. **最大装载质量**

设计允许的最大装载货物质量。

3. **最大总质量**

汽车满载时的总质量。最大总质量 = 整车装备质量 + 最大装载质量。

4. **最大轴载质量**

汽车满载时各轴所承载的质量。

二、主要结构参数

1. **总长**

车体纵向的最大尺寸（前后最外端间的距离）。

2. **总宽**

车体横向的最大尺寸。（外后视镜的位置也要计算）

3. **总高**

车辆最高点到地面间的距离。

4. **轴距**

相邻两轴中心线之间的距离。

5. **轮距**

同一车桥左右轮胎面中心线（沿地面）间的距离。双胎结构则为双胎中心线间的距离。

6. **前悬**

汽车最前端至前轴中心线间的距离。

7. **后悬**

汽车最后端至后轴中心线间的距离。

8. **最小离地间隙**

满载状态下，底盘下部（车轮除外）最低点到地面间的距离。

9. **接近角**

车体前部突出点向前轮引的切线与地面的夹角。

10. **离去角**

车体后部突出点向后轮引的切线与地面的夹角。

上述主要结构参数如图1-4-1所示。

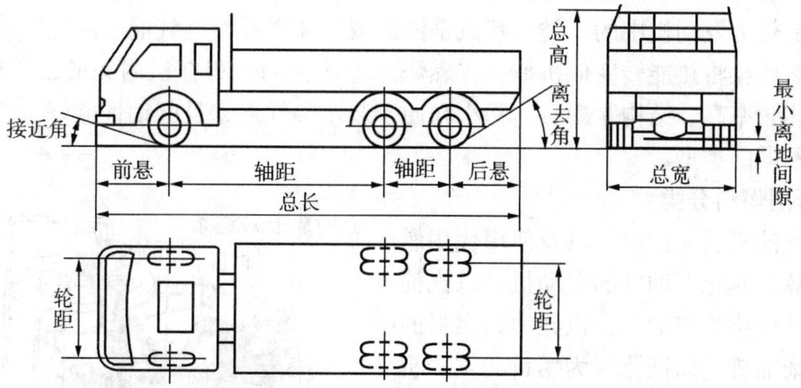

图1-4-1 汽车的主要结构参数

三、性能参数

1. **最高车速**

汽车在平直良好的道路上行驶，所能达到的最大车速（km/h）。

2. **最大爬坡度**

车辆满载时的最大爬坡能力（%）。

3. **最小转弯半径**

转向盘转至极限位置时，外侧转向轮中心平面上移动的轨迹圆的半径（m）。

4. **百公里等速油耗**

汽车在公路上行驶时每百公里消耗的燃油量。

5. **驱动方式**

用车轮总数×驱动轮数或车轴总数×驱动轴数来表示。

第 5 节　汽车发动机类型和工作原理

发动机是汽车的动力源，是把某一种形式的能量转变成机械能的机器。现代汽车使用的发动机多为内燃机。内燃机把燃烧的化学能转变成热能，然后又把热能转变成机械能，并且这种能量转换过程是在发动机气缸内部进行的。汽车上使用的内燃机主要是汽油机和柴油机。

一、发动机分类与结构

现代汽车发动机以往复活塞式内燃发动机（简称内燃机）为多，这种发动机经过一个多世纪的不断革新，技术已相当完善，被汽车工业界广泛使用。除此之外，还有一种旋转活塞式内燃机，这种发动机出现较晚，尚未广泛使用。

内燃机是热力发动机中的一类，特点是液体或气体燃料与空气混合后在发动机内燃烧而产生热能，然后再将热能转变成机械能，燃烧产生热能的过程在机内完成，所以称内燃机。内燃机具有热效率高、结构紧凑、体积小和便于装车等优点，且起动性能好。按照不同分类方法可分成不同的类型。

1. 按所用燃料分类

可分为汽油机、柴油机，以及使用代用燃料甲醇、乙醇、液化石油气的发动机。以汽油为燃料的发动机称为汽油机，以柴油为燃料的发动机称为柴油机，以液化气为燃料的发动机称为液化气发动机。

汽油沸点低，容易气化和点燃。因此，汽油机采用高压电火花点火，使空气和汽油混合形成的可燃混合气燃烧做功。汽油机的基本结构如图 1－5－1 所示。

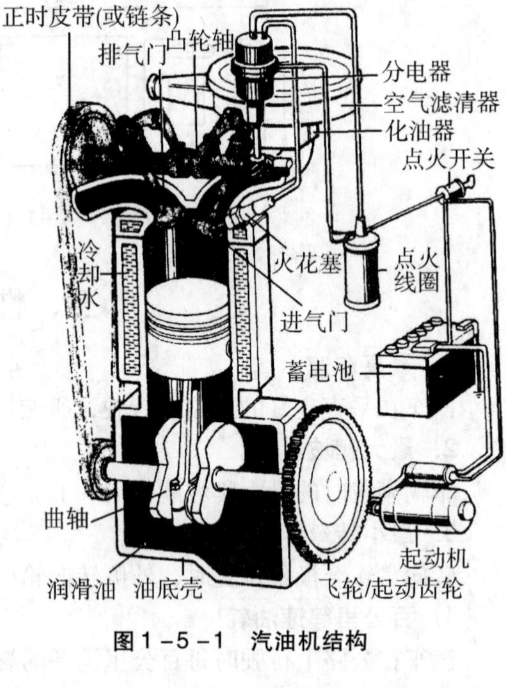

图 1－5－1　汽油机结构

柴油与汽油相比馏分较重，不易气化和点燃，但是柴油的自燃温度较低，因此，柴油机采用压缩的办法提高压力和温度，使压缩空气温度超过柴油的自燃温度，这时再喷入柴油，经短暂的油气混合过程后自行发火燃烧。这是德国人狄塞尔发明的，所以柴油机又叫狄塞尔发动机。柴油机的基本结构如图 1－5－2 所示。

2. 按实现循环行程数分类

按发动机完成 1 个工作行程循环所需活塞的行程数，一般分为四行程发动机和二行程发动机。活塞移动 4 个行程即曲轴转 2 圈气缸内完成 1 个工作循环为四行程发动机。活塞移动 2 个行程即曲轴转 1 圈气缸内完成 1 个工作循环为二行程发动机。

3. 按冷却方式分类

发动机按冷却方式的不同，又可分为水冷式发动机和风冷式发动机。现代汽车发动机绝大多数采用水冷却方式，并且用冷却液代替水作冷却介质。冷却液既可防止发动机过热，又可防止冬季结冰，损坏发动机。

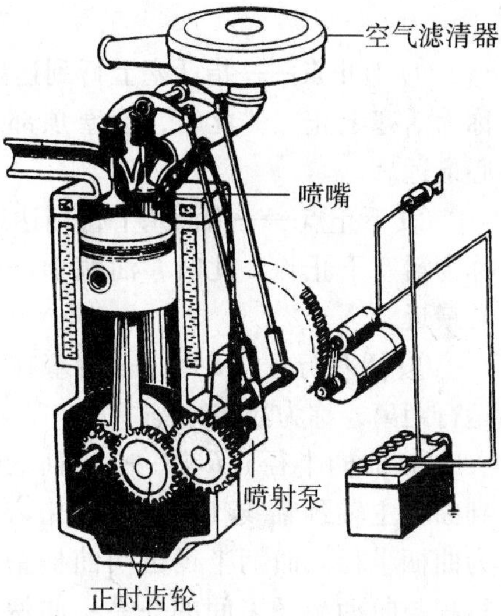

图1-5-2 柴油机结构

4. 按点火方式分类

按照点火方式的不同，可把发动机分为点燃式和压燃式两类。如图1-5-3是利用火花塞发出的电火花强制点燃燃料，使燃料强行着火燃烧称为点燃式发动机，如汽油机、煤气机；利用气缸内空气被压缩后产生的高温，使燃油自燃称为压燃式发动机，如柴油机。

5. 按可燃混合气形成的方式分类

燃料和空气在气缸外先混合后再进入气缸称为外部形成混合气的发动机，如使用化油器的汽油机。燃料在临近压缩行程终了时才喷入气缸，在气缸内与空气混合为内部形成混合气的内燃机，如柴油机。

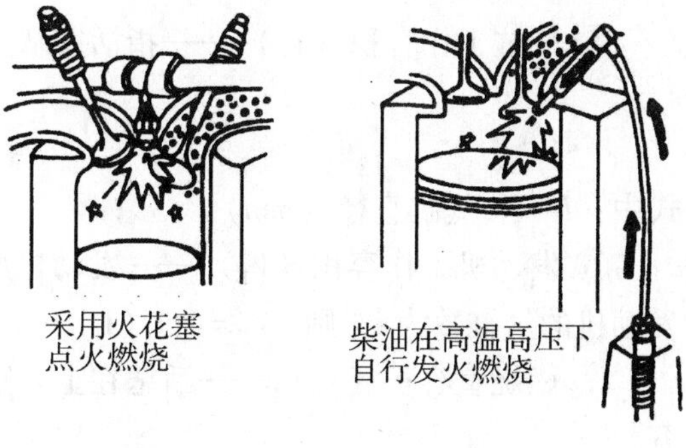

(a) 汽油机 (b) 柴油机

图1-5-3 汽油机与柴油机点火方式的比较

6. 按进气方式分类

进入气缸的空气靠活塞的抽吸作用进入气缸内为自然吸气式发动机，而为增大功率，在发动机上装有增压器，使气体预先经过压气机压缩后再进入气缸的称为增压式发动机。

7. 按气缸数分类

按气缸数目可分为单缸发动机和多缸发动机。单缸为只有1缸的发动机，多缸可以为有2、3、4、5、6、8等缸数的发动机。

8. 按气缸排列分类

按气缸的排列形式不同可分为：

① 直列立式发动机，即所有气缸中心线在同一垂直平面内。

② 直列卧式发动机，即所有气缸中心线在同一水平平面内。

③ V形发动机，气缸中心线分别在两个平面内，且两平面相交呈V形。

④ 对置式发动机，V形夹角为180°时又称为对置式。

⑤ 其他还有H形、X形、星形等，但在车辆上应用很少。

二、发动机术语

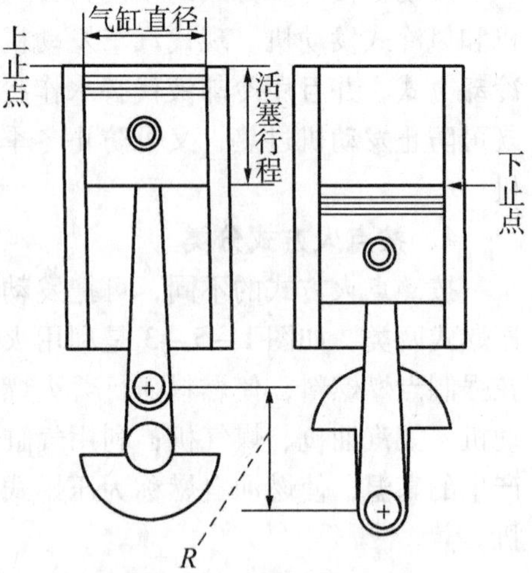

图 1-5-4　发动机常用术语

① 上止点——指活塞上行到达最高点处的位置，称为活塞上止点。此时，活塞顶部距离曲轴回转中心最远。

② 下止点——指活塞下行到达最低点处的位置，称为活塞下止点。此时，活塞顶部距离曲轴回转中心最近。

③ 活塞行程（S）——活塞在上、下止点间的运行距离，称为活塞行程。

④ 曲柄半径（R）——曲轴上连杆轴颈的轴线到曲轴主轴颈轴线（曲轴回转中心）间的距离，称为曲柄半径。曲柄半径也叫曲柄销回转半径。活塞行程与曲柄半径之间的关系：曲柄半径决定活塞行程，活塞行程 S 等于曲柄半径 R 的 2 倍，即：$S=2R$。活塞行程也随曲柄半径的增大而加长，随曲柄半径的减小而缩短。

⑤ 气缸工作容积（V_h）——指活塞从上止点到下止点所扫过的容积，也称为气缸排量。

$$V_h=\frac{\pi D^2}{4\times10^6}S\ (\mathrm{L})$$

式中：D——气缸直径（mm）。

⑥ 发动机工作容积（V_1）——发动机所有气缸工作容积之和，也称为发动机排量。设发动机的气缸数为 i，则：$V_1=V_h i$（L）

⑦ 燃烧室容积（V_c）——活塞在上止点时，活塞顶与气缸盖之间的容积，称为燃烧室容积。

⑧ 气缸总容积（V_a）——活塞在下止点时，活塞顶上方整个空间的容积，称为气缸总容积。它等于气缸工作容积与燃烧室容积之和，即：$V_a=V_h+V_c$

⑨ 压缩比（ε）——气缸总容积与燃烧室容积的比值，即：

$$\varepsilon=\frac{V_a}{V_c}=\frac{V_h+V_c}{V_c}=1+\frac{V_h}{V_c}$$

它表示活塞由下止点运行到上止点时，气缸内气体被压缩的程度。压缩比越大，压缩行程终了时缸内的气体压力和温度就越高。柴油机的压缩比为 1∶18～1∶23，汽油机的压缩比为 1∶8～1∶14。

三、四行程发动机工作循环

将混合气（空气）吸入气缸，然后压缩点燃（喷油）使混合气燃烧放出热量，再经过曲柄连杆机构将其转化为机械能，同时将燃烧后的废气排出气缸，如此循环往复，连续不断，我们将气缸内进行的每次热能转化为机械能的连续过程，称为发动机的一个工作循环。

四行程汽油机的工作过程是一个复杂的过程，如图1-5-5所示。它由进气、压缩、做功和排气4个行程组成。一个工作循环内，曲轴旋转2圈，活塞上下各走2次，走过4个行程，称为四行程发动机。工作循环如下：

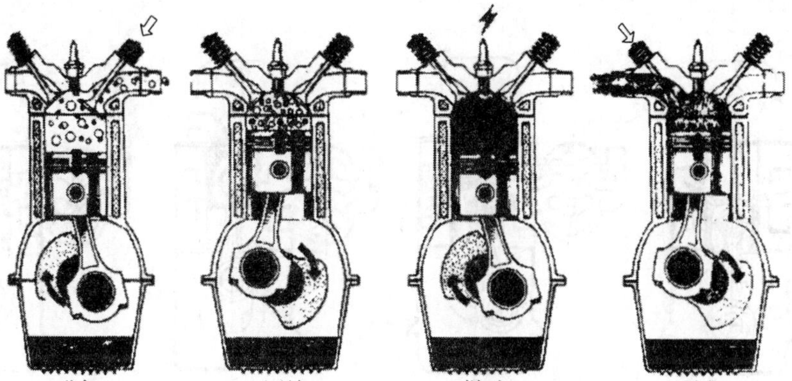

图1-5-5 四行程发动机工作过程

1. 进气行程

曲轴带动活塞由上止点向下止点移动，同时，进气门开启，排气门关闭。进气过程开始时，活塞位于上止点，当活塞由上止点向下止点移动时，活塞上方的容积增大，气缸内的气体压力下降，形成一定的真空度。由于进气门开启，气缸与进气管相通，混合气被吸入气缸，直至活塞向下运行到下止点。当活塞移动到下止点时，气缸内充满了新鲜混合气和上一个工作循环未排出的废气。在进气过程中，受空气滤清器、进气管道、进气门的影响，在进气终了时，气缸内气体压力低于大气压70~90kPa，温度为370~440K。

2. 压缩行程

活塞由下止点向上止点移动，进/排气门关闭。曲轴在飞轮惯性力的作用下带动旋转，通过连杆推动活塞向上移动，气缸内容积逐渐减小，气体被压缩，为点燃作准备。气缸内的气体压力与温度随之升高，压力800~1 400kPa，温度为600~800K。

3. 做功行程

进/排气门关闭，火花塞跳火点燃气缸内的可燃混合气。混合气剧烈燃烧，气缸内的温度、压力急剧上升，高温和高压气体推动活塞由上止点向下移动，压力3 000~4 000kPa，温度1 500~1 700K。通过连杆带动曲轴旋转。在发动机工作的4个行程中，只有这个行程才实现热能转化为机械能。

4. 排气行程

活塞到达下止点，排气门打开，活塞从下止点移动到上止点，废气随着活塞的上行，被排出气缸。由于排气系统有阻力，且燃烧室也占有一定的容积，所以在排气行程终了时，不可能将废气彻底排净，这部分留下来的废气称为残余废气。残余废气不仅影响充气，对燃烧也有不良影响。此时气缸内的气体压力105~1 025kPa，温度为900~1 200K。

排气行程结束时，活塞又回到了上止点，完成了1个工作循环。随后，曲轴依靠飞轮转动的惯性作用仍继续旋转，开始下一个循环。如此周而复始，发动机就不断地运转起来。

四、二行程发动机工作原理

活塞在气缸内往复运动 2 个行程即曲轴旋转 1 周完成 1 个工作循环的发动机，称为二行程发动机。如图 1－5－6 所示。

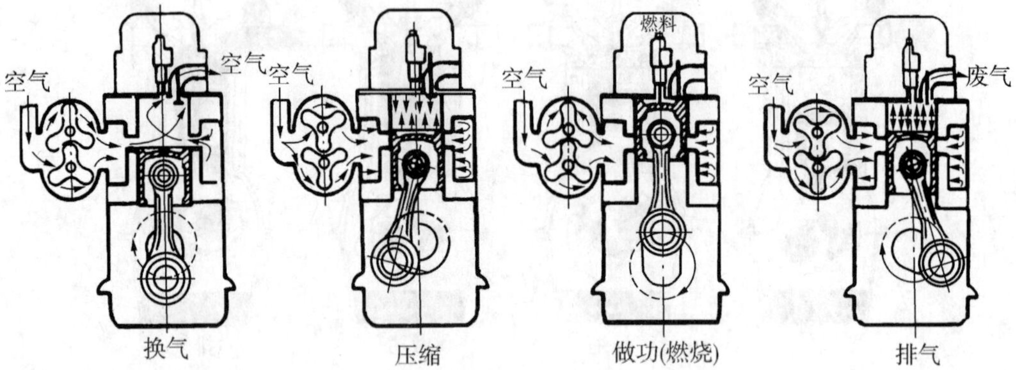

图 1－5－6　二行程发动机工作过程

第 1 行程——活塞由下止点往上止点运动，完成进气和压缩工作过程。

第 2 行程——活塞由上止点向下止点运动，完成燃烧膨胀（做功）和排气的工作过程。

当活塞由下止点向上止点运动而全部关闭进/排气口时，则排气和换气过程终止，气缸内新鲜可燃混合气将开始初压缩。同时由于活塞向上移动，活塞下面的曲轴箱容积逐渐增大，使曲轴箱内压力下降而形成真空度，当曲轴箱的真空度达到一定程度时，簧片阀自动开启，经雾化的可燃混合气被吸入曲轴箱内。活塞继续向上运动，在将要接近上止点时，由火花塞发出电火花，将已被压缩的可燃混合气点燃。此时燃烧的气体迅速膨胀，使燃烧室的温度和压力急剧升高，活塞跃过上止点向下运动，活塞即通过连杆、曲轴做功。活塞由上止点向下止点运动时，曲轴箱内压力随容积的减小而增大，簧片阀就会逐渐自动关闭，此时进入曲轴箱内的可燃混合气开始被预压缩。活塞下行至排气口开启时，废气就通过排气口、排气管、消声器排入大气中。活塞再继续下行至换气口开启时，曲轴箱内被预先压缩的新鲜可燃混合气便通过换气口进入气缸，并驱使气缸内的废气进一步排出，这个过程称为扫气过程。这样二行程发动机便完成了一个工作循环。

五、二行程发动机与四行程发动机的特点

两者有各自的优点和缺点。

1．二行程发动机优点

① 每旋转 1 周爆发 1 次，因此旋转平稳。

② 不需要气门，零部件减少，所以维护方便和成本低。

③ 往复运动产生的惯性力小，振动小、噪声小。

④ 与四行程发动机相比，在相同的容积下，转速相同时功率较大，假如平均有效压力相同，则理论上功率为 2 倍（实际功率也能达到 1.7 倍）。

2．二行程发动机缺点

① 进气、排气过程时间短，换气不彻底，所以燃油损耗大。

② 在气缸壁的一侧有气口，活塞环接触到这里易磨损。

③ 由于排气口在气缸上，所以易产生过热。

④ 低速不稳定。

⑤ 润滑油消耗多。

3．四行程发动机优点

① 进气、压缩、做功（爆发）、排气各过程分别进行，因此工作可靠、效率高，稳定性好。低速至高速的转速范围大（500～1 500r/min）；

② 不存在二行程发动机的窜气回流损失，燃油消耗率低。

③ 低速运转平稳，依靠润滑系统润滑，不易产生过热。

④ 进气和压缩过程时间长，容积效率、平均有效压力高。

⑤ 热负荷比二行程发动机小。不易出现变形、烧蚀问题。排量大，可设计成大功率发动机。

4．四行程发动机缺点

① 配气机构复杂，零部件较多，维护困难。

② 机械噪声大。

③ 由于曲轴旋转2周做功1次，所以气缸数较少时旋转平衡性差。

六、发动机构造及型号编制

发动机是由许多机构和系统组成的复杂机器。汽油机与柴油机的构造又有所不同。

1．发动机的总体构造

汽油发动机由两大机构和5大系统组成，即由曲柄连杆机构、配气机构、供给系、润滑系、冷却系、起动系和点火系组成。

（1）曲柄连杆机构

曲柄连杆机构由机体组，活塞连杆组和曲轴飞轮组构成。曲柄连杆机构的作用是将活塞的直线往复运动转变为曲轴的旋转运动并输出动力。

（2）配气机构

配气机构主要由气门组和气门传动组构成。功用是使可燃混合气及时充入气缸并及时将废气排出气缸。

（3）燃料供给系

燃油供给系统主要由燃油供给装置、空气供给装置、混合气形成装置和进/排气装置构成。功用是把燃油与空气混合形成一定比例的可燃混合气，并送入气缸以供燃烧，然后将燃烧生成的废气排出发动机。

（4）润滑系

润滑系一般由润滑油泵、集滤器、限压阀、油道、润滑油滤清器和润滑油冷却器等构成。功用是将润滑油供给作相对运动的零件以减少它们之间的摩擦阻力，减轻机件的磨损，同时起到冷却与清洗零件的作用。

（5）冷却系

冷却系主要包括水泵、风扇、分水管、气缸体放水阀、散热器以及气缸体和气缸盖里铸出的空腔——水套等。发动机在运转过程中需要冷却。冷却系统的功用是把受热机件的热量散到大气中去，以保证发动机在适当温度下工作。

（6）启动系

启动系主要包括起动机及其附属装置。功用就是使静止的发动机启动并转入自行运转。

（7）点火系统

点火系统主要包括蓄电池、发电机、断电器、分电器、点火线圈和火花塞等。功用是保证按规定时刻点燃气缸中被压缩的可燃混合气。

七、发动机附件的拆卸与装配

（一）发动机附件拆卸

1. 解体注意事项

① 解体发动机时应使用相应的通用工具和专用器具，以免损坏联接螺栓和零部件。

② 解体发动机应由熟练的技术工人严格按程序进行，以免由于不合理的拆卸，引起相互干涉，损坏零件。

③ 解体发动机的过程应十分谨慎，当磨损后出现的台肩或堆积的污垢影响拆卸时，应仔细、合理地予以解决，不可以强行敲打，以免造成零部件的损坏。

④ 解体发动机后各零部件应分类摆放，重要零件更应妥善保管，等待清洁后检修。

2. EQ6100－1 型发动机附件拆卸

① 拆除发动机前悬置支架。

② 拆除冷却水小循环水管、水泵风扇。

③ 拆除发电机。拧松传动皮带张紧螺栓和空气压缩机固定螺栓，取下传动皮带，拆除发电机。

④ 拆除空气压缩机，拆除空气压缩机润滑油进、回油管，拧松传动皮带张紧螺栓和空气压缩机固定螺栓取下传动皮带，拆除空气压缩机。

⑤ 拆除发电机位置调节臂和水泵。

⑥ 拆除空气滤清器、燃油控制操纵机构和真空管，燃油系进油管。

⑦ 拆除起动机。

⑧ 拆除曲轴箱通风装置。

⑨ 拆除润滑油粗滤清器、压力报警器、压力传感器、油量标尺和加油管，细滤清器。

⑩ 拆除汽油泵。拆除前应使凸轮轴上的驱动凸轮离开汽油泵驱动臂。

⑪ 拆除分电器，取出传动机构。

⑫ 拆除气缸体放水阀、暖风进水开关、水温传感器、节温器罩、节温器和气缸盖出水管。

⑬ 拆除气门室罩盖上的曲轴箱通风空气滤清器和罩盖。

⑭ 拆除进/排气歧管总成。

（二）发动机附件装配

1．装配附件注意事项

① 安装发动机应尽量使用相应的通用工具和专用器具，以防损坏零件。应小心检查各运动零部件之间有无运动不协调现象。

② 安装发动机附件应严格按照顺序进行，以免影响装配质量。

③ 对即将装配的附件进行必要的检查，以确保附件的完整性，并符合装配要求。

④ 重要的螺栓、螺母，如连杆螺柱、主轴承盖螺栓和气缸盖栓等，必须要按照规定的力矩分次拧紧。按照规定的技术要求进行调整，规定的间隙必须保证。应涂抹润滑油的表面必须涂抹润滑油，避免运转初期出现卡死的现象。

2．上海桑塔纳JV发动机附件安装

① 安装火花塞。

② 安装汽油泵。安装汽油泵时，要注意中间凸缘垫的厚度。

③ 安装润滑油滤清器。先安装滤清器座。在滤清器密封圈上涂少量润滑油，将滤清器安装到滤清器座上，并用专用工具紧固。安装润滑油压力传感器。

④ 安装分电器。对准曲轴皮带轮或飞轮上的上止点标记后，在分电器装入气缸体上的分电器承孔时，分火头应指向4缸火花塞位置，并与分电器壳上的1缸标记对准并紧固分电器。此时分火头所指的分电器盖插线孔即为1缸高压线孔。按点火顺序将高压分火线插到相应的火花塞上（分火头与分电器壳上的1缸标记对准时，分火头应无逆时针转动间隙）。

⑤ 安装水泵及皮带轮，检查并调整皮带松紧度。

⑥ 安装发电机调整臂及发电机，检查并调整皮带松紧度。

⑦ 安装并连接好各油管、真空管、操纵机构及电器线路。

⑧ 安装起动机。

⑨ 安装空调压缩机支架及空调压缩机。

⑩ 安装气缸盖冷却液出口，连接冷却液进和出管路。

⑪ 水泵皮带的安装与张紧力的检查、调整。先旋松发电机支架上的调整螺栓，外移发电机使皮带张紧，再拧紧固定螺栓。在曲轴皮带轮和发电机皮带轮中间部位，用拇指压下三角皮带，所允许的最大挠度为10～15mm，否则应重新调整。

⑫ 空调压缩机皮带张紧度的检查和调整。空调压缩机皮带张紧度的检查、调整方法与发电机皮带相似。皮带张紧度的标准是用拇指全力压下皮带中点，所允许的最大挠度为10～15mm。

⑬ 检查装配的完整性。起动发动机检查其运转情况，并进行必要的调试，以保证正常运行。

第 2 章　曲柄连杆机构结构与装调

曲柄连杆机构是往复活塞式发动机的基本机构。发动机曲柄连杆机构的结构形式取决于气缸数量与气缸的布置形式。不同缸数及结构的发动机，其曲柄连杆机构的结构有所不同。曲柄连杆机构由机体组、活塞连杆组和曲轴飞轮组 3 部分组成。

第 1 节　组　成

一、曲柄连杆机构的作用及组成

1．曲柄连杆机构的作用

曲柄连杆机构是发动机实现热功转换的主要机构。其功用是将气缸内燃料燃烧后作用在活塞顶部的力转变为曲轴的旋转力矩，从而带动工作机构做功。由于是内燃机产生并传递动力的工作机构，工作条件十分苛刻。既要承受燃烧过程中膨胀压力周期性交变载荷的作用，又要承受活塞在缸内作高速变速运动作用，所以在工作中会受到气体作用力、运动质量的惯性力、摩擦力及外界阻力等作用。

2．曲柄连杆机构的组成

曲柄连杆机构主要由机体组、活塞连杆组和曲轴飞轮组 3 部分组成。发动机因气缸布置形式、冷却方式、燃烧室结构等不同，曲柄连杆机构在结构上也有所不同。有些发动机为减轻曲柄连杆机构震动，还装有平衡装置。

二、气缸的布置形式

多缸发动机气缸的布置形式有直列、V 形和水平对置 3 种类型，结构如图 2－1－1 所示。

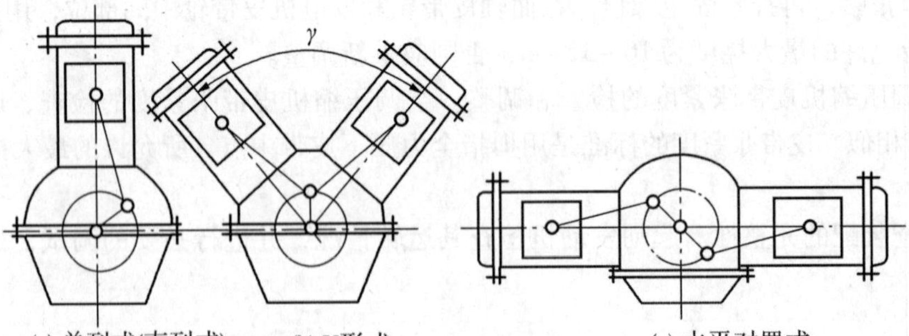

(a) 单列式(直列式)　(b) V形式　(c) 水平对置式

图 2－1－1　多缸发动机气缸排列形式

1．直列发动机

直列发动机气缸排成一列，多采用一个气缸盖，气缸体和曲轴等主要部件结构简单，制造成本低，因而使用十分广泛。通常1～2L级别的前置发动机、前轮驱动的轿车大多采用直列四缸发动机，如上海桑塔纳1.8L系列发动机，一汽大众捷达1.6L系列发动机。发动机前置、后轮驱动的5t以上载货汽车采用直列六缸发动机的较为普遍。图2－1－2所示为直列式发动机及缸体。

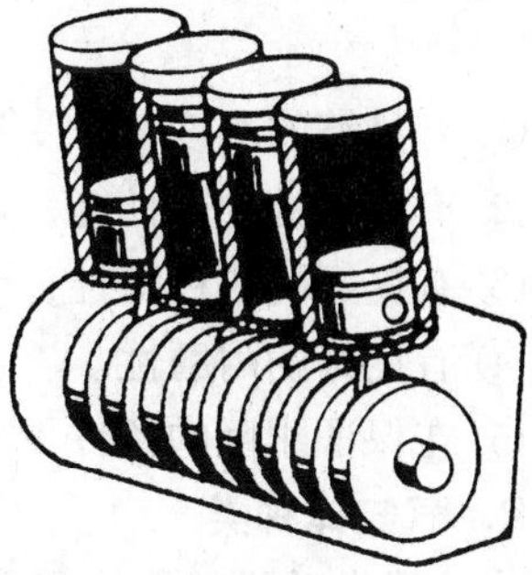

图2－1－2　直列四缸发动机结构

2. V形发动机

V形发动机气缸排成两列，且两列气缸中心线夹角（γ）一般为60°、90°或120°。V形发动机与直列发动机相比纵向长度缩短，高度降低，质量减轻，结构紧凑，运行平稳，工作噪声小。但V形发动机结构较为复杂，至少要使用两个气缸盖，加工难度大，制造成本高。图2－1－3所示为V型发动机及缸体。

3. 水平对置发动机

发动机气缸中心线夹角为180°时，称为水平对置发动机。水平对置发动机活塞反向布置，运动件的惯性力相互平衡，运转平稳，特别适合两缸四行程发动机，图2－1－4所示为水平对置式发动机及缸体。两缸以上的发动机较少采用这种布置形式。

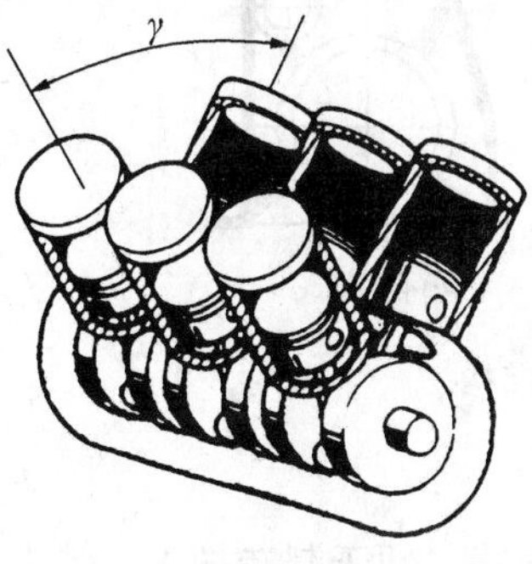

图2－1－3　V6发动机结构

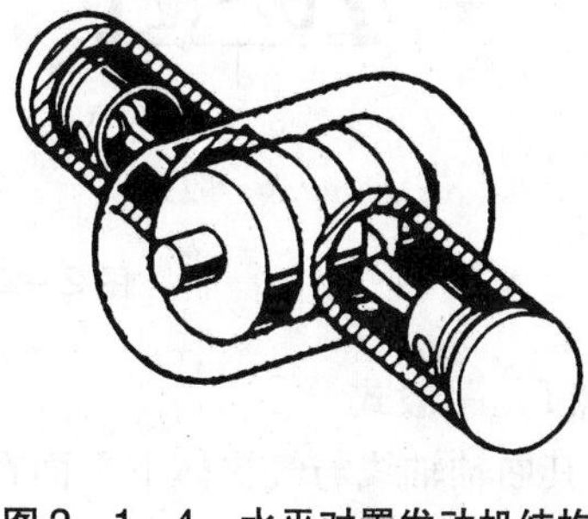

图2－1－4　水平对置发动机结构

第2节　机　体　组

机体组主要由气缸体、气缸盖、曲轴箱、飞轮壳和油底壳等组成。

一、气　缸　体

1. 气缸体作用及性能要求

（1）气缸体作用

气缸体是发动机的各个机构和系统的装配基体，是发动机中最重要的基础部件。一般采用铸铁材料铸造而成，也有采用铝合金材料制造的。

（2）气缸体性能要求

气缸体的工作条件十分苛刻，既要承受燃烧过程中高温高压的作用和活塞在气缸内做高速运动产生的惯性力和侧压力的作用，还需要具有良好的稳定性。因此，对气缸体有如下要求：

① 有足够的刚度，承受各种外力不变形。

② 有良好的导热性能，保证高速大负荷下工作时发动机不产生过热。

③ 有良好的热稳定性，受热变形小。

④ 有良好的耐磨性。

⑤ 在保证刚度的条件下要尽可能降低缸体的质量。

2. 气缸体种类

水冷式发动机的缸体和曲轴箱往往铸成一体，可称为缸体－曲轴箱，通常简称缸体。缸体上半部有一个或若干个为活塞运动导向的圆柱形空腔，称为气缸；下半部为支承曲轴的曲轴箱，其内腔为曲轴运动的空间。缸体作为各机构和系统的装配基体，本身应具有足够的刚度和强度。具体结构形式有如下 3 种，如图 2－2－1 所示。

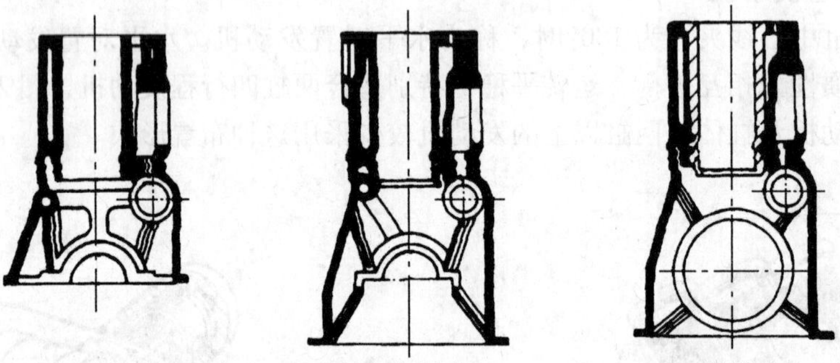

(a) 一般式　　(b) 龙门式　　(c) 隧道式

图 2－2－1　气缸体（曲轴箱）的 3 种结构

（1）一般式

其曲轴轴线与气缸体下平面在同一平面内。此结构较为紧凑，便于制造加工，缺点是刚度和强度较低，且前后端呈半圆形，与油底壳接合面的密封较困难，给装调造成不便。因而多用于小型汽油机

（2）龙门式

气缸体下平面降至曲轴轴线以下。此结构刚度和强度都比较好，且缸体下平面前后端共面，与油底壳接合面的密封简单可靠和维修方便，因而多用于中型发动机。

（3）隧道式

主轴承座孔制成整体式。此结构刚度比龙门式更好，多用于安装滚动式主轴承和组合式曲轴。主轴承同轴度易保证，但拆装较困难，因而多用于大负荷的柴油发动机。

3. 气缸体结构

气缸为圆柱形空腔，活塞在其内部做往复直线运动。多个气缸组成一体即为气缸体。根据冷却方式的不同，可分为水冷式和风冷式两种。

（1）水冷式气缸体的结构

水冷式发动机的气缸体一般与上曲轴箱铸为一体，称为气缸体－上曲轴箱，简称为气缸

体。气缸体上半部分排列着气缸，下半部是用来支撑曲轴的上曲轴箱。在气缸体和气缸盖内设有水流通道，称之为水套。

（2）风冷式气缸体的结构

风冷式发动机气缸体与曲轴箱一般采用分体式结构，在气缸体和气缸盖外面有散热片，以增加散热面积，提高散热能力，保证充分散热。

4. 气缸壁与气缸套

（1）气缸壁

由于气缸工作表面直接与高温和高压燃气接触，而且活塞在气缸内做高速往复运动时，缸壁工作表面既要承受很大的侧压力和摩擦力，又要承受着交变载荷的周期作用，因此要求气缸壁表面必须耐磨、耐高温、耐腐蚀及较高的耐疲劳强度。为了满足上述要求，一般采用优质材料制造气缸体，提高缸壁表面加工精度，采用表面强化工艺，改进结构等措施来实现。缸体材料一般采用优质灰铸铁或优质合金铸铁。

（2）气缸套

气缸体若全部采用优质耐磨耐热材料制造时制造成本较高。为了节约材料和降低成本，大多数发动机采用缸体内镶入气缸套的方法。气缸套采用耐磨性好的优质合金铸铁或优质灰铸铁来制造，而缸体则用价格较低的普通铸铁或质量较小的铝合金等材料来制造。这样既满足了气缸壁工作表面具有较高的耐高温、耐磨损、耐腐蚀和耐疲劳强度的性能，又降低了成本。气缸套有干式和湿式两种，如图2－2－2所示。

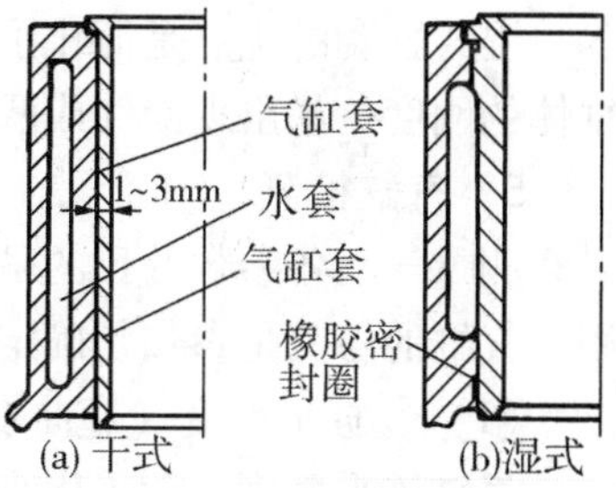

图2－2－2 气缸体

① 干式缸套。干式气缸套外表面不直接与冷却水接触，加工和安装都比较方便，壁厚一般为1～3mm。为了增加缸体和缸套的实际接触面积，保证缸套的散热和定位，缸套的外表面和与其装配的气缸体承孔的内表面采用过盈配合。

干式缸套的优点是不易引起漏水、漏气现象，缸体结构刚度大、缸心距小，整体结构紧凑。目前大多数中小型汽车发动机都采用干式缸套。

② 湿式缸套。湿式缸套外表面直接与冷却水接触，冷却效果较好。壁厚一般为5～9 mm。为了防止漏水，湿式缸套的定位、密封和安装均有特殊要求。

缸套的定位包括径向定位和轴向定位两部分，如图2－2－3所示。依靠缸套外表面上的圆环带 *A* 和 *B* 来实现径向定位，*A* 称为上支承定位带，*B* 称为下支承密封带。利用缸套上部凸缘的下平面 *C* 实现轴向定位。为了防止漏气或漏水，有的缸套凸缘平面处还加装有紫铜垫片。

为了便于装配，缸套上支承定位带直径略大，与承孔配合较紧；而下支承密封带直径略小，与座孔配合较松，必须加装1～3道橡胶密封圈来密封。常见的密封形式有涨封式和压封式两种，如图2－2－4所示。

湿式缸套装入座孔后，顶面高出气缸体上平面0.05～0.15mm，可使气缸盖将气缸垫压得更紧，保证气缸的密封，防止漏水漏气现象的发生。

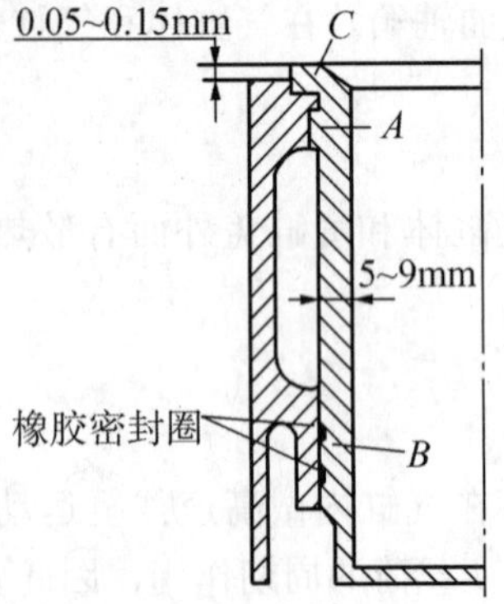

A—上支承定位带

B—下支承定位带

C—缸套凸缘下平面

图 2-2-3　缸套的定位

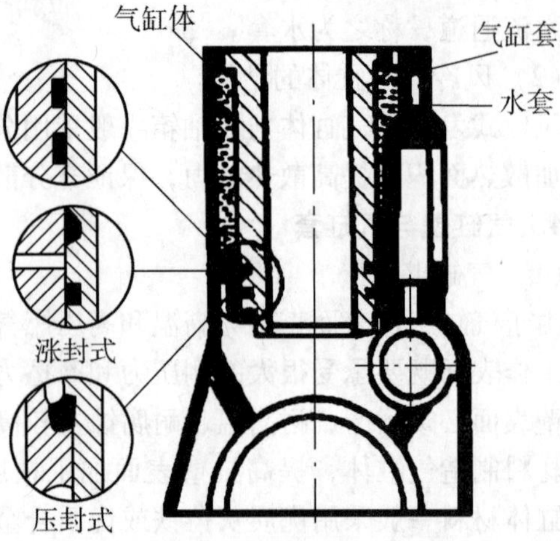

图 2-2-4　缸套的密封

湿式缸套的优点是简化了缸体水套结构，散热效果好，维修时便于更换；缺点是降低了缸体的刚度，易出现漏气或漏水现象，常用于大中型柴油发动机上。

5．气缸检测

测量气缸各参数的目的是确定发动机气缸体是否符合使用要求，以确定是否可以继续使用。气缸的各测量参数是确定发动机是否需要大修的主要依据。

（1）气缸平面度（翘曲变形）测量

气缸体平面度一般采用直尺和厚薄规进行测量，如图 2-2-5 所示。塞入厚薄规的最大厚度值就是变形量，即平面度误差。检测前，待检平面应彻底清除水垢和积炭，消除毛刺并刮平或铲平螺孔周围的凸起部分。将刀口尺放在气缸体上平面的工作平面上，用塞尺配合，在 6 个位置上测量最大的间隙，要求：不平度每（50 × 50）mm 范围内≤0.05mm，纵向≤0.20mm，横向≤0.05mm。气缸体上平面的平面度应符合原厂规定范围。

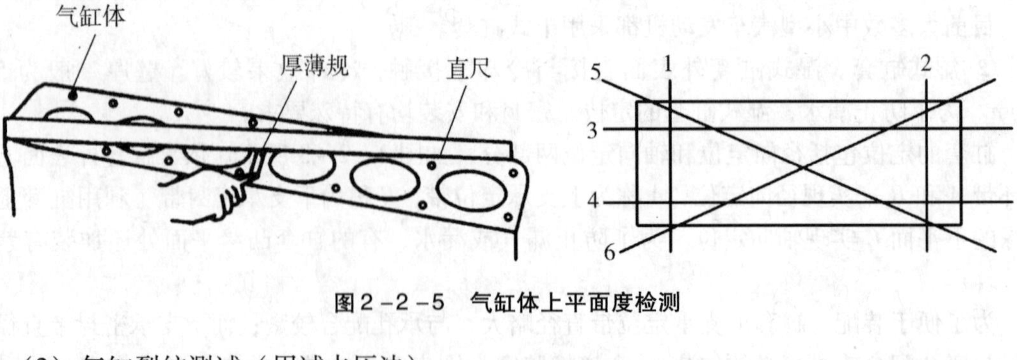

图 2-2-5　气缸体上平面度检测

（2）气缸裂纹测试（用试水压法）

① 清洗后封闭全部出水口，留水泵位置作进水口，装上外接管的法兰板，利用外接管连接手动水压泵。

② 加压 0.3～0.5MPa 时，保持时间 5～10min 后检查，应无渗漏现象。

（3）气缸测试

通常用量缸表对气缸的直径进行测量，如图 2－2－6 所示。

① 清洁气缸壁上的油污和积炭后，根据气缸直径选择合适的测量接杆固定在量缸表的下端，使整个测杆长度与被测气缸的尺寸相适应。

② 校正量缸表的尺寸。将千分尺调到气缸的标准尺寸，再将量缸表通过千分尺校正到气缸的标准尺寸（使测杆有约 2mm 压缩量），旋转表盘使表针对准零位。

③ 在活塞环工作区域内，用两点测量法在气缸上、中、下 3 个位置的纵向和横向上的测量气缸直径。测量时应轻微摆动量缸表，当指针指示的最小值即为被测值，并将测得的值逐一记录下来。

④ 根据测量结果计算出气缸的圆度误差和圆柱度误差。计算方法：

圆度误差（在同一横截面内取值）＝（最大直径－最小直径）÷2

圆柱度误差（在气缸壁上下处取值）＝（最大直径－最小直径）÷2

误差接近或超过范围时应进行修复或更换。若气缸圆度、圆柱度、最大磨损无超出标准，但缸壁有严重拉花痕迹、沟槽或麻点，则都应该进行搪磨修复。

⑤ 技术要求。气缸直径每 100mm 要求圆度偏差应≤0.05～0.063mm；圆柱度偏差应≤0.175～0.20mm；气缸直径磨损应≤0.20mm。

⑥ 容易出现的问题。测量时测杆与中心线不垂直；选择上中下 3 点测量位置不准确。

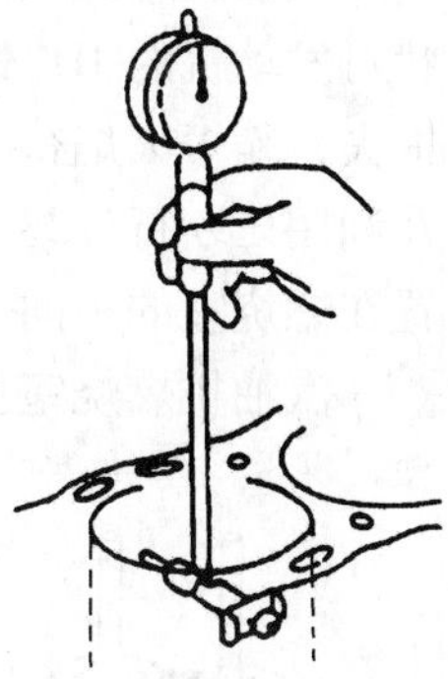

(a) 量缸表握法

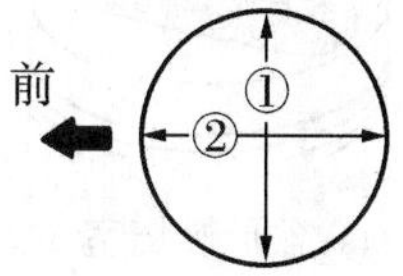

(b) 两点测量

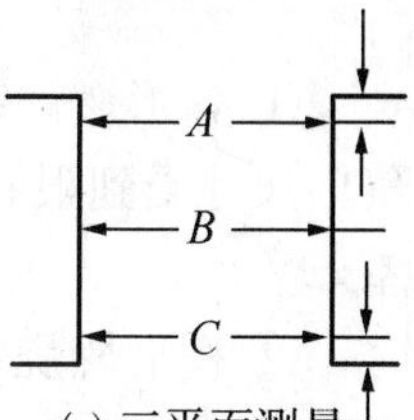

(c) 三平面测量

图 2－2－6　气缸测试

二、气　缸　盖

1. 功用

气缸盖的功用是封闭气缸体上部，并与活塞顶、气缸壁构成一个密闭的可变空间，它的最小容积即为燃烧室。

2. 结构

气缸盖结构复杂，一般采用铸铁或铝合金材料铸造而成，小型汽油机多采用铝合金气缸盖。气缸盖的结构主要取决于发动机配气机构的布置形式、冷却方式以及燃烧室的形状等。

一般水冷式发动机气缸盖内铸有冷却水套，气缸盖端面上的水套与气缸体上所对应的水套是相通的，利用水的循环对燃烧室等高温机件进行冷却。风冷式发动机气缸盖上铸有许多散热片以增大散热面积，降低气缸盖的温度。

汽油机气缸盖上有火花塞安装座孔，柴油机气缸盖上则有喷油器安装座孔。

在缸径较大、气缸数较多的发动机上，为了便于制造、避免产生翘曲变形积累以及方便维修，多采用分段式气缸盖。而缸径较小、气缸数较少的发动机则采用整体式气缸盖。

（1）汽油机燃烧室

汽油机燃烧室由活塞顶部（指上止点时）与气缸盖上相应的凹坑所组成。燃烧室的形状对发动机的工作性能影响很大。因此，要求燃烧室结构紧凑、表面积小，以利于减小热量损失，缩短火焰行程，控制爆燃发生；应能够促使进气产生涡流和挤气，提高换气效率，以及利用压缩行程终了时的涡流运动来加快混合气的燃烧速度，充分燃烧；应能够将火花塞布置在燃烧室的中间，以利于火焰向四周传播，快速和充分燃烧。

汽油机燃烧室形状主要有以下几种。如图 2－2－7 所示。

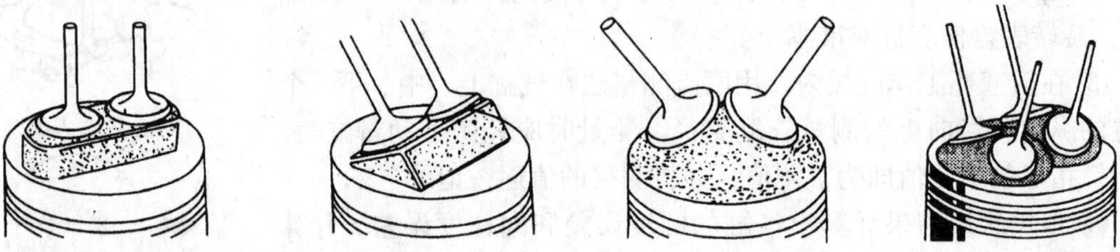

(a) 盆形燃烧室　(b) 锲形燃烧室　(c) 半球形燃烧室　(d) 双球形燃烧室

图 2－2－7　汽油机燃烧室形状

① 盆形燃烧室。盆形燃烧室结构比较紧凑，能产生挤气涡流，缺点是盆的形状狭窄，气门尺寸受到限制，气道弧线较差，影响换气效果。因此，动力性与经济性均不如楔形燃烧室。

② 楔形燃烧室。楔形燃烧室结构紧凑，气门斜置，气道导流效果较好，充气效率高；易形成挤气涡流，动力性和经济性较好。解放 CA6102 型发动机采用这种燃烧室。

③ 半球形燃烧室。半球形燃烧室气门成横向 V 形排列，有利于增大气门头部直径，换气效率高；火花塞位于燃烧室中部，火焰行程短，燃烧速度快，不易产生爆燃；结构紧凑，散热面积小，因而动力性和经济性都很好。但此结构气门排成双列，配气机构较复杂。半球形燃烧室多用于高速发动机。

上海桑塔纳系列发动机采用扁球形燃烧室。扁球形燃烧室气门排成一列，不影响配气机构的结构。

④ 双球形燃烧室。此结构是在半球形燃烧室的基础上演变而成，进/排气门采用不同的尺寸和位置，形成了两个球形空间。

（2）柴油机燃烧室

由于柴油机混合气的形成和燃烧均在燃烧室中进行，所以燃烧室的结构将直接影响混合气的形成与燃烧。对燃烧室的要求：一是配合喷油形成良好均匀的混合气，改善燃烧；二是结构紧凑，以减少散热损失，提高热效率。柴油机燃烧室的种类很多，通常分为统一式燃烧室和分隔式燃烧室。

① 统一式燃烧室。统一式燃烧室由凹形活塞顶与气缸盖内壁所包围的单一内腔构成，几乎全部容积都在活塞顶面上。这种燃烧室一般配有多孔喷油器，将燃料直接喷射到燃烧室中，借助喷出油柱的形状和燃烧室形状的配合，以及燃烧室内的空气涡流运动，迅速形成可燃混合气，故此种燃烧室又称为直接喷射式燃烧室。

根据活塞顶凹坑的形状不同，燃烧室形状可分为 ω 形、球形和 U 形，如图 2－2－8 所示。

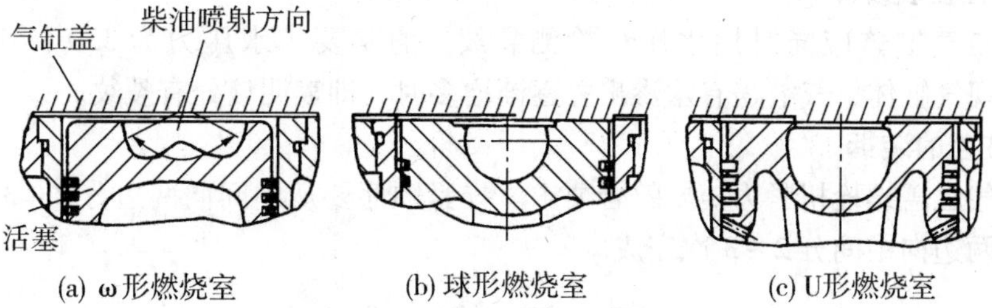

图 2-2-8　统一式燃烧室

a. ω 形燃烧室。目前车用柴油机大多采用 ω 形燃烧室及其各种改进型（四角 ω 形、微涡流形、花瓣形等），康明斯 6BTA5. 9 发动机即为 ω 形燃烧室，它的主要特点是：

◆ 燃烧室要求喷油系统喷油压力高，故喷油设备加工精度要求较高，成本较高。并采用小孔径多孔喷油器。

◆ 燃烧室结构简单且紧凑，热效率高，冷车易起动。

b. 球形燃烧室。它的特点是：

◆ 采用两个孔喷油器、螺旋进气道和切向进气道。

◆ 发动机工作较柔和。

◆ 具有较高的动力性和经济性。

c. U 形燃烧室。这种燃烧室是球形燃烧室的一种变形，特点是：

◆ 使用单孔轴针式喷油器，喷油压力较低，既降低对喷油设备的要求，又减少喷孔堵塞可能。

◆ 起动性能好，高速时发动机工作柔和，因此适应性较好。

② 分隔式燃烧室。燃烧室被分隔成两部分，一部分是主燃烧室，位于气缸盖底面与活塞顶之间。另一部分是副燃烧室，位于气缸盖内。主、副燃烧室之间，由一个或几个孔道相通。常见的分隔式燃烧室有涡流室式和预燃室式两种。

3. 气缸盖测试

（1）气缸盖平面度（翘曲变形）测试

气缸盖平面度误差主要指气缸盖下平面的翘曲变形。气缸盖翘曲变形的检测方法与气缸体翘曲变形的检测方法相同，仍采用直尺和厚薄规进行测量。气缸盖平面度误差超过规定值时应予以修理或更换，桑塔纳轿车 AJR 发动机缸盖平面度误差最大不得超过 0. 1mm，康明斯 6BTA5. 9 发动机平面度误差最大不得超过 0. 3mm。若超过范围时应予以修复。

气缸盖下平面的平面度误差超过规定值时，可采用铣削或磨削加工予以修整。加工时，应先校准定位基准。采用铣削或磨削加工气缸盖平面，铣削或磨削量一般不允许超过 0. 5mm，否则将对发动机压缩比有较大影响。桑塔纳轿车 AJR 发动机修理后的气缸盖高度不得低于 133mm。康明斯发动机修理后的气缸盖高度不得低于 93. 75mm。铣削或磨削加工后，各燃烧室的容积误差应控制在允许范围内。对于汽油机，一般要求容积的减少不得少于标准容积的 5%，同一台发动机各缸燃烧室容积相差不应大于平均值的 4%。

（2）气缸盖裂纹测试

气缸盖与气缸体应同时用水压法检测裂纹。通常要求水压力为 350 ~ 450kPa，保持 5min。如发现气缸体、气缸盖有水渗出并逐渐增多时，即表明该处有裂纹。

4．气缸盖的装拆

装配时气缸盖螺栓扭紧力矩要符合要求。拧紧顺序要从中间向两边分 2 ~ 3 次完成，松开顺序要从两边向中间分 2 ~ 3 次完成。

三、气　缸　垫

1．气缸垫功用

气缸垫安装于气缸盖与气缸体之间，功用是保证气缸盖与气缸体结合面的密封，防止燃烧室漏气、漏油和水套漏水。近年来，国外一些发动机采用专用密封胶，取代了传统的气缸垫。

气缸垫目前应用较多的是多层金属片气缸垫和金属——石棉气缸垫。结构如图 2－2－9 所示。a 型由 3 层钢片组成，上下两层薄钢片冲压成波纹状表面，使气缸垫具有一定的弹性；b 型由 3 个元件组成，中间层是开有许多小孔的钢片，上下两层为石棉，在燃烧孔或其他连接孔的四周包覆铜皮。

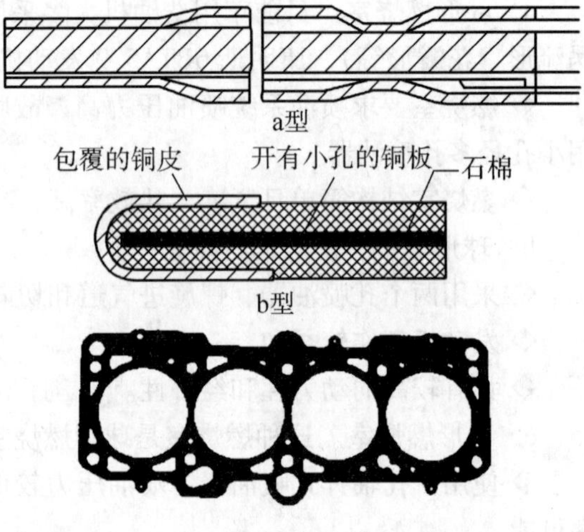

图 2－2－9　气缸垫

2．气缸垫性能要求

气缸垫的工作条件十分苛刻，它应在高温、高压燃气、冷却水作用下有足够的强度，并不易损坏；耐热和耐腐蚀，具有一定的弹性，能补偿结合面的不平度，以保证可靠密封；拆装方便，能重复使用和寿命长。

3．气缸垫装配

气缸垫一面是光面而另一面是卷边。装配时，当气缸体是钢铁材料而气缸盖是铝合金材料时，光面应朝向气缸盖，卷边朝向气缸体；当气缸体和气缸盖是同一材料时，光面应朝向气缸体，卷边朝向气缸盖。

第 3 节　活塞连杆组

活塞连杆组由活塞、活塞环、活塞销、连杆及连杆轴承等主要机件组成。结构如图 2－3－1 所示。活塞连杆组的作用是将作用在活塞顶上的燃气压力通过连杆传递给曲轴的连杆轴颈。

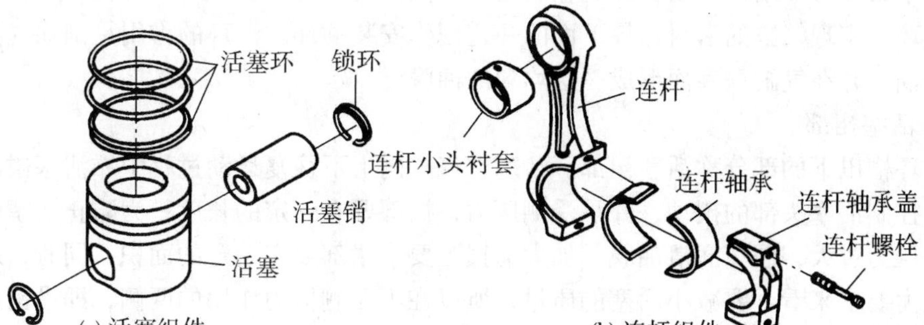

(a) 活塞组件　(b) 连杆组件

图 2-3-1　发动机活塞连杆组

一、活　塞

1．活塞功用

活塞的功用是与气缸盖和气缸壁等共同组成一个密闭的可变空间，它的最小容积即为燃烧室，并承受气缸中气体压力，并将此压力通过活塞销传给连杆，以驱动曲轴旋转。

2．活塞结构

活塞基本结构可分为顶部、头部和裙部。

（1）活塞顶部

活塞顶部是燃烧室的组成部分，因而其形状取决于燃烧室的形式。顶部与销座之间都设有加强筋。常见的活塞顶部形状有平顶、凹顶和凸顶等结构形式。如图 2-3-2 所示。

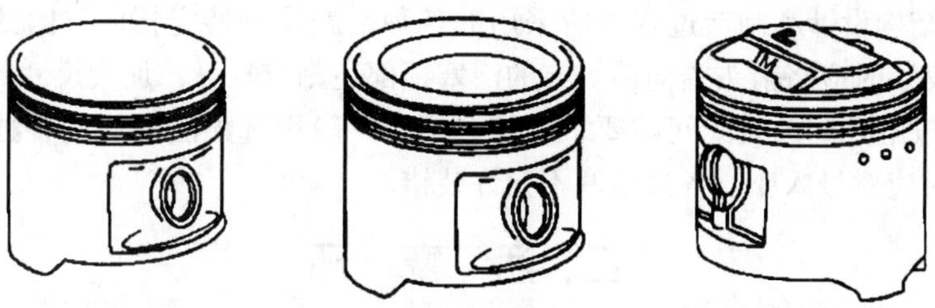
(a) 平顶活塞　(b) 凹顶活塞　(c) 凸顶活塞

图 2-3-2　活塞头部形状

① 平顶活塞。结构简单、吸热面积小，便于制造加工，且有利于缸内混合气流动和燃烧过程中的火焰传播，因而在汽油机上得到了广泛的使用。

② 凹顶活塞。采用凹顶活塞构成扁球形燃烧室能够改善混合气流动性能，改善燃烧过程，并有利于增大气门升程，防止活塞顶碰气门。

③ 凸顶活塞。采用凸顶活塞能够提高压缩比，而发动机压缩比直接影响动力性和经济性，所以为了提高压缩比，多改用凸顶活塞，这样缸盖等复杂零件可以不改动。

（2）活塞头部

活塞头部是指活塞环槽及以上的部分，设有若干道活塞环槽，活塞环槽是用作安装活塞环的。由于头部有环槽，所以头部的金属较厚，汽油机一般有3～4道环槽，上面1～3道用作安装气环，实现气缸的密封；最下面的一道用作安装油环。油环的作用是刮除气缸壁上多余的润滑油，并在气缸壁表面形成一层均匀的油膜。

（3）活塞裙部

活塞环槽以下的部分称活塞裙部。活塞在气缸内上下往复运动过程中靠活塞裙部起导向作用。为控制活塞头部的摆动，并承受侧压力，裙部要有一定的长度；为防止活塞对气缸壁单位面积压力过大，破坏润滑油膜，加大磨损，要求裙部要有一定的面积。同时，从减轻活塞的惯性力要求来看，要减小活塞的质量，所以在不受侧压力作用的两侧，即沿销座孔轴线方向的裙部去掉一部分，形成半拖板式裙部。

3．活塞的选配

在发动机大修或更换气缸体（或气缸套）时，应根据气缸的标准尺寸或修理尺寸同时更换活塞，并注意下列要求：

（1）活塞尺寸要求

各缸应选用同一直径级别的活塞。

（2）活塞质量要求

同一组活塞中，各活塞的质量应基本一致，中低速发动机活塞之间的质量误差应 <8g，高速发动机应 <5g。

（3）活塞裙部圆度和圆柱度要求

活塞裙部圆度和圆柱度应符合规定的要求。汽油机活塞裙部锥形的圆柱度因设计而异，活塞的圆度，即活塞径向截面形状，多为椭圆形，具体尺寸视其车型或结构而异。

4．活塞装配注意事项

① 活塞在结构设计和制造过程中所采用的各种措施均有特定指向。因此，在活塞顶部有箭头标记，安装时应将箭头指向前。有的活塞顶部还刻有缸号，加大尺寸等。

② 活塞与气缸之间的装配间隙要求比较严格，一般用选配法来选配各缸的活塞，并打出标记，装配时应对号入座。各缸活塞不允许装错。

二、活塞环

1．活塞环功用

活塞环按其功用不同可分为气环和油环。气环的主要功用是密封，也兼有导热作用。一般发动机每个活塞均有2～3个气环。油环的功用是刮去气缸壁上的润滑油，并使缸壁油环以下部位的油膜分布均匀，油环还起辅助密封的作用。由于环槽与缸壁接触会产生摩擦力，消耗发动机功率，所以现代汽车通过提高配合精度来减少活塞环的数量。有些轿车发动机还将气环兼作油环使用。

2．活塞环的工作条件

活塞环的工作条件十分恶劣，如高温、高压、高速、润滑困难以及化学腐蚀严重，同时还要承受交变载荷的冲击等。因此，活塞环是发动机中磨损最快的零件之一。

3．活塞环结构

由于气环和油环的功用及工作要求各不相同，因而结构形式、所用材料等也不相同。

（1）气环

气环也叫压缩环。工作条件差的第 1 道环镀铬，以增强耐磨性。各道环的环口布置应选择相隔越远越好。并应避开活塞的受力方向。气环的断面形状种类较多。如图2－3－3 所示。通常习惯于按断面形状来命名活塞环，常见的有以下几种。

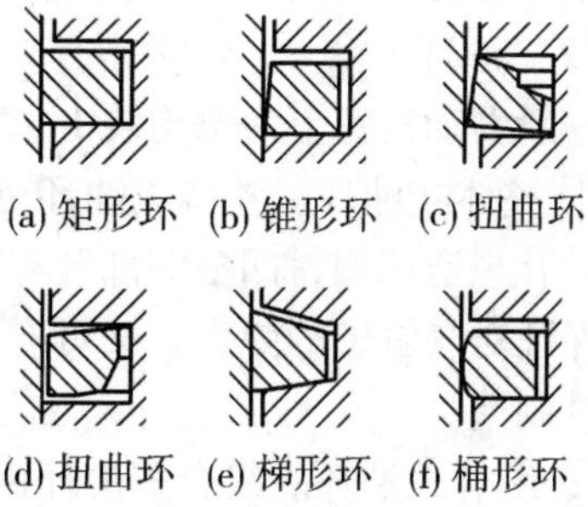

图 2－3－3　气环的断面形状

① 矩形环。环的断面为矩形，其结构简单，制造方便，且与气缸壁接触面积大，导热效果好，有利于活塞头部的散热。但矩形环有“泵油作用”，会使润滑油由下而上地进入燃烧室，如图 2－3－4 所示。致使燃烧室内形成积炭，同时加大了润滑油消耗，故应用逐渐减少，或与其他形状气环配合使用。

② 锥形环。锥形环与缸壁间形成线接触，有利于磨合和密封，且活塞下行时有刮油作用，可形成楔形油膜，增强润滑效果。但锥形环导热性较差，故多用于第 2、第 3 道气环。安装时，应将有记号的一面向上。

③ 扭曲环。扭曲环是在矩形环的内圆上边缘或外圆下边缘切去一部分后形成的环。这种环的断面不对称，故称为扭曲环。装入气缸后在弹力作用下，由于环的内应力分布不对称造成环体发生微量的扭曲变形，从而使环的边缘与环槽的上下端面接触，提高了表面接触应力，防止了活塞环在环槽中上下窜动而造成的泵油作用，同时增加了密封性。此种环的磨合性和密封性均较好，应用得较广泛。安装时应使内圆切槽向上，外圆切槽向下，不能装反。

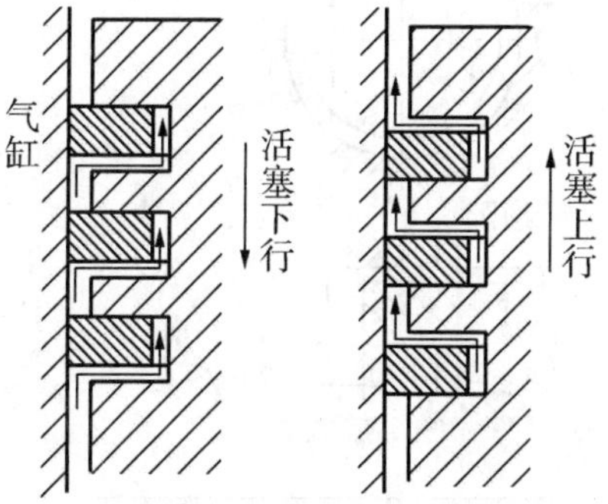

图 2－3－4　矩形环的泵油作用

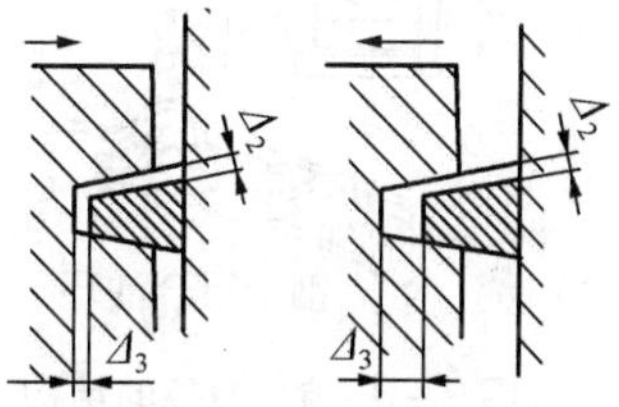

图 2－3－5　梯形环工作示意

④ 梯形环。环的横断面呈梯形，如图 2－3－5 所示。特点是当活塞受侧压力的变化左右换向时，环的侧隙 Δ_2 和背隙 Δ_3 也相应地发生变化，使沉积在环槽中的结胶物被挤出，因而可以避免环被粘结在环槽中，引起折断；在做功行程中，作用在梯形环上端面上的燃气压力所产生的径向分力能够增强环的密封作用。因此梯形环在自身弹力减弱的情况下，仍能与缸壁紧密贴合，有良好的抗粘结性。故多用于柴油机第 1 道环。但不足之处是上下端面的精磨工艺比较复杂。

⑤ 桶面环。环的外圆面为凸圆弧线，上下运动时均能与缸壁形成楔形空间，有利于润

滑油膜的形成，环面与缸壁间为弧面接触，密封性好和易磨合，能保证良好的润滑，桶形环普遍用作强化柴油机的第1道环。

（2）油环

一般发动机每个活塞均装1 ~2 道油环，油环按结构分为整体式和组合式两种。

① 整体式油环。整体式油环也称普通油环。结构如图2 -3 -6 所示。在环外圆柱面的中部切有一道凹槽，凹槽底部开有若干个回油用的小孔或窄槽。有的在背面加装弹性衬垫，既可保证对气缸壁的弹力，又可有较好的柔性，延长其使用寿命。整体式油环一般用耐磨合金铸铁制造。

② 组合式油环。组合式油环由刮油钢片和衬簧组成。刮油钢片因结构的不同，可分别采用2 片、3 片或4 片。多数轿车发动机都采用三件组合式油环，它由上下2 片相互独立的刮油钢片和1 个弹性良好的钢丝衬簧组成，如图2 -3 -7 所示。刮油钢片刮油作用很强，刮油效果好。

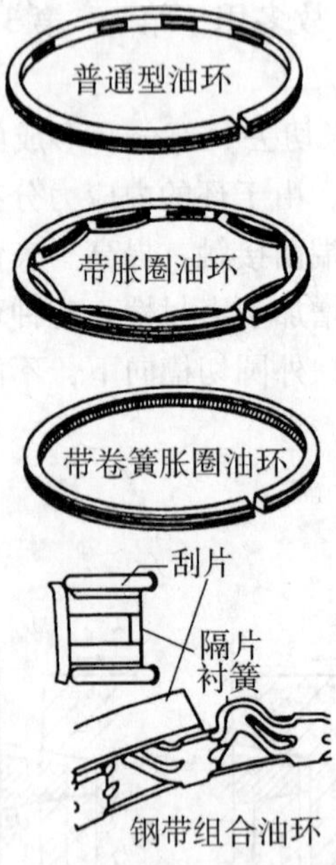

图2 -3 -6　油环的结构

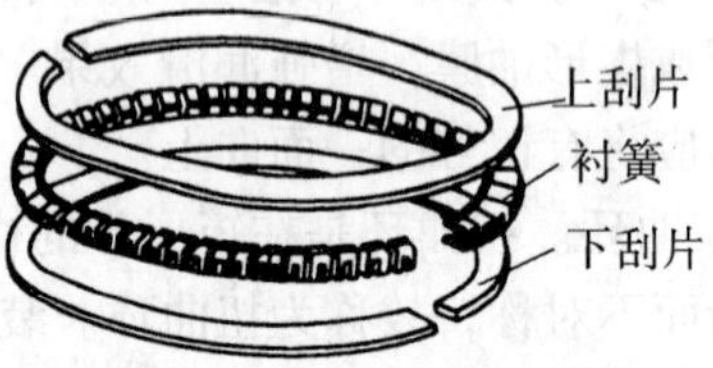

图2 -3 -7　组合式油环

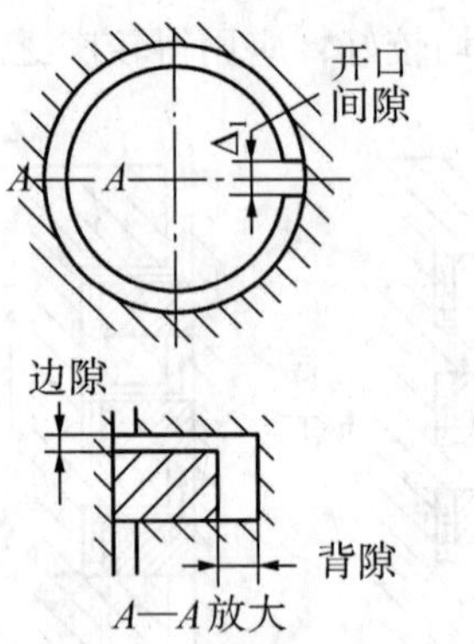

图2 -3 -8　活塞环间隙

4．活塞环的选配

（1）活塞环的装配间隙

活塞环在装配时应留有一定值的端隙、侧隙和背隙。如图2 -3 -8 所示，以防活塞环受热后胀死在环槽内或卡死在气缸内，造成损坏。

① 端隙 Δ_1。又称开口间隙，是指活塞环随活塞装入气缸后，置于气缸内时在开口处呈现的间隙。Δ_1 一般为0. 25 ~0. 50mm。第1 道气环工作温度高、热膨胀量大，故端隙大于第2、第3 道环；柴油机活塞环端隙值略大于汽油机；端隙值随发动机缸径的增大而增大。

② 侧隙 Δ_2。又称边隙，是指活塞环高度方向与环槽之间的间隙。第1 道气环因工作温

度高，其值取 0.04～0.10mm；其他气环一般为 0.03～0.07mm；普通油环的侧隙较小，一般为 0.025～0.050mm；组合式油环没有侧隙。

③ 背隙 Δ_3。是指活塞环随活塞装入气缸后，环的背面（即内圆柱面）与环槽底部之间的间隙。气环的背部一般为 0.5～1.0mm；普通油环的背隙比较大。为了便于测量，是以环的厚度与环槽的深度来表示背隙，此值比理论值小。

（2）活塞环测试

为了保证活塞环与活塞环槽及气缸的良好配合，选配活塞环时还应进行测试，其中任何一项不符合要求时，均应重新选配。

① 活塞环弹力的测试。活塞环的弹力是保证气缸密封性的主要条件之一。测试一般在弹力检验仪上进行检验。如图 2－3－9 所示。检验时把活塞环放在弹力检验仪上，使环的开口处于水平位置，移动检验仪上的量块把活塞的开口间隙压缩到标准值，观察秤杆上的质量，应符合技术要求。

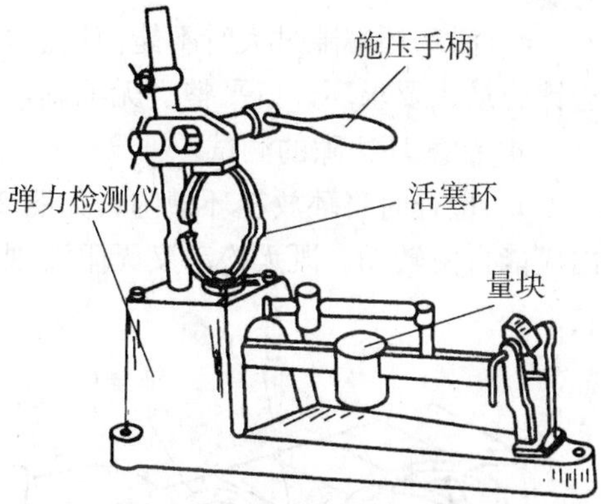

图 2－3－9　活塞环弹力的检验

② 活塞环漏光度的测试。

a. 将活塞环平放在好的气缸内，用活塞顶部推平活塞环，如图 2－3－10 所示。

b. 在活塞环上盖一个比缸径略小的硬纸板做成的遮光板，在气缸下部放置灯光照明，如图 2－3－11 所示。

c. 观察活塞环外圆与气缸壁之间是否漏光。

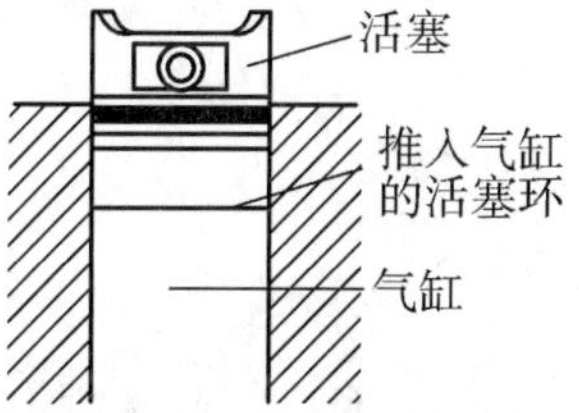

图 2－3－10　用活塞向气缸内推入活塞环

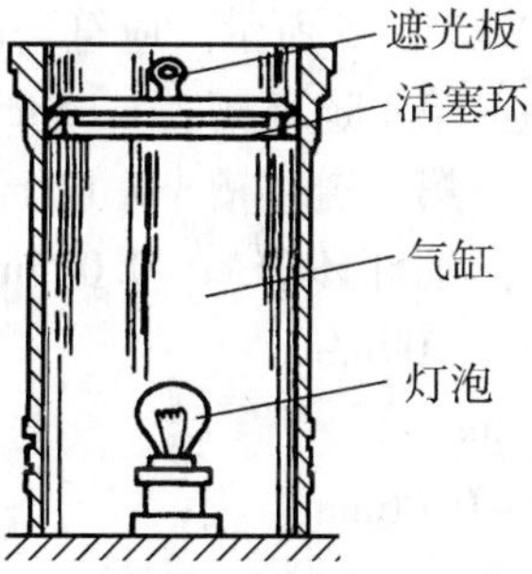

图 2－3－11　活塞环的漏光检查

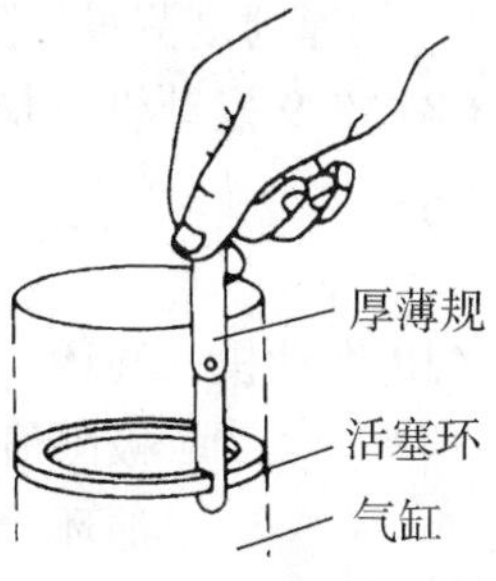

图 2－3－12　检查活塞环端隙

d. 用厚薄规和量角器测量其漏光度，应符合技术要求：在开口处左右对应圆心角 30°范围内不允许漏光，同一活塞环上漏光不应多于两处，每处漏光弧长所对应的圆心角小于 25°；同一活塞环上漏光弧长所对应的圆心角总和小于 45°，漏光缝隙小于 0.03 mm。

③ 活塞环端隙的测试。

a. 将活塞环放在气缸内，用活塞顶将活塞环推正。

b. 用厚薄规插入活塞环开口处进行测量。如图 2－3－12 所示。间隙值应符合以下要求：

6BTA5.9 发动机　第 1 道气环　0.40 ~0.70mm
　　　　　　　　第 2 道气环　0.25 ~0.55mm
　　　　　　　　油环　　　　0.25 ~0.55mm
AJR 发动机　第 1 道气环　0.20 ~0.40mm
　　　　　　第 2 道气环　0.20 ~0.40mm
　　　　　　油环　　　　0.25 ~0.50mm

c. 活塞环端隙过大时不能使用。端隙过小时，可用细平锉在开口处的一个端面上锉削，边锉边量，要求环开口平整、无毛刺，如图 2 -3 -13 所示。

④ 活塞环边隙的测试。

a. 检查时将环放在环槽内，如图 2 -3 -14 所示。使活塞环围绕槽转动一圈，环在环槽内应能自由转动，既无松动又无阻滞现象。

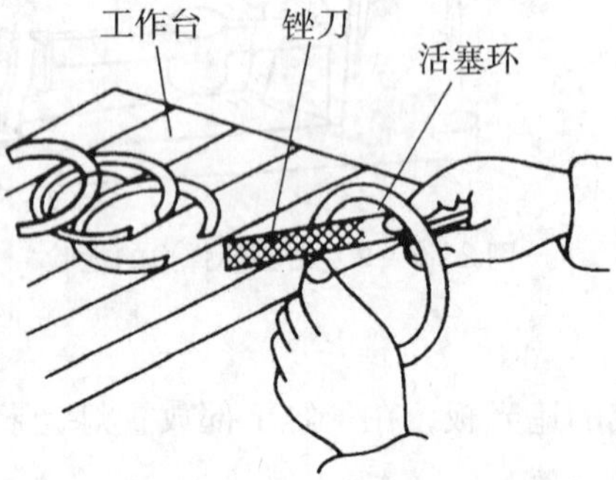

图 2 -3 -13　用锉刀锉削活塞环开口

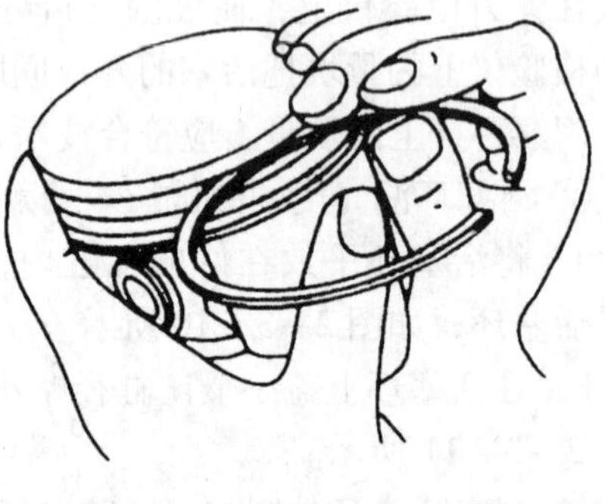

图 2 -3 -14　将活塞环放入环槽内滚动

b. 用厚薄规测量边隙，如图 2 -3 -15 所示。应符合以下要求：

6BTA5.9 发动机（最大边隙）　第 1 道环槽　0.15mm
　　　　　　　　　　　　　　第 2 道环槽　0.13 mm
　　　　　　　　　　　　　　油环环槽　　0.085mm
AJR 发动机　气环　　0.06 ~0.09mm
　　　　　　极限值　0.20mm
　　　　　　油环　　0.03 ~0.06mm
　　　　　　极限值　0.15 mm

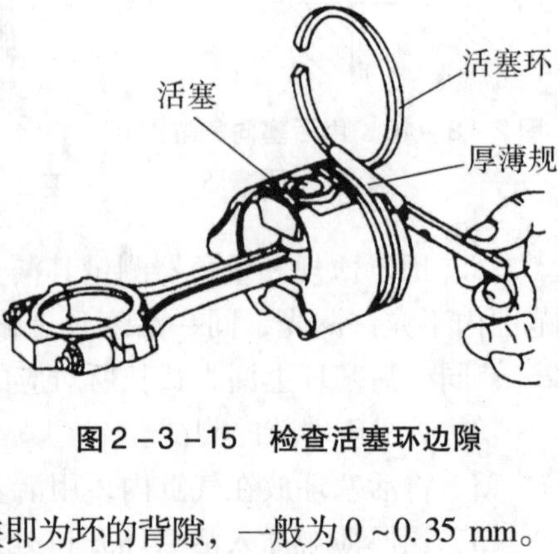

图 2 -3 -15　检查活塞环边隙

c. 活塞环边隙过大，会影响气缸的密封性，加剧环与环槽的磨损，需重新选配。边隙过小，可能使活塞环卡死在环槽内，造成拉缸，也应重新选配。

⑤ 活塞环背隙的测试。

a. 将活塞环放入环槽内，活塞环的宽度应低于活塞环槽岸。

b. 用深度游标卡尺测量时，环槽深度与环的宽度之差即为环的背隙，一般为 0 ~0.35 mm。

c. 活塞环背隙过大或过小，都应重新选配。目前由于制造工艺比较先进，一般活塞环的边隙和背隙都符合要求。

三、活　塞　销

1. 活塞销功用

活塞销的功用是连接活塞与连杆，并将活塞所受的气体作用在活塞上的力传给连杆。活塞销在高温下承受很大的交变冲击载荷且润滑条件较差（一般靠飞溅润滑）。因此，要求有足够的刚度和强度，表面要耐磨、具有较小的粗糙度，质量要小。

2. 活塞销结构

活塞销一般采用低碳钢或低碳合金钢制造，通常制成空心圆柱体，有时也按强度要求将内孔加工成变截面管状体结构，如图 2－3－16 所示。

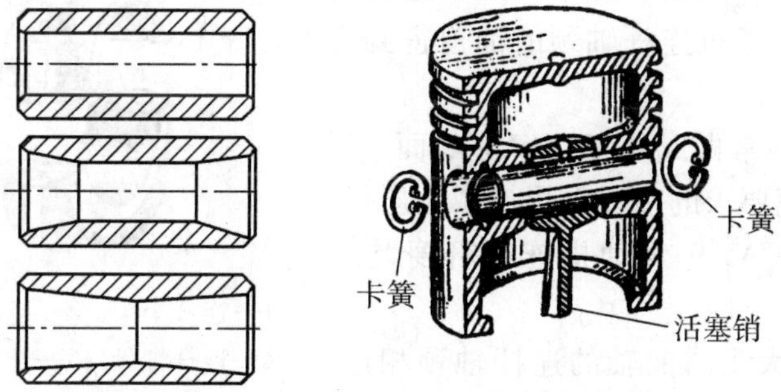

(a) 活塞销结构形状　　(b) 活塞销的连接

图 2－3－16　活塞销及其全浮式连接

活塞销与活塞销座孔及连杆小头的连接方式有半浮式和全浮式两种。

（1）全浮式

全浮式连接是指发动机正常工作过程中，活塞销与活塞销座孔及连杆小头衬套之间有适量的配合间隙，活塞销可以在孔内自由转动。采用全浮式连接，活塞销的磨损比较均匀，使用寿命较长。但采用全浮式连接，必须在活塞销座孔两端装入卡簧，以防止活塞销窜动而刮伤气缸。

（2）半浮式

半浮式连接是活塞销与活塞销座孔及连杆小头之间一处固定（或过盈）配合，一处浮动（间隙配合）。通常销与连杆小头之间为过盈配合或装有锁止装置，工作中不发生相对转动；活塞销与活塞销座孔之间为间隙配合。

半浮式连接，连杆小头有锁止装置的不必安装连杆衬套，减少了连杆衬套的维修作业，又因其不会发生轴向窜动，故活塞销座孔两端不需安装卡簧。这种连接方式结构简单，适用于轻型高速发动机。

四、连　　杆

1. 连杆功用

连杆功用是将活塞承受的燃气压力传给曲轴，使活塞的往复直线运动转变为曲轴的旋转运动。

2. 连杆结构

连杆由连杆小头、杆身和连杆大头（包括连杆轴承盖）等组成。

连杆体与连杆盖结构如图 2－3－17 所示。

① 小头。连杆小头与活塞销相连，采用全浮式连接方式的连杆小头孔内装有减磨的连杆衬套（青铜衬套或铁基粉末冶金衬套）。连杆衬套和活塞销之间的润滑方式有两种：一种是在连杆小头和衬套上加工有集油孔或集油槽，靠收集曲轴旋转时飞溅起来的润滑油润滑；另一种是在连杆杆身内钻有纵向油道，通过连杆轴颈的油道得到有压力的润滑油进行润滑。

② 杆身。杆身通常做成“工”字形断面，以求在满足强度和刚度要求的前提下尽量减小质量，如 AJR 发动机、6BTA5.9 发动机连杆杆身均为“工”字形断面。

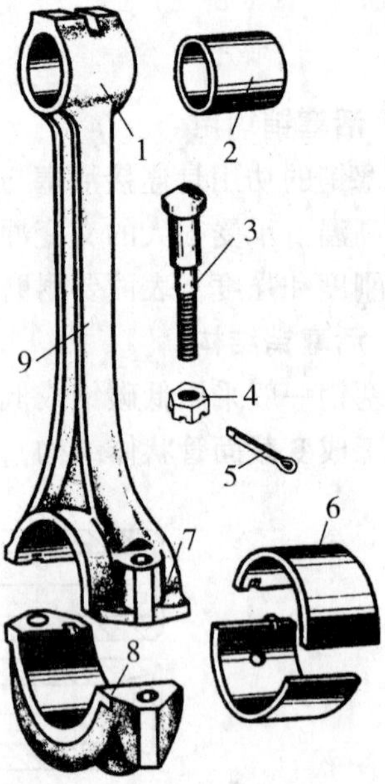

1—连杆小头　2—连杆衬套　3—连杆螺栓
4—连杆螺母　5—开口销　6—连杆轴承
7—连杆大头　8—连杆盖　9—连杆体

图 2－3－17　连杆组件分解

③ 大头。连杆大头与曲轴的连杆轴颈相连，一般是分开的，与杆身分开的部分称连杆轴承盖，连杆轴承盖与连杆用连杆螺栓联接。

连杆大头与连杆轴承盖按剖切面方向可分为平切口和斜切口两种。平切口的剖切面与杆身中心线垂直。一般汽油机连杆大头的尺寸都小于气缸直径，故多采用平切口。如解放 CA6102 发动机和上海－桑塔纳轿车发动机连杆均采用平切口，其定位方式为连杆螺栓定位，即依靠连杆螺栓上的精加工圆柱凸台或光圆柱部分与经过精加工的螺栓孔来定位。

大功率柴油发动机，为了增加连杆的强度，连杆大头直径比气缸直径大，为拆装时能使连杆通过气缸，多采用斜切口。连杆大头组合有严格的定位要求，以防止装配时错位。平切口连杆多采用连杆螺栓定位。斜切口的连杆轴承盖与连杆大头一般不是靠连杆螺栓定位，有的采用锯齿形定位，即依靠锯齿形接合面实现定位。有的采用套筒（或销）定位，即依靠定位套筒或定位销来定位。有的采用止口定位。6BTA5.9 柴油机连杆则采用 68°的斜切口定位。如图 2－3－18 所示。

3. 连杆的测试

（1）连杆裂纹测试

连杆在工作中受到交变载荷作用，有时会出现裂纹，严重时会导致连杆断裂。连杆裂纹一般采用磁力探伤检查。磁力探伤的基本原理是在磁力线通过被检测的零件时，如果零件存在表面裂纹或内部裂纹时，磁力线在通过裂纹部位时，因磁阻大而中断、偏散而形成磁极。此时在零件表面撒上的铁粉就会被磁化，而吸附在裂纹处，从而显现出裂纹的位置及形状。零件经过磁力探伤后，必须进行退磁处理。连杆出现任何形式的裂纹，均应更换。

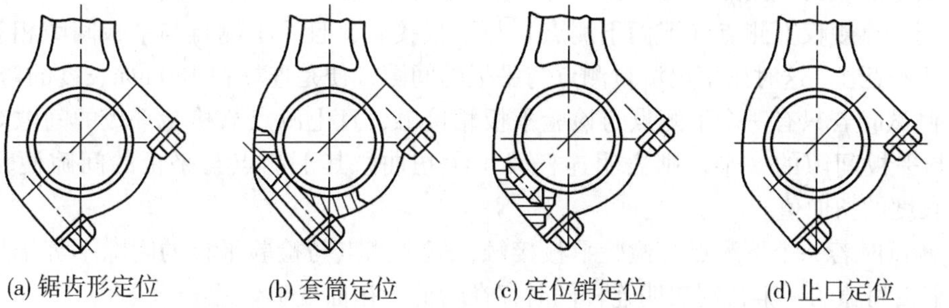

图 2-3-18　斜切口连杆及其定位方式

（2）连杆大头内孔磨损测试

连杆大头内孔磨损将产生失圆和锥形，当圆度误差和圆柱度误差超过 0.025mm，而内孔圆周尺寸未变时，可通过对连杆轴承进行镗削来保证与连杆轴颈的装配精度。轴承内孔与对应连杆轴颈的径向间隙一般为 0.01～0.116mm。AJR 发动机的连杆轴颈径向间隙为 0.01～0.05mm。6BTA5.9 发动机的连杆轴颈径向间隙为 0.038～0.116mm。

（3）连杆变形的测试

一般是在连杆检验器上进行测试。如图 2-3-19 所示。检验时应将连杆大端轴承取下，将承孔清洁干净（轴承被镗削后的连杆在校正时不可以拆下轴承），然后将轴承盖装在连杆体上，并按标准力矩拧紧连杆螺栓，连杆大端安装在连杆检验器可调横轴上，拧动调整柄使半圆键向外扩张，将连杆固定在检验器上。检验工具是带有 V 形槽的三点规。三点规上的三个测点在同一平面上，并与 V 形槽相垂直，下面两测点的距离为 100mm，而上面的一个测点，处在下面两测点连线的垂直等分线上，与下面两测点连线的距离也是 100mm。检测时，将三点规放在连杆小端的心轴或活塞销上，使三点规的三个测点与检验器的平板相接触。根据三测点与平板的接触情况，便可判断连杆有无弯曲、扭曲变形。具体判断方法如下。

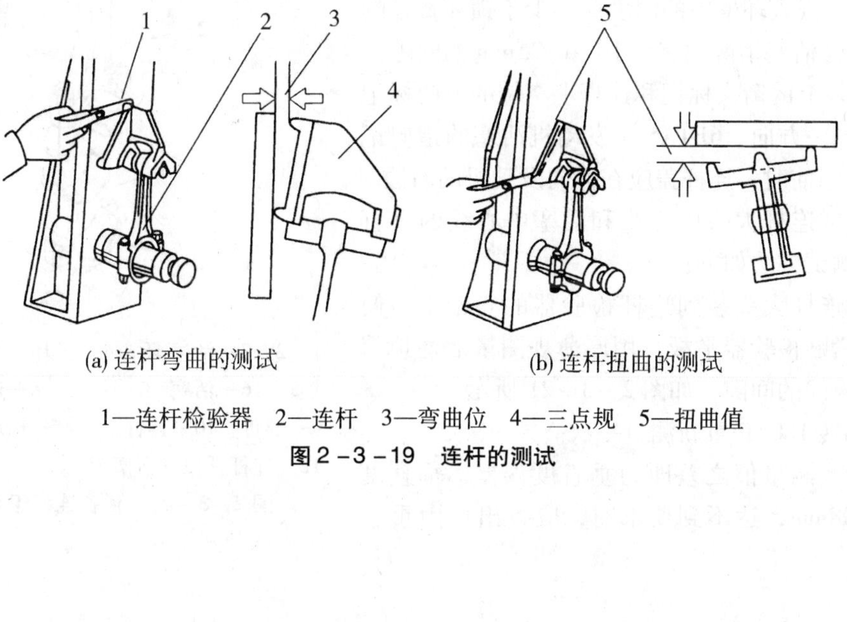

1—连杆检验器　2—连杆　3—弯曲位　4—三点规　5—扭曲值

图 2-3-19　连杆的测试

① 当三点规的三测点都与检验器的平板相接触，说明连杆无变形。

② 若三点规仅上测点（或两下测点）与平板接触，且两下测点与平板间隙相等，说明连杆有弯曲变形。这时用塞尺测量测点与平板的间隙，便是连杆在 100mm 长度的弯曲值。

③ 测试时若只有一个下测点与检验平板相接触，且上测点与检验平板的间隙等于另一个测点与平板间隙的一半，则表明连杆发生了扭曲，其下测点与平板的间隙便是连杆在 100mm 长度的扭曲值。

④ 测试时若一个下测点与检验平板接触，但上测点与检验平板的间隙不等于另一个下测点与平板间隙的一半，则表明连杆同时存在弯曲、扭曲变形。

汽车技术标准规定：连杆在 100mm 长度上弯曲度值 < 0.03mm，扭曲度值 < 0.06mm，超过允许极限时，应进行校正或更换新件。

五、活塞连杆组的装配

活塞连杆组各零件经修复、选配和检测合格后，应装成组合件，结构如图 2－3－20 所示。装配前应进行彻底清洗，特别是当连杆有油道时，要清洗干净连杆油道中的污垢。

1. 活塞和连杆组组装

（1）组装

① 将活塞置于水中加热至 70～80°C 取出，擦拭干净。

② 在座孔、连杆小头衬套孔和活塞销上涂上薄薄一层润滑油，用大拇指把活塞销推入座孔，并迅速通过连杆小头衬套孔，直达另一侧销座孔的锁环槽边。

③ 安装活塞销两边的锁环。有磨损台阶的锁环应予以更换。

（2）测试

① 锁环嵌入环槽中的深度应不少于锁环直径的 2/3，锁环与活塞销两端有 0.10～0.25mm 的间隙。

② 活塞上的箭头标记和连杆上浇铸的方向标记必须朝着同一方向。6BTA5.9 发动机活塞的指向记号 FRONT 朝前时，连杆盖应在面向发动机的右边。

③ 测试连杆大头中心线和活塞中心线的垂直度。具体测试方法如下：

a. 将连杆大头装到连杆检验器的心轴上，使活塞裙部紧贴检验器平板，用厚薄规测量活塞顶部边缘与平板间的间隙，如图 2－3－21 所示。

b. 翻转 180°，重新测量一次。

c. 两次测量值之差即为垂直度误差，垂直度误差 < 0.08mm，达不到要求时，应找出原因重新

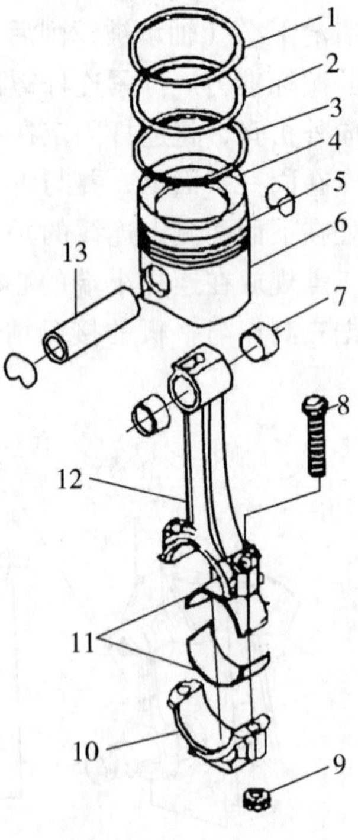

1、2、3—活塞环 4—衬环 5—活塞销锁环 6—活塞 7—衬套 8—连杆螺栓 9—螺母 10—连杆盖 11—轴承 12—连杆 13—活塞销

图 2－3－20 活塞连杆组结构

校正后再组装。

d. 若没有连杆检验器，可采用如下方法检验：把气缸体侧放，将未装活塞环的活塞连杆组装入相应气缸，按规定力矩拧紧各道连杆轴承盖固定螺栓，AJR 发动机为 30 N · m，6BTA5. 9 发动机为 99N · m。然后转动曲轴，查看活塞在气缸内运动，再检查活塞在上、下止点和气缸中部 3 个位置时，间隙差应 <0. 1mm。否则，应找出原因校正后再组装。

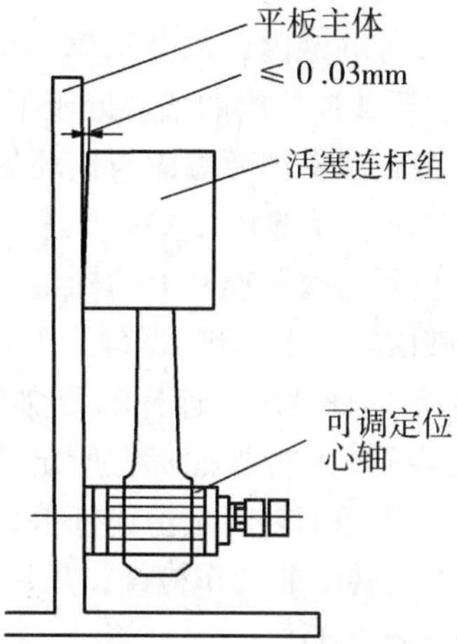

图 2 -3 -21　活塞连杆组装后垂直度检验

2. 活塞环和活塞的组装

首先将事先选配好的活塞与活塞环再次清洗，活塞环安装时应注意各道环的不同安装位置和安装方向。

用专用工具将活塞环安装到相应的各缸活塞环槽上，AJR 发动机活塞环上有 TOP 标记的一面应朝上，6BTA5. 9 发动机活塞环顶面上有 TOP 或供应商标记的一面也应朝上。为避免可燃混合气从活塞环的开口间隙中漏出，装配时应将环的开口互相错开。对于三道活塞环的发动机，三道活塞环的开口相互错开 120°，组合式油环装配时先装衬环，后装刮片环，上下刮片环开口应错开 180°。衬簧的开口端固定在离油环体开口端 180°的位置。

3. 活塞连杆组拆装及检测

（1）总成拆卸步骤

① 抽出油量尺，拆下油量尺导管，将缸体平卧进行拆卸。拆下润滑油盘固定螺栓，卸下油盘，取出润滑油泵总成。

② 转动曲轴使活塞处于下止点位置，用扭力扳手及套筒拆下连杆盖上的紧固螺母，取出连杆盖，调整垫片及连杆轴承。

③ 用手锤柄把连杆组由上向下推出气缸，并将轴承、垫片、连杆盖及螺母装回连杆并做好记号，按次序排放好。

④ 用活塞环拆装钳拆下活塞环，用尖嘴钳拆下活塞销两端的卡簧，然后用手锤和导棒打出活塞销，使活塞销与连杆分离。

（2）检测

① 活塞环不得有严重磨损、折断或弹性不足，连杆轴颈、轴承、活塞销、活塞销孔、活塞销衬套不得有烧蚀和严重磨损现象。配合不得有松旷。

② 活塞、气缸壁不得有损坏、裂纹、拉毛、烧蚀、起沟槽和严重磨损松旷，连杆不得有弯曲、扭曲，连杆螺纹损坏应少于 2 牙。

③ 检查活塞销与座孔的配合。一手握紧活塞，另一手握紧连杆并扭向一边，使衬套与活塞销之间产生阻力，然后扳动连杆观察活塞销是否沿座孔转动，如沿座孔转动，即为配合松旷，反之配合间隙符合要求。

④ 检查轴瓦是否有损坏或锡层剥落。

（3）总成安装步骤

① 在各缸壁内，以及活塞、活塞销、连杆轴承上涂上润滑油，以备安装。转动曲轴，将要安装活塞连杆组的轴颈处于下止点位置。

② 检查活塞销两端面与锁环的安装、活塞环开口位置的分配是否正确；拆下连杆轴承盖（连轴承）及垫片。

③ 按照活塞及连杆上的标记方向安装，用卡箍将活塞压紧，用手锤柄轻轻推敲活塞顶部，使其由缸体上部进入气缸中（**注意**：当连杆大头接近曲轴轴颈时，要用手托住连杆大头），直至连杆轴承与连杆轴颈吻合。

④ 装上垫片并按照标记所定方向安装连杆轴承盖。按规定的扭力分 3 次拧紧连杆螺栓。

⑤ 用手锤柄轻轻敲击连杆盖，检查连杆是否有轴向间隙，连杆小头是否处于活塞销的中位，然后转动曲轴作检查，最后装上保险片或销子。

（4）操作要领

① 拆卸选择在活塞的下止点进行，检查活塞顶及连杆盖有无标记，若无标记应打上；垫片及螺母应分开放好。

② 把曲轴转动至下止点，连杆与曲轴垂直，检查曲轴轴承有无变形收口（只有底部贴紧，开口两端没有贴紧）。上下左右摆动连杆，检查活塞销与活塞座孔、连杆衬套的配合是否符合要求。检查环是否有变形、裂痕，检查活塞销磨损情况以及活塞表面是否有拉毛、腐蚀或裂纹。

③ 注意检查是否有偏缸现象（活塞在气缸内的偏斜量）。因为活塞的偏斜将造成气缸的偏磨，这种偏磨是由于活塞对缸壁的压紧力所致，当活塞在气缸中的偏斜是每 100mm 气缸体长度上为 0.03mm 时，活塞对缸壁的压紧力可达 150N，这样使轴承所需的力矩增加 1.5 ~ 2.0 倍，达到 20 ~ 25N · m。同时，当气体膨胀通过连杆轴承作用在轴颈上的力也会侧重于一端。造成连杆轴承与轴颈的偏磨加剧。此外，由于活塞在气缸中偏斜，会使密封性能变坏，并使活塞与活塞环的润滑条件恶化。因此，活塞在气缸中的偏斜量应不超过允许范围。

第 4 节　曲轴飞轮组

曲轴飞轮组由曲轴和飞轮以及相关零件组成，具体组成与发动机的结构和性能要求有关。曲轴是发动机的主要零件之一，形状复杂和精度高。在工作中，曲轴承受着活塞连杆组传递的周期变化的冲击载荷和旋转运动产生的离心力。在这些力的作用下，曲轴会出现轴颈磨损、弯曲和扭曲变形，有时还产生裂纹，甚至断裂。

一、曲　　轴

1．曲轴功用

曲轴是发动机主要机件之一，功用是将活塞连杆组传来的力转变成旋转力矩，通过传动装置驱动汽车，并驱动发动机的配气机构及其他辅助装置（如发电机、冷却水泵和风扇等）。

曲轴在工作中要受到转矩和弯矩的作用，并承受交变载荷作用。因此，要求曲轴选用强度高、韧性好、耐冲击和耐磨性好的优质中碳合金钢或高强度球墨铸铁制造。轴径表面要进行高频淬火或氮化处理，以提高曲轴耐磨性。如6BTA5.9发动机曲轴由合金钢（40CrH）锻造，轴颈表面和圆角高频淬火。

2．曲轴结构

发动机曲轴可分为整体式曲轴和组合式曲轴。整体式曲轴如图2－4－1所示，组合式曲轴如图2－4－2所示。

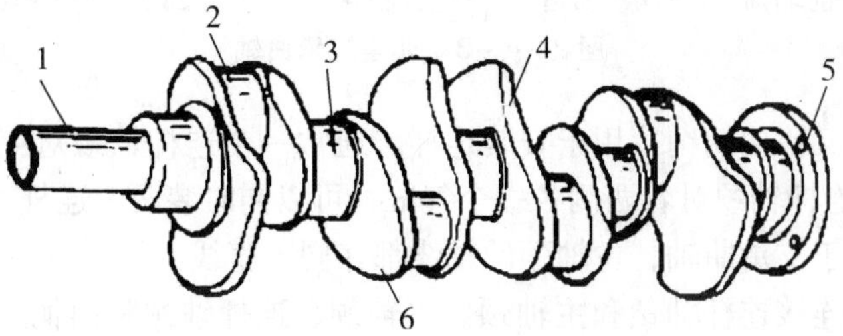

1—前端轴　2—连杆轴颈　3—主轴颈　4—平衡重　5—后端凸缘　6—曲柄

图2－4－1　整体式曲轴

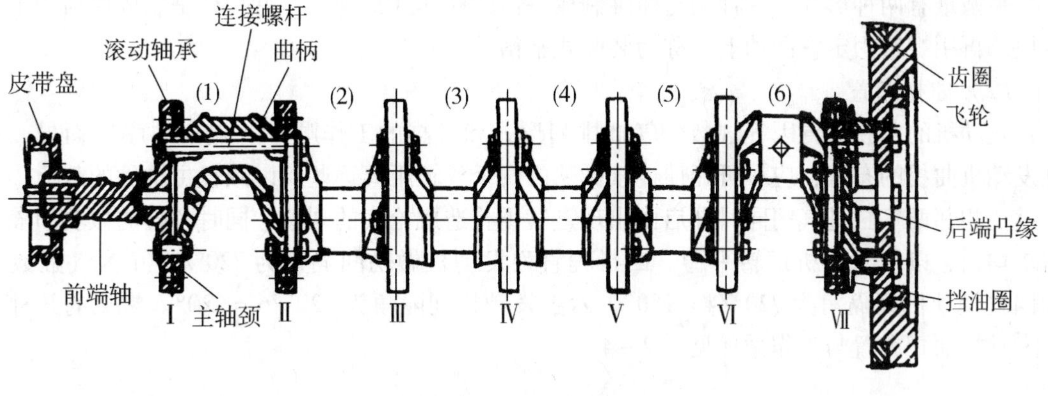

图2－4－2　组合式曲轴

按曲轴的支承形式分类，可分为全支承式曲轴和非全支承式曲轴。全支承式曲轴如图2－4－1所示。非全支承式曲轴如图2－4－3所示。全支承式曲轴每个连杆轴颈两边各有一个主轴颈，故主轴颈数总是比连杆轴颈数多一个，其特点是刚性好，工作中曲轴不易变形，且有利于减轻主轴承的载荷，但曲轴较长。非全支承式曲轴主轴颈数等于或少于连杆轴颈数，特点是结构紧凑和长度较短，但刚性较差，只适合于功率较小的发动机。

曲轴的基本组成包括前端轴、主轴颈、曲柄、连杆轴颈、平衡重、后端凸缘等。

（1）曲拐

每个连杆轴颈与其两端的曲柄及主轴颈构成一个曲拐。曲轴的曲拐数取决于发动机的气缸数目、排列方式和曲轴的支承形式。直列发动机全支承式曲轴的曲拐数与气缸数相等。V形发动机曲轴的曲拐数目是气缸数的一半。曲拐的组成与各部分的名称参见图2－4－3所示。

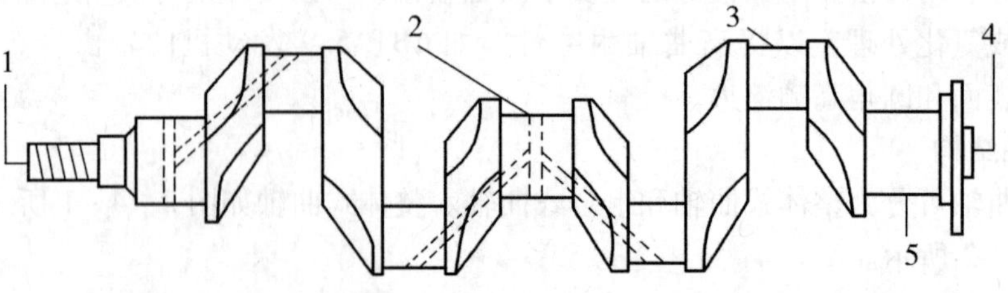

1—前端轴　2—润滑油道　3—连杆轴颈　4—右端凸缘　5—主轴颈

图 2-4-3　非全支承曲轴

① 连杆轴颈。又称曲柄销，用于安装连杆。通常一个连杆轴颈对应一个气缸，在 V 形发动机上，每一个连杆轴颈对着两侧各一个气缸，可以同时装两个连杆。

② 主轴颈。用于支承曲轴，主轴颈的轴线都在同一直线上。

③ 曲柄。用于连接连杆轴颈和主轴颈。主轴颈、连杆轴颈和曲柄上都加工有相互贯通的润滑油道。如图 2-4-3 所示。

④ 平衡重。平衡重的作用是平衡连杆大头、连杆轴颈和曲柄等部件在旋转时产生的离心力及力矩，以及活塞连杆组的往复惯性力及力矩，以使发动机运转平稳。

平衡重有两种形式，一种是与曲轴制成一体的整体式平衡重；另一种是制成单独的平衡重块，再用螺钉固定在曲轴上，称为装配式平衡重。

（2）曲拐布置

发动机的曲拐布置因气缸数、气缸排列形式和各缸的工作顺序（点火顺序）而异。多缸发动机曲拐的布置，应尽可能使连续做功的两个气缸距离远些，以减轻主轴承的载荷，也可避免相邻两气缸进气门同时开启而出现进气重叠造成抢气的现象；同时各缸的做功间隔角力求均匀，以使发动机运转平稳。四行程直列发动机做功间隔角为 720°/i（i 为气缸数），如四缸发动机间隔角为 720°/4 = 180°，六缸发动机间隔角为 720°/6 = 120°。常见的几种多缸发动机曲拐布置与工作循环见表 2-4-1。

表 2-4-1　四行程直列四缸发动机工作循环表（做功顺序 1-3-4-2）

曲轴转速	第 1 缸	第 2 缸	第 3 缸	第 4 缸
0°~180°	做功	压缩	排气	进气
180°~360°	排气	做功	进气	压缩
360°~540°	进气	排气	压缩	做功
540°~720°	压缩	进气	做功	排气

（3）直列四缸发动机曲轴

直列四缸发动机曲轴曲拐布置如图 2-4-4 所示。做功间隔角为 180°，即曲轴每转过 180°就有一次做功行程，通常四行程四缸发动机的做功顺序有 1-2-4-3 和 1-3-4-2 两种，4 个曲拐布置在同一平面内。它们的工作循环表见表 1-1。

（4）直列六缸发动机曲轴

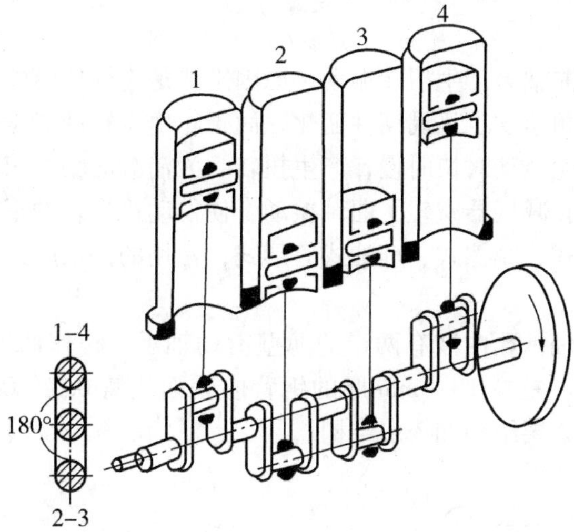

图 2-4-4　直列四缸发动机曲轴曲拐布置

直列六缸发动机曲轴曲拐布置如图 2-4-5 所示。其做功间隔角为 720°/6 = 120°，即曲轴每转 120°就有一个缸做功，其做功顺序多为 1-5-3-6-2-4，曲拐均匀地分布在互成 120°夹角的 3 个平面内，相邻工作两缸的曲拐夹角为 120°。

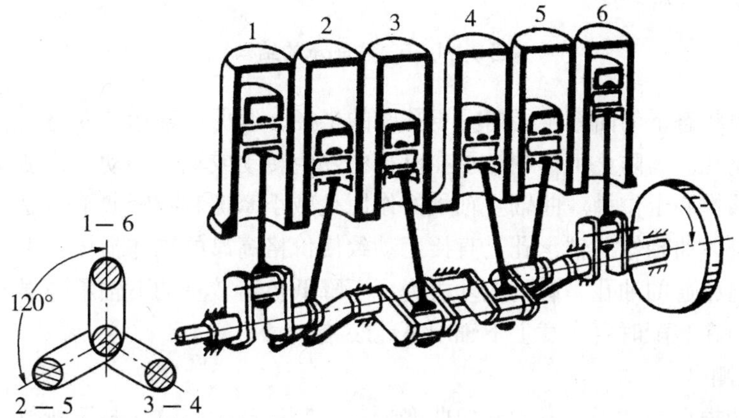

图 2-4-5　直列六缸发动机曲轴曲拐布置

（5）曲轴的轴向定位

在汽车使用中，离合器通过飞轮对曲轴产生的轴向推力会使曲轴产生轴向移动；汽车上下坡、发动机工作时作用在曲轴上的水平分力等也会使曲轴产生轴向移动。曲轴的轴向移动将破坏曲柄连杆机构各零件间正常的相互位置，故设有轴向定位装置。

曲轴的轴向定位一般采用止推片或止推片与曲轴主轴承做为一体的翻边组合轴承。安装位置可在前端第 1 道主轴承处或中部某轴承处。安装在曲轴前端第 1 道主轴颈处的止推垫片一般为整体式，安装在中部某轴颈处的止推垫片为分开式，有的分开式止推垫片与主轴承制成一体而成为翻边组合轴承（组合式轴承）。

（6）扭转减振器

发动机在工作中，曲轴会产生扭转振动，原因主要是连杆传给曲轴的作用力呈周期性变化，故曲轴旋转的瞬时角速度也呈周期性变化，而飞轮由于转动惯量较大，瞬时角速度较均匀，造成曲轴相对于飞轮转动时快时慢，产生扭转。为消减曲轴的扭转振动，有的发动机前端装有扭转减振器。扭转减振器减轻了曲轴振动，使发动机运转的平顺性显著提高。

扭转减振器有橡胶式、摩擦式、硅油式等形式，常用的是橡胶式扭转减振器。

（7）曲轴主轴承

在气缸体曲轴箱曲轴承孔内装有两半的薄壁滑动轴承，称作曲轴主轴承（俗称大瓦），结构如图 2－4－6 所示。是在 1～3mm 厚的钢背内表面浇铸 0.3～0.8mm 厚的减磨合金制成，按照材料的不同有 2 层结构和 3 层结构。

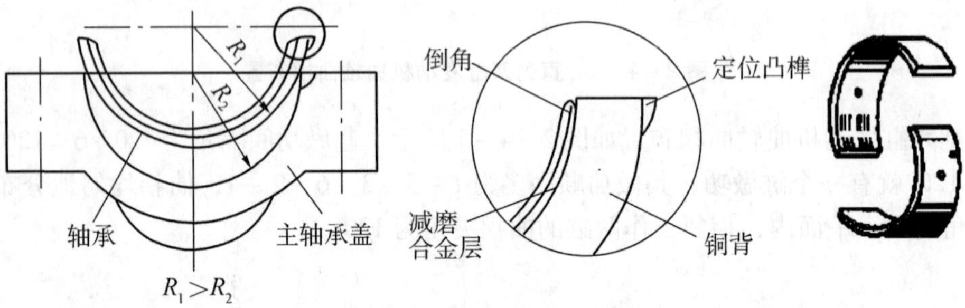

图 2－4－6　主轴承的结构

轴承在自由状态下的曲率半径略大于孔座的半径，以保证轴承装入座孔后，靠自身产生的张紧力紧贴座孔。为防止工作中轴承在座孔中发生转动或轴向移动，分别在轴承和座孔上分别制有定位凸榫和定位槽。曲轴主轴承的作用是减小摩擦和减轻曲轴等零件的磨损，避免曲轴直接在气缸体曲轴箱曲轴承孔上直接运动致使价格高昂的缸体损坏。主轴承一般开有周向油槽和与油道相通的油孔。有的发动机为了不降低负荷较重的下轴承的强度，只在上轴承上开油槽，因而在装配时要注意上下轴承不能装错。

3. 曲轴检测

曲轴常见的损坏是磨损、弯曲和扭曲变形，有时还产生裂纹，甚至断裂。

（1）曲轴裂纹的检测

① 曲轴裂纹形成的原因。曲轴的裂纹一般是由冲击载荷所引起，裂纹多发生在曲柄臂与轴颈之间的过渡圆角处或油孔处。裂纹严重时可能导致曲轴的折断。

② 曲轴裂纹的检测。曲轴取出经清洗后，首先检查主轴颈和连杆轴颈表面有无毛糙、疤痕和凹槽，然后检查有无裂纹。曲轴裂纹可用渗油敲击法检查。具体做法是将清洗干净的曲轴放在煤油中浸泡，再把曲轴取出擦净表面，并在表面撒上白粉，然后用手锤沿轴向敲击曲轴非工作面，白粉中如有明显裂纹状油迹出现，则该处有裂纹。但曲轴裂纹检查的最好办法是磁力探伤法。

（2）曲轴变形的检测

曲轴变形主要是指曲轴的弯曲和扭曲。

① 曲轴弯曲的检测。将曲轴放在检验平板的 V 形块上，将百分表触头垂直地触及中间一道主轴颈，如图 2－4－7 所示。转动曲轴，此时百分表指针所示的最大摆差（径向圆跳动误差）即为曲轴主轴颈的同轴度偏差。一般要求中型货车 <0.15mm；轿车 <0.06mm，否则应予以校正。低于此限，一般可结合磨削轴颈予以修正，无法修磨校正时应予以报废。

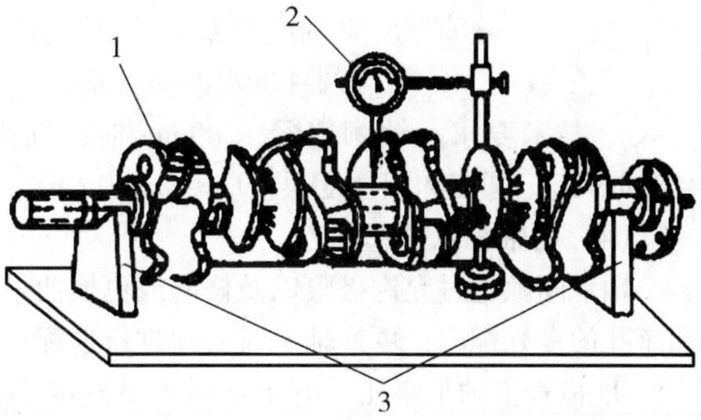

1—曲轴　2—百分表　3—V 形架

图 2－4－7　曲轴弯曲的检验

② 曲轴扭曲的检测。检测曲轴扭曲变形时，仍采用上述设备，将曲轴置于检验平板的 V 形块上，将第 1、第 6 缸连杆轴颈转到水平位置上，用百分表测量两轴颈至平板的距离，求得同一方位上两高度差 ΔA，即可求得曲轴扭转变形的扭转角 θ。

$$\theta = 360\Delta A/2\pi R = 57\Delta A/R$$

式中：R——曲柄半径。

（3）曲轴轴颈的检测

① 曲轴轴颈磨损的原因。曲轴轴颈的磨损往往是不均匀的，常磨损成椭圆形或锥形。

轴颈表面还可能出现擦伤和烧伤。擦伤是由于润滑油不清洁或发动机内残存有金属屑等坚硬杂物造成的；轴颈表面的烧伤是由于润滑油压力不足，轴颈与轴承发生剧烈摩擦，温度急剧上升，使轴颈表面烧伤，严重时导致轴承金属熔化，黏附在轴颈上，使曲轴卡死甚至断裂。

② 曲轴及连杆轴颈的圆度、圆柱度的检测（允许测量误差 0.015mm）。

a. 用外径千分尺进行，在轴颈的上中下 3 点且互成 90°的部位进行测量，如图 2－4－8 所示。

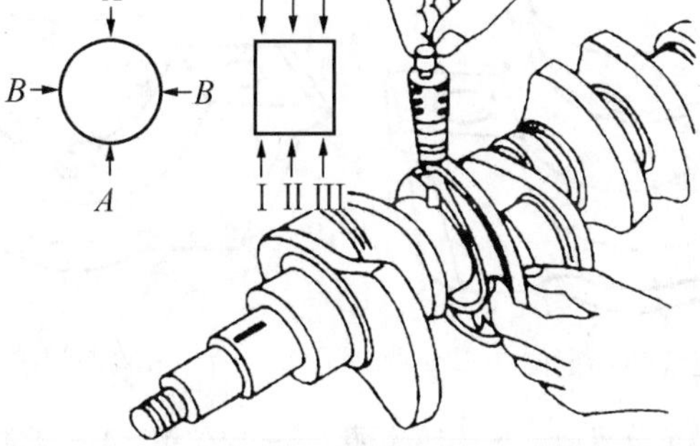

图 2－4－8　轴颈圆度、圆柱度的测量

b. 测取出 6 个数值进行计算。误差应小于规定值（如东风 EQ1090 发动机主轴颈 $75_{-0.02}$mm，连杆轴颈$62_{-0.02}$mm，解放 1091 发动机主轴颈$66_{-0.02}$mm，连杆轴颈$62_{-0.02}$mm）。计算方法如下：

圆度误差 =（最大直径 - 最小直径）÷2

圆柱度误差 =（最大直径 - 最小直径）÷2

c. 技术要求。轴颈直径 < 80mm 时，圆度和圆柱度误差应 ≤0.025mm；轴颈直径 ≥80mm 时，圆度和圆柱度误差应≤0.040mm。

（4）曲轴轴承的选配

轴承间隙超过允许极限以及修磨或更换曲轴后，必须更换曲轴轴承，为保证轴承与轴颈和座孔的良好配合，更换轴承时必须进行选配。

① 检查主轴承座孔。由于轴承本身刚度小，其内孔形状和尺寸完全取决于轴承座孔，因此在选配前，首先应检查座孔是否符合技术要求，轴承座孔的圆度和圆柱度误差都不能超过 0.025mm。检查方法如下：

a. 擦净轴承座和轴承盖，装上轴承盖并按规定力矩拧紧螺栓。

b. 用内径千分尺测量座孔的圆度与圆柱度（千分尺上最大读数与最小读数值差的一半即为座孔的圆度、圆柱度误差）。

c. 当圆度、圆柱度误差超过规定时，可用加厚减磨层的轴承进行镗削，以消除误差。

② 选配轴承。

a. 根据轴颈选配轴承。轴承的修理尺寸与轴颈一样，具有相应的修理级别。因此，在选配轴承时应根据曲轴轴颈的修理尺寸，按修理级别选用相应缩小尺寸的新轴承。不允许用下一级修理尺寸的轴承采用多镗削合金的方法，将内孔扩大以代替上一级别的轴承使用，这是因为轴承合金的厚度与其疲劳强度有关，过多的镗削掉轴承合金，会降低合金层的疲劳强度。

b. 对曲轴轴承的一些具体要求。轴承背面应光滑无斑点，定位凸榫好。定位凸榫是防止轴承转动的，如图 2-4-9 所示。如凸榫损坏，应重新选配轴承。

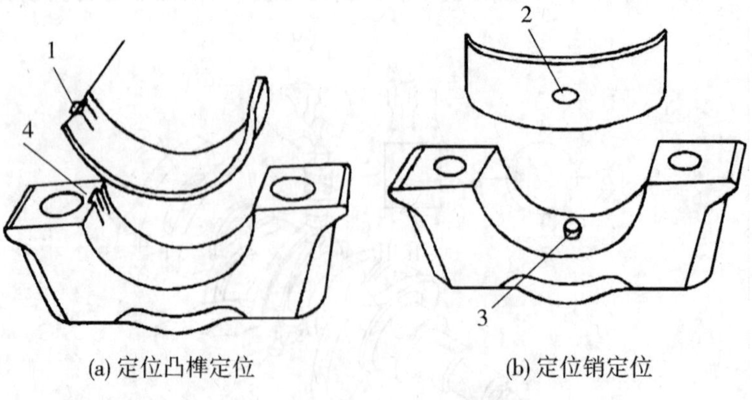

(a) 定位凸榫定位　　(b) 定位销定位

1—轴承分界面　2—定位销孔　3—定位销　4—定位凸榫

图 2-4-9　曲轴轴承的定位形式

弹性合适，新轴承的曲率半径应大于轴承座孔的半径，保证轴承压入座孔后，借轴承自身的弹力能与座孔平顺贴合；轴承合金表面应无裂缝和砂眼，轴承的圆弧长度应符合要求；新轴承装入座孔内，上下两片的每端应高出座平面为 0.03 ~ 0.05mm，如图 2 - 4 - 10 所示。在轴承盖的压紧力下，可保证轴承与座孔紧密配合，提高散热效果，保证耐冲击。

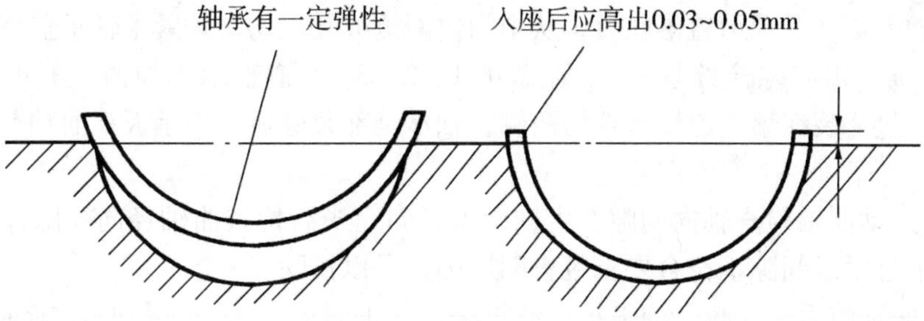

图 2 - 4 - 10　轴承装入座孔的要求

二、飞　　轮

飞轮的主要功用是将在做功行程中曲轴输入的能量储存一部分，为非做功行程提供动力；使曲轴的旋转角速度和输出转矩尽可能地均匀；使发动机能够克服短时间的超负荷；起动机通过飞轮上的齿圈启动发动机。有的发动机在飞轮上刻有第 1 缸点火正时记号，以便校准发动机的点火或喷油时刻。此外，在结构上飞轮又被用作汽车传动系中摩擦式离合器的驱动件。

飞轮和曲轴装配后应进行动平衡试验。为避免在拆卸过程中装错，破坏曲轴和飞轮的装配关系，一般采用螺孔不对称布置，两种不同直径螺栓和定位销等措施来保证两者确定的装配位置，如 AJR 发动机飞轮通过 6 个非对称布置在曲轴后端凸缘上的螺孔用飞轮螺栓进行固定，可防止因装配错误，破坏原有平衡状态。

三、曲柄连杆机构装配与调整

1. 装配注意事项

① 装配前必须对零部件进行清洗、检验，使所有待装零部件均达到技术标准要求。

② 紧固螺栓应按规定顺序和力矩分次拧紧，仅可使用一次的连杆螺栓和缸盖螺栓应更换新件。

③ 配合件的摩擦表面在装配前应涂抹润滑油，以防相互划伤。

④ 装配过程中应尽可能使用专用工具，过盈配合件应使用专用工具安装。需要对零件表面施加压力或用锤敲击时，必须加垫软金属垫或软铳头。

⑤ 注意核对零件的装配标记，不得装错方向和位置。

⑥ 密封衬垫均应更换新件。

2. 装配与调整方法

曲柄连杆机构的装配一般按与拆卸时的相反顺序进行。下面仍以 AJR 型发动机为例介绍。

（1）安装曲轴与飞轮

① 曲轴的安装。

a. 将气缸体洗净倒置在工作台上，将5道有油槽的主轴承涂上润滑油按顺序放在气缸体轴承座上。把擦净的并已装有润滑油泵传动链轮和转速传感器脉冲轮的曲轴平放在轴承上（安装曲轴链轮时，要先将链轮加热到220°C，然后用专用工具压到曲轴上），装上已装有轴承的各道主轴承盖，在轴承盖落座后，从中间向两侧分几次均匀拧紧主轴承盖螺栓，扭紧力矩达到65N·m，再将螺栓拧紧90°。注意第1、2、3、5道轴承无油槽，第4道轴承有油槽，轴向止推垫片装在第3道轴承盖的两侧。轴承全部装好后，用手扳动曲轴臂，曲轴应转动自如。

b. 轴向撬动曲轴检查轴向间隙。主轴承盖紧固完毕后检查曲轴径向间隙，检查方法如前所述，轴承过紧或间隙不符合要求应查明原因，予以排除。

c. 安装曲轴前后端油封、油封垫、油封法兰（油封架）等。安装曲轴前油封，先在油封的密封唇上涂上少量润滑油，将导向套筒定位在曲轴轴颈上。将油封导入导向衬套内，用同步带轮中间螺栓将油封压入。

② 飞轮的安装。

a. 在曲轴后端装上飞轮，飞轮上有点火正时标记 -0-，换用新飞轮要检查有无点火正时标记，若没有要打上，以便校正点火正时。飞轮与曲轴固定螺栓拧紧力矩为60N·m，再将螺栓拧紧90°。

b. 飞轮装好后要检查飞轮平面度误差，一般在飞轮半径处检查，其值 <0.15 mm。

c. 在曲轴后端内孔安装滚针轴承，用芯棒将轴承压入。轴承必须将打印朝外的一面装在外面，滚针轴承安装深度应为轴承外端面低于曲轴后端凸缘外端面1.5mm。

（2）安装活塞连杆组件

① 如前所述，组装活塞连杆组件，注意活塞应装入相对应的气缸，活塞顶部的箭头必须朝向发动机前方。

② 使用活塞环钳安装活塞环，活塞环开口应错开120°，活塞环上TOP标记必须朝向活塞顶部。

③ 如前所述，将活塞连杆组装入气缸。

④ 检查连杆轴承的轴向、径向间隙。

（3）安装气缸盖

安装气缸盖之前应按规定将气门组件装入气缸盖中，具体详见第3章配气机构。

气缸盖的安装应按照与拆卸相反的顺序进行，但注意以下几点：

① 在安装气缸盖之前，要将曲轴转动到第1缸的上止点位置。

② 安装气缸垫时，有标号（配件号）的一面必须向上。

③ 更换气缸盖紧固螺栓，不能重复使用已经

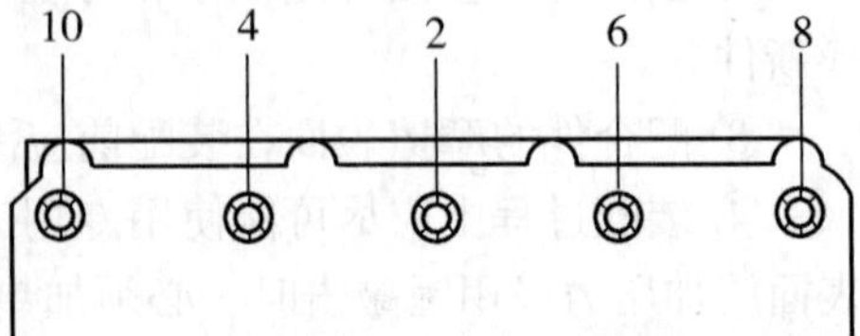

图2-4-11 气缸盖螺栓拧紧顺序

按照拧紧力矩拧紧的过紧固螺栓。

④ 如图 2－4－11 所示，按照从中间向两侧，均匀和多次的原则，以 40N · m 的力矩拧紧气缸盖螺栓，然后再拧紧 180°。

⑤ 更换损坏的衬垫。

⑥ 拧紧气门罩盖固定螺母，拧紧力矩为 10N · m。

第3章　配气机构结构与装调

配气机构是控制发动机进气和排气的装置，功用是按照发动机的工作顺序和各缸工作循环的要求，定时开启和关闭进、排气门，以便在进气行程尽可能多地吸入可燃混合气（汽油机）或空气（柴油机），在排气行程尽可能多地将废气快速排出气缸。

第1节　配气机构结构与配气相位

四行程车用发动机采用气门式配气机构，其结构形式多种多样，一般按气门布置形式的不同，可分为侧置气门式和顶置气门式；按照凸轮轴布置形式的不同，可分为下置式、中置式和顶置式；按照各气缸气门数量的不同，可分为二气门、三气门、四气门和五气门配气机构。每缸超过二气门的发动机称为多气门发动机。目前发动机多采用顶置气门式配气机构，因为顶置气门式配气机构具有进/排气路线短，气门升程大等优点，有利于发动机的进/排气效率提高。此外，还可以使燃烧室结构紧凑，有利于提高压缩比。但由于传递路线距离长，组成零件较多，结构比较复杂。侧置气门式配气机构因启闭是由凸轮轴上的凸轮通过挺杆直接控制，相距较近，传动机构较简单，零件少和造价低，但由于气门布置在气缸的一侧，使燃烧室结构不紧凑，限制了压缩比的提高和充气效率低而已被淘汰。

一、顶置气门式配气机构的总体布置

凸轮轴的布置形式是根据凸轮轴在机体中安装位置不同，划分为下置式、中置式和顶置式3种。

1．下置凸轮轴式配气机构

凸轮轴下置式配气机构应用最广泛，进/排气门都倒装在气缸盖上，凸轮轴装在曲轴箱中上部。如图3－1－1所示。

（1）工作原理

发动机工作时曲轴通过正时齿轮驱动凸轮轴旋转，当凸轮的凸起部分顶起挺柱时，挺柱推动推杆一起上行，作用于摇臂上的推动力驱使摇臂绕轴转动，摇臂的另一端压缩气门弹簧使气门下行，打开气门。结构如图3－1－2（a）所示。随着凸轮轴的继续转动，当凸轮的凸起部分离开挺柱时，气门便在气门弹簧弹力的作用下上行，关闭气门。结构如图3－1－2（b）所示。

（2）结构特点

由于气门与凸轮轴相距较远，凸轮通过挺柱、推杆、摇臂才能启、闭气门，传动环节多和路线长，在高速运动时，整个系统会产生弹性变形，甚至出现震动，影响气门运动规律及启、闭的准确性与工作的稳定性，所以它不能适应高速车用发动机的需要。但曲轴与凸轮轴距离较近，可以简化两者之间的传动装置，有利于整机的布置，绝大多数车用柴油机和部分中低速汽油机采用了这种形式的配气机构。

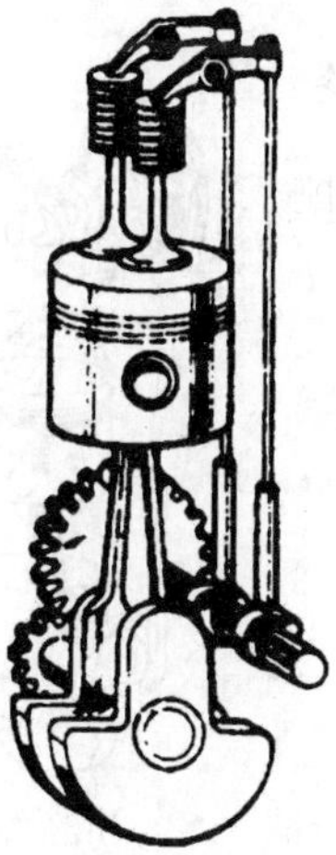

图 3－1－1　顶置气门式配气机构

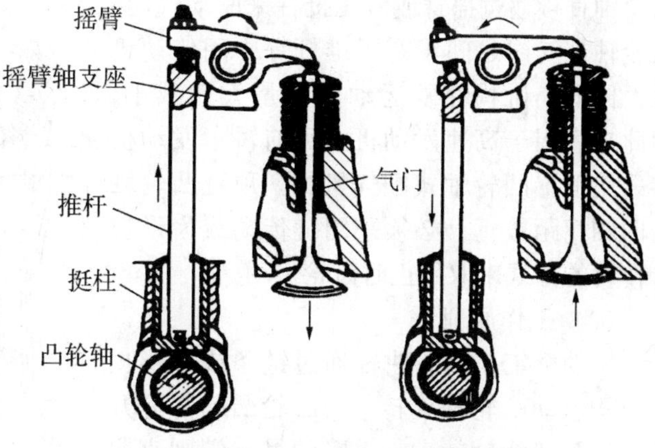

(a) 气门开启　(b) 气门关闭

图 3－1－2　配气机构工作原理

（3）传动比

四行程发动机每完成 1 个工作循环，曲轴旋转 2 周，凸轮轴只旋转 1 周，每缸进、排气门各开启一次，曲轴与凸轮轴间的传动比为 2∶1。

2．中置凸轮轴式配气机构

高转速发动机为了减小气门传动机构往复运动件的质量，将凸轮轴位置移到气缸体的上部，缩短推杆或适当加长挺柱后去掉推杆，由凸轮轴经过挺柱直接驱动摇臂，这种结构称为中置凸轮轴式配气机构。结构如图 3－1－3 所示。由于凸轮轴上移后，曲轴与凸轮轴之间距离增加，已不可能直接采用正时齿轮来传动，因而需要增加中间齿轮或采用链传动方式。

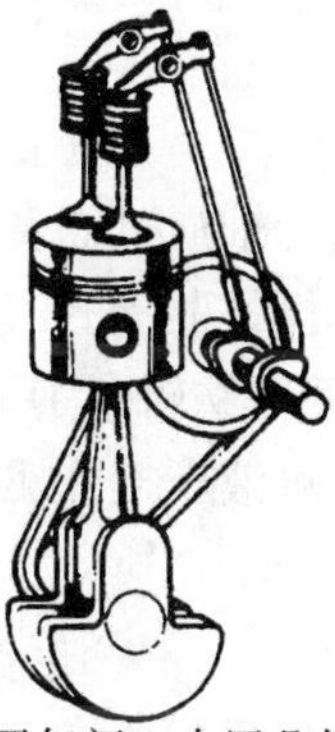

顶置气门、中置凸轮轴

图 3－1－3　凸轮轴中置式结构

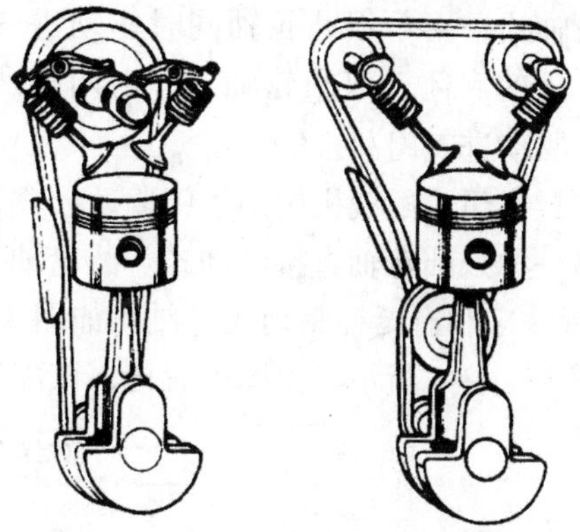

(a) 单顶置凸轮轴　(b) 双顶置凸轮轴

图 3－1－4　顶置凸轮轴式配气机构

3．顶置凸轮轴式配气机构

（1）结构特点

顶置凸轮轴式配气机构也称上置凸轮轴式配气机构。结构如图 3－1－4 所示。凸轮轴和气门都布置在气缸的顶部，气门装在气缸盖之中，凸轮轴则安装在气缸盖的凸轮轴支座上。

凸轮轴直接通过摇臂或液压挺柱来驱动气门，凸轮轴与气门之间没有了推杆等中间传动机件，使配气机构往复运动件质量大大减小，因此它适用于高速发动机。目前轿车发动机多采用顶置凸轮轴式配气机构。顶置凸轮轴与曲轴相距较远，必须采用链传动或齿形皮带传动的方式来取代正时齿轮传动。

（2）工作原理

发动机工作时，曲轴通过链条或齿形皮带机构驱动凸轮轴旋转。当凸轮凸起部分开始推动摇臂绕轴转动，摇臂的另一端则克服气门弹簧的弹力推动气门离开气门座圈，使进气门开启；随着凸轮轴的继续旋转，当凸轮的凸起部分离开摇臂时，气门在气门弹簧弹力的作用下落座，进气门关闭。同样，在排气行程时凸轮轴上的排气凸轮驱动排气门打开，当凸轮轴转到排气凸轮的凸起部分离开摇臂时，排气门在气门弹簧的作用下落座，排气门关闭。四行程发动机顶置凸轮轴式配气机构的工作过程如图 3－1－5 所示。

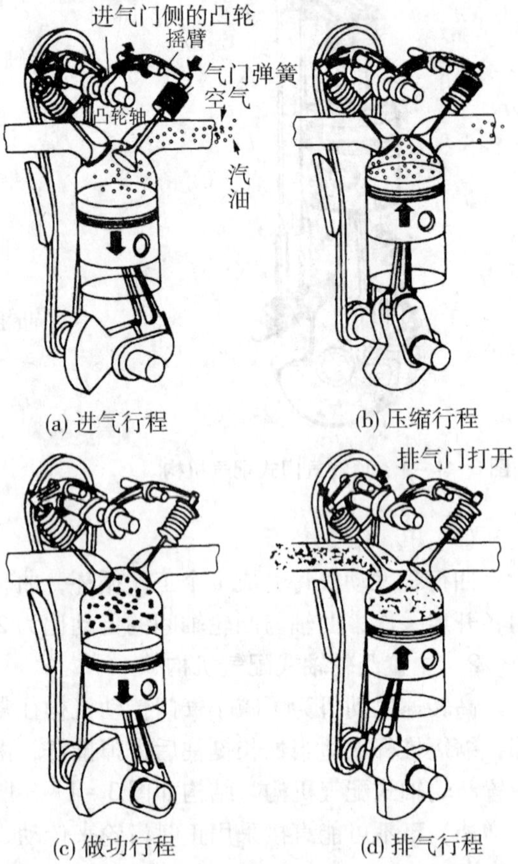

图 3－1－5　顶置凸轮轴式配气机构工作原理

顶置凸轮轴式配气机构有单凸轮轴式和双凸轮轴式之分，结构如图 3－1－4 所示。单凸轮轴式，由单根凸轮轴同时驱动进气门和排气门的启闭；双凸轮轴式，由两根凸轮轴分别驱动进气门和排气门。

顶置气门式配气机构的气门驱动形式通常有两种，一种是凸轮轴通过摇臂驱动气门的形式，另一种是凸轮轴直接驱动式。凸轮轴直接驱动式又可分为无挺柱驱动式（结构如图 3－1－4 所示）和有挺柱驱动式（结构如图 3－1－6 所示）两种。桑塔纳轿车 JV 发动机的配气机如图 3－1－6 所示，由图可看出，该配气机构由凸轮轴直接通过液压挺柱驱动气门开闭。

二、凸轮轴的传动方式

曲轴和凸轮轴间的传动方式有 3 种：齿轮传动、链传动和齿形皮带传动。

1．齿轮传动

凸轮轴下置式、中置式配气机构大多采用圆柱形正时齿轮传动，一般从曲轴到凸轮轴只需一对正时齿轮传动，如图 3－1－7 所示。小齿轮和大齿轮分别用键装在曲轴和凸轮轴的前端，传动比为 2∶1，在两个齿轮上有正时记号，装配曲轴和凸轮轴时必须将正时记号对准，以保证正确的配气相位和点火时刻。当传动距离较远时也可加中间齿轮。为了啮合平稳和减小噪声，正时齿轮多用斜齿圆柱齿轮。

图 3-1-6 凸轮轴有挺柱直接驱动式配气机构

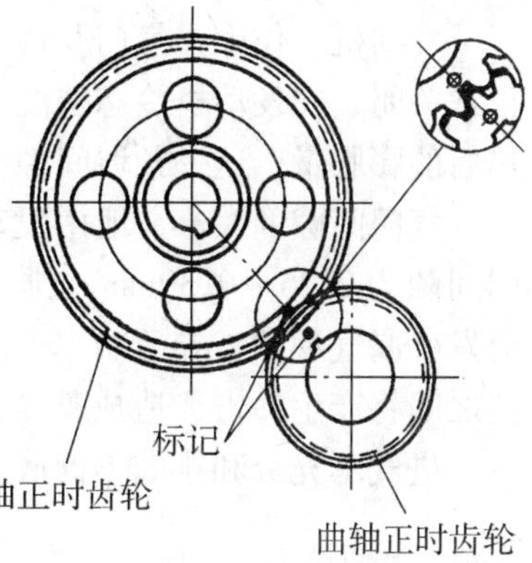

图 3-1-7 正时齿轮传动

齿轮传动正时具有精度高、传动阻力小且无需张紧机构等优点，但不适合顶置凸轮轴式配气机构。

2. 齿形皮带传动

顶置凸轮轴采用链传动或齿形皮带传动，结构如图 3-1-8 和图 3-1-9 所示。

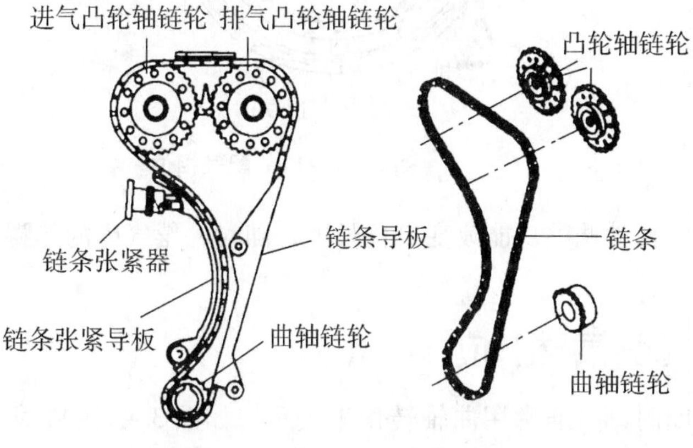

图 3-1-8 顶置双凸轮轴链传动

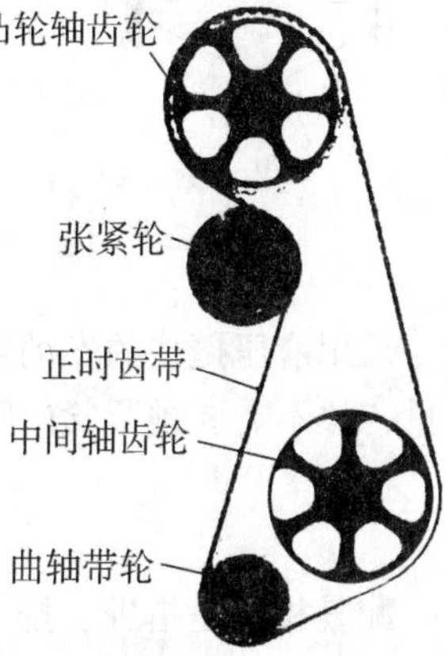

图 3-1-9 齿形皮带传动

3. 链条传动

链传动的可靠性和耐久性不如齿轮传动。其传动性能主要取决于链条的质量。

齿形皮带传动与链传动相比，具有传动平稳、噪声小、不需要润滑，且制造成本低，广泛地应用于中高速发动机上。齿形皮带一般用氯丁橡胶制成，中间夹有玻璃纤维和尼龙织物，以增加强度。随着材料性能和制造水平的提高，齿形皮带使用寿命已提高到 10 万 km 以上。

上海桑塔纳、一汽奥迪、神龙富康等车型的发动机配气机构均采用齿形皮带传动。无论采用哪一种传动方式，曲轴与凸轮轴之间都必须保证 2∶1 的传动比。

三、气门间隙

发动机工作中，气门及传动件都会因温度升高而膨胀。为了保证气门在工作的状态下能正常关闭，在发动机冷态装配时，在气门及其传动机构中均留有适当的间隙，以补偿气门受热后的膨胀量。这一预留间隙称为气门间隙。如图 3－1－10 所示。

气门间隙的大小一般由发动机制造厂家根据试验确定。一般冷态下，下置凸轮轴的进气门间隙为 0.25～0.30mm，排气门间隙为 0.30～0.35mm。间隙过小，发动机在热态下可能会发生漏气现象，导致功率下降，甚至烧坏气门；间隙过大，传动零件之间以及气门与气门座之间将产生撞击，造成整个配气机构运转不平稳，噪声增大，且使气门启闭持续时间减少，进气不充分和排气不彻底。

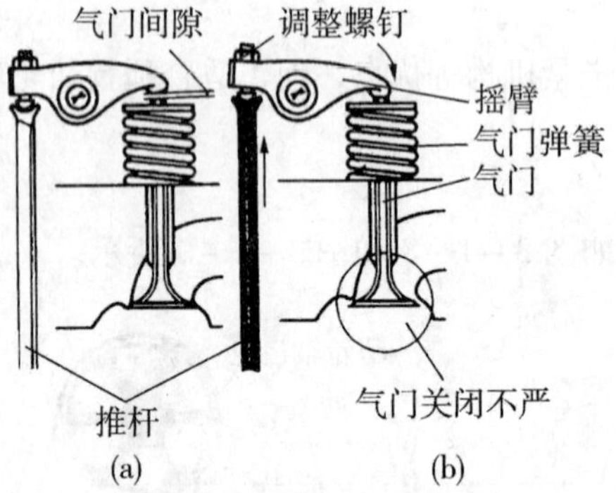

图 3－1－10　气门间隙

图 3－1－11　配气相位

采用液压挺柱的发动机，靠挺柱轴向自动调整功能改变挺柱长度，随时补偿气门的热膨胀量，故不需要预留气门间隙。

四、配气相位

配气相位是指进、排气门的实际开闭时刻，通常用曲轴转角来表示。如图 3－1－11 所示。前面在介绍四行程发动机工作原理时，为了便于理论分析与阐述，都会简单地把进、排气过程分别看作是在活塞的一个行程，即曲轴转动 180°内完成的。在实际工作中，由于汽车发动机转速较高，一个行程所占时间很短，例如当四行程发动机以 3 000r/min 的转速运转时，一个行程的时间仅为 0.01s，况且凸轮驱动气门开启也需要一个过程，气门全开的时间就更短了。在这样短的时间内难于做到进气充分，排气彻底。为了改善换气过程，气门的开启和关闭时刻已不在上、下止点处，采用提前开启和推迟关闭的办法来延长进、排气时间。使发动机的实际进、排气行程所对应的曲轴转角均大于 180°。

1. 进气相位

（1）进气提前角 α

在排气行程接近终了，活塞到达上止点之前，进气门便开启。从进气门开启到上止点间所对应的曲轴转角 α 叫进气提前角。进气门提前开启，保证了进气行程开始阶段气门已有较大的开度，有利于提高充气量。α 角一般为 10°～30°。

（2）进气迟后角 β

活塞越过进气行程下止点上行（压缩行程开始）一段后，关闭进气门。从下止点位置至进气门关闭所对应的曲轴转角 β 称为进气迟后角。进气门滞后关闭，能够充分利用进气行程结束前缸内存在的压力差和较高的气流惯性继续进气。下止点过后，随着活塞的上行，气缸内的压力逐渐增大，进气气流速度也逐渐减小，理论上当气缸内外压力差消失，流速接近为零时关闭进气门，此时对应的 β 角最佳。若 β 角过大，会引起进气倒流现象。β 角一般为 40°～70°。

进气门持续开启时间可用曲轴转角来表示，即进气持续角应为 $\alpha + 180° + \beta$。如 JV 发动机的进气持续角为 227°。

2．排气相位

（1）排气提前角 γ

在做功行程的后期，活塞到达下止点之前，排气门提前打开。从排气门打开至下止点间所对应的曲轴转角 γ 就称为排气提前角。排气门适当提前打开，利用较高的缸内压力将大部分燃烧废气迅速自由排出，待活塞上行时缸内压力已大大下降，可以使排气行程所消耗的功率大为减少。此外，高温废气提前排出也有利于防止发动机过热。γ 角一般为 40°～80°。

（2）排气迟后角 δ

活塞越过排气上止点，延迟一定时刻后再关闭排气门。从上止点到排气门关闭所对应的曲轴转角 δ 称为排气迟后角。δ 角一般为 10°～30°。由于活塞到达上止点时气缸内的压力仍高于大气压，且废气气流有一定的惯性，适当延迟排气门关闭时刻可以利用此压力和气流惯性使废气排得较干净。

排气门开启持续时间用排气持续角来表示，应为 $\gamma + 180° + \delta$。如 6BTA5.9 发动机排气持续角为 248°。

3．气门的叠开

进气行程和排气行程是发动机工作循环中相互连接的两个行程，通过分析图 3－1－11 可知，由于进气门在上止点前（即排气行程结束前）开启，而排气门在上止点后（即进气行程开始后）关闭，这就出现了在上止点附近，同一段时间内，进、排气门同时开启，进气道、燃烧室、排气道三者沟通的现象，通常称为气门叠开。对应的曲轴转角（$\alpha + \delta$）为气门叠开角。叠开期间进、排气门的开度均比较小，且由于进气气流和排气气流的惯性较大，短时间内不会改变流向，因而只要气门叠开角选择适当，就不会出现废气倒流入进气管和新鲜气体随同废气排出的问题。若叠开角过大，发动机小负荷运转时则会出现上述问题，致使发动机换气质量下降。

4．可变配气相位

现代发动机有些具有可变的配气相位，进气门的开启和关闭时间可调节。发动机转速高时，增大进气门的升程，提前开启和延迟关闭时间可调节。提高发动机功率；发动机转速低时，减少进气门的升程，延迟开启和提前关闭进气门，提高发动机的转矩，以满足发动机对经济性、稳定性和减少排放污染物的要求。

五、AJR 发动机配气机构总体构造

AJR 发动机配气机构采用了同步齿形皮带驱动的单根顶置凸轮轴、单列顶置气门、液压筒形挺柱和直顶式配气机构。

1. 配气机构拆卸

AJR 发动机配气机构的解体应在专用的拆装架上进行。如图 3 - 1 - 12 和图 3 - 1 - 13 所示。解体时应使用专用工具。先拆除发动机各附件，然后按照由外到内的顺序进行分解。具体步骤如下：

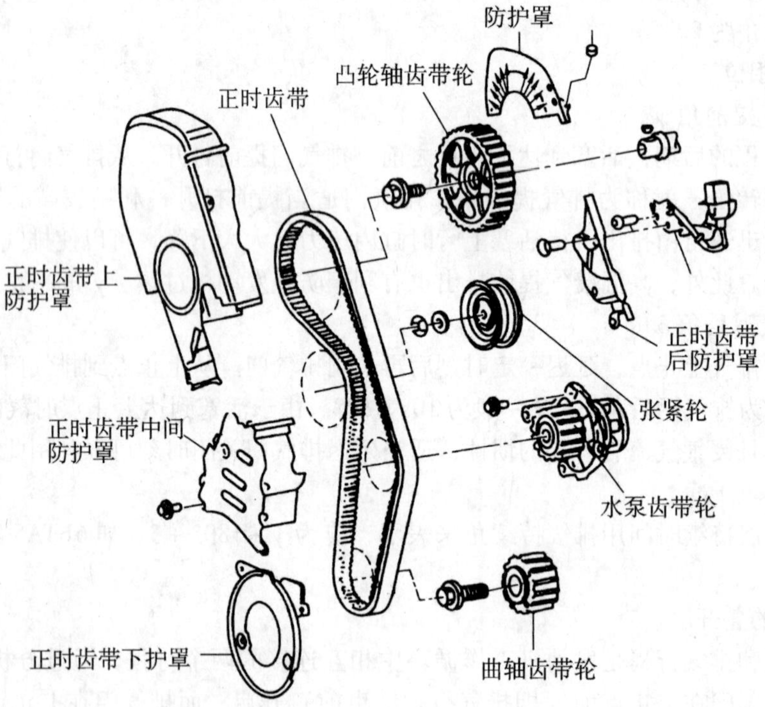

图 3 - 1 - 12　齿形皮带传动分解

① 拆下曲轴皮带轮。

② 拆除齿形皮带护罩。

③ 松开齿形皮带张紧轮，取下齿形皮带，拆下张紧轮。

④ 拧下曲轴齿形皮带轮紧固螺栓，拆下曲轴齿形皮带轮。

⑤ 拧下气门罩盖的紧固螺母，取下加强条、气门罩盖、挡油罩及密封衬垫。

⑥ 拧下缸盖紧固螺栓，取下气缸盖。

⑦ 从气缸盖上拆下凸轮轴各道轴承盖的紧固螺母（先松第 1、3、5 道轴承盖螺母，再松第 2、4 道轴承盖螺母），取下轴承盖及凸轮轴，轴承盖按顺序排列或打上装配标记，不得错乱。

⑧ 取出液压挺柱，按顺序排列或在内壁上做出标记。

⑨ 用专用工具压下气门弹簧，取出气门锁片、气门弹簧座、气门弹簧、气门油封及气

门，各组件要按顺序摆放好。

2．配气机构组成及结构特点

AJR 发动机的配气机构与采用凸轮轴支架、摇臂和摇臂轴等零件的顶置气门式配气机构相比，凸轮轴直接安装在气缸盖上平面内和 5 个轴承盖组合而成的承孔中，凸轮通过液压挺柱直接驱动气门。其特点结构简单紧凑、噪声低和工作可靠性好。

配气机构由气门组（进/排气门、气门座、气门导管、气门油封、气门弹簧、弹簧座圈、气门锁片）和气门传动组（液压挺柱、凸轮轴、凸轮轴正时齿形皮带轮及齿形皮带等）组成。相互位置关系如图 3－1－13 所示，凸轮轴的正时传动关系如图 3－1－14 所示。

3．配气机构装配

配气机构的装配按拆卸时的相反顺序进行，并应注意下列事项：

① 装配前必须对零部件进行清洗和检测。

② 气门组件、液压挺柱、凸轮轴轴承盖等部件必须按原位装入，不得装错。

③ 各紧固件必须按规定顺序和扭紧力矩拧紧。

④ 安装齿形皮带时，必须使凸轮轴齿形皮带轮上的标记与气门罩盖平面平齐。

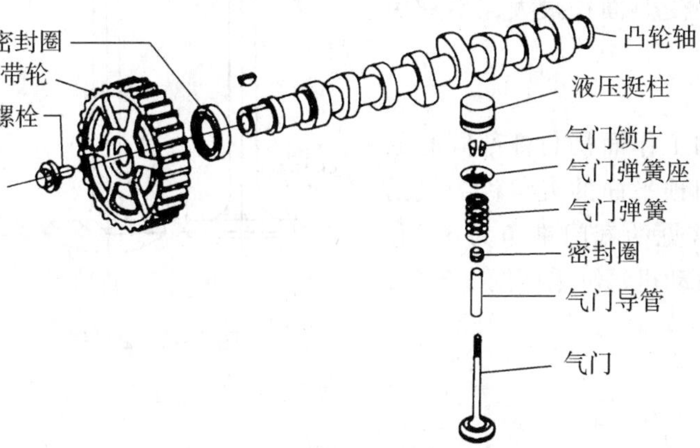

图 3－1－13　凸轮轴与气门分解

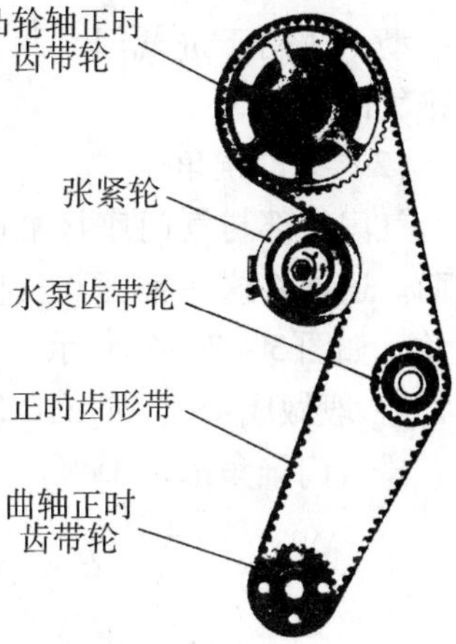

图 3－1－14　凸轮轴正时传动关系

第 2 节　配气机构主要零部件构造与检测

配气机构通常由气门组和气门传动组两部分组成。

一、气门组主要零件

气门组包括气门、气门座、气门导管、气门油封、气门弹簧、气门弹簧座及锁片。结构如图 3－2－1 所示。

气门组件的作用是保证实现气缸的可靠密封，工作中要求气门头部与气门座贴合紧密，不得漏气；气门导管对气门杆的往复运动导向良好；气门弹簧两端面与气门杆中心线相互垂直，以保证气门头在气门座上不偏斜；气门弹簧的弹力足以克服气门及其传动件的运动惯性力，使气门能迅速闭合，并能保证气门关闭时紧压在气门座上。

1．气门

气门分进气门和排气门两种。进、排气门结构相似，都由头部和杆部两部分组成。如图3－2－2所示。

（1）气门头部

气门头部的形状一般有以下3种形式：

a．平顶气门。结构简单，受热面积小，便于制造。进、排气门都可以采用，目前应用最广泛。

b．凸顶气门。呈球面形，中央加厚，强度增加，适用于排气门。与平顶气门相比，受热面积大，质量增加，较难加工。

c．凹顶气门。呈喇叭形，头部与杆部过渡曲线呈流线型，适用于进气门，凹顶受热面积最大，不宜用于排气门。

（2）气门锥角

气门头部与气门座接触的工作面是与杆部同心的锥面。通常将这一锥面与气门顶平面的夹角称为气门锥角。如图3－2－3所示，常见的气门锥角为30°和45°，一般做成45°，如AJR发动机每缸采用两个气门，进、排气门锥角都是45°。

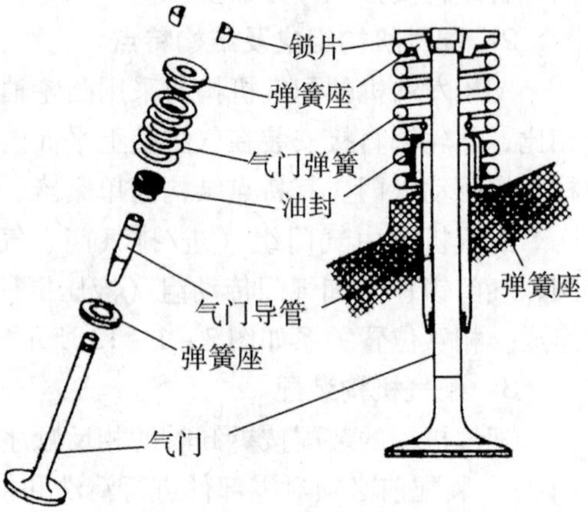

图3－2－1　气门组件的组成

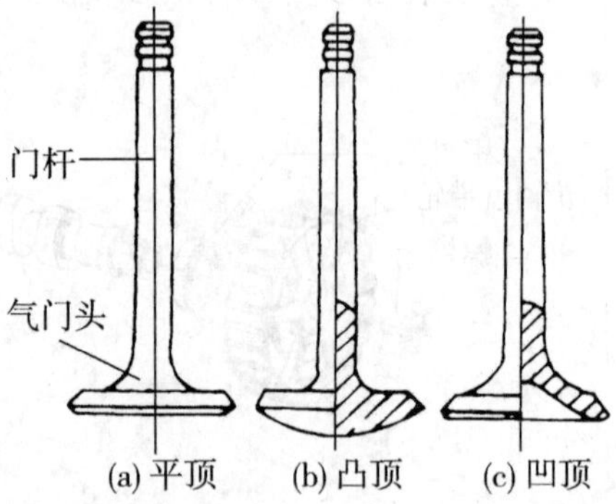

图3－2－2　气门

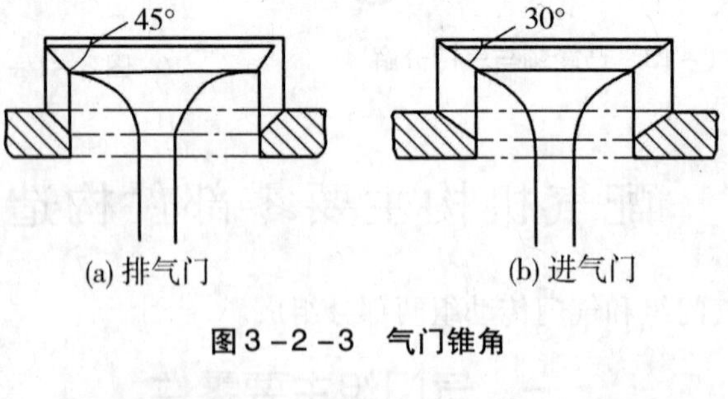

图3－2－3　气门锥角

在气门升程相同时，气门锥角越小，气流通道截面越大、通过能力越强。但同时也会使气门头部边缘厚度减小，密封性和导热性变差，所以有些发动机进气门的锥角做成30°。例如康明斯6B系列柴油机每缸采用2个气门，进气门锥角做成30°，排气门锥角做成45°。

气门头的边缘应保持一定的厚度，一般为1～3mm，以防冲击损坏和被高温烧蚀。为了减小进气阻力，提高气缸的充气效率，多数发动机的进气门头部直径比排气门的大。

为了保证气门与气门座间密封良好，装配前应将二者的密封锥面互相研磨，形成连续、均匀、宽度符合要求的接触环带，研磨后的气门不能互换。当气门与气门座的锥面精度达到密封要求时也可以不研磨。

（3）气门杆部

气门杆呈圆柱形，它在气门导管中不断进行往复运动，杆部要求具有较高的加工精度，表面须经过热处理和磨光，以保证同气门导管的配合精度和耐磨性，起到良好的导向和散热作用。

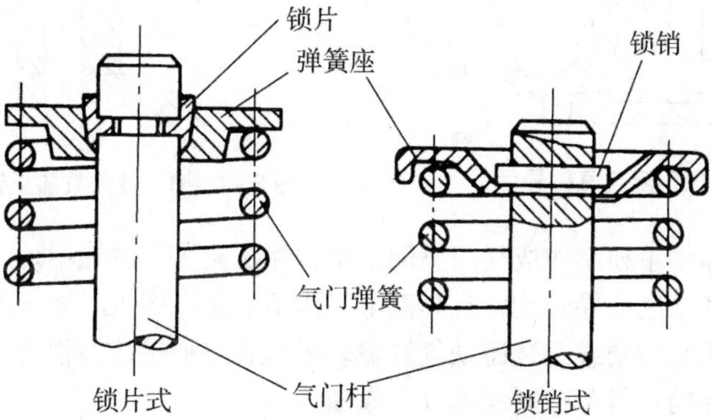

图3-2-4 气门弹簧座固定方式

气门杆尾端的形状取决于气门弹簧座的固定方式。如图3-2-4所示，锁片式在气门杆尾端开有环槽用来安装锁片；锁销式则在气门杆尾端钻有一个径向孔用来安装锁销。

大多数发动机的气门杆尾端都采用锁片式，也有少数发动机采用锁销式，如CA6102汽油机就采用了锁销固定方式。

为了保证在高温条件下工作可靠，要求气门必须具有足够的强度、刚度、耐热和耐磨性。

由于进、排气门的工作条件不同，进气门的材料采用合金钢（如铬钢或镍铬钢），排气门由于热负荷大，一般采用耐热合金钢（如硅铬钢等）。有的排气门为了降低成本，头部采用耐热合金钢，而杆部采用合金钢，二者焊在一起。

2. 气门导管

气门导管的作用是导向，以保证气门上下往复运动时不发生径向摆动，准确落座，与气门座正确贴合；同时气门导管起传热作用，将气门头部传来的热量经气门导管传给缸盖。

气门导管为圆筒形管，以过盈配合方式压入气缸盖中。为了防止气门导管在使用过程中脱落，有的发动机在气门导管上加装定位卡环，如图3-2-5所示。

气门导管的工作温度较高，为了不使润滑油通过导管被吸入气缸，在导管上还装有油封，气门杆在导管中运动时的润滑条件较差，为改善润滑性能，气门导管一般用含石墨较多的铸铁或粉末冶金制成，以提高自润滑性能。

也有的发动机没有单独的气门导管，气门导孔与缸盖制成一体，气门直接在气缸盖的导孔中运动。如6BTA5.9发动机即采用这种形式，如图3-2-6所示。

3. 气门座

气门座有两种：一种是在气缸盖上直接镗削加工而成，如6BTA5.9发动机；另一种是

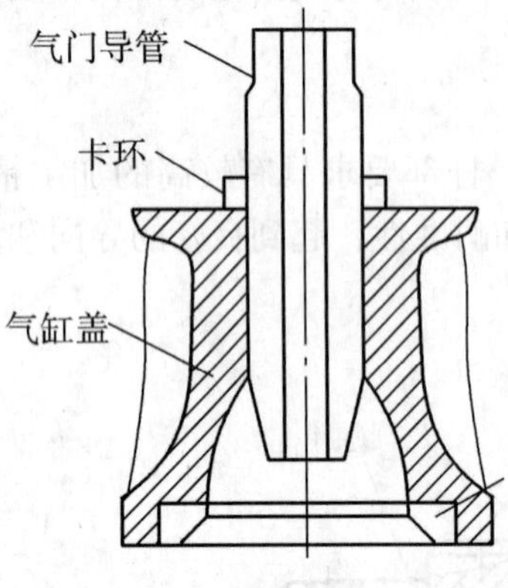

图3-2-5 气门座与气门导管

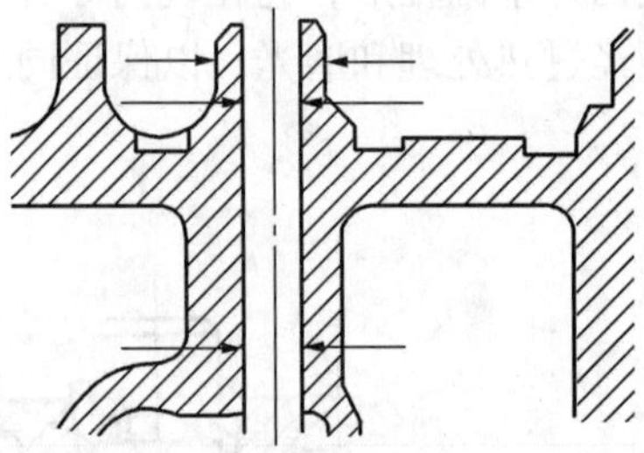

图3-2-6 在气缸盖上直接加工成气门导孔

用合金铸铁或奥氏体钢单独制作成气门座圈，用冷缩法镶入气缸盖中。

为保证镶入式气门座的导热性，且高温下工作不脱落，镶入时要求有较大的过盈量和较高的加工精度。优质灰铸铁或合金铸铁气缸盖多采用直接加工法，铝合金气缸盖则必须采用镶入法镶入耐磨性好的材料单独制成的气门座圈。

4. 气门弹簧

气门弹簧的作用是关闭气门，靠弹簧弹力使气门压在气门座上，克服气门和气门传动组件所产生的惯性力，防止各传动件彼此分离而不能正常工作。

气门弹簧一般采用圆柱形螺旋弹簧。如图3-2-7所示。为了防止弹簧发生共振，有些发动机采用了变螺距圆柱弹簧。现代高速发动机多采用同心安装的内外两根气门弹簧，这样既提高了气门弹簧工作的可靠性，又能有效地防止共振的发生。安装时，内外弹簧的螺旋方向应相反，以防止折断的弹簧圈卡入另一个弹簧圈内。6BTA5.9和AJR发动机采用的都是单个等螺距圆柱弹簧。

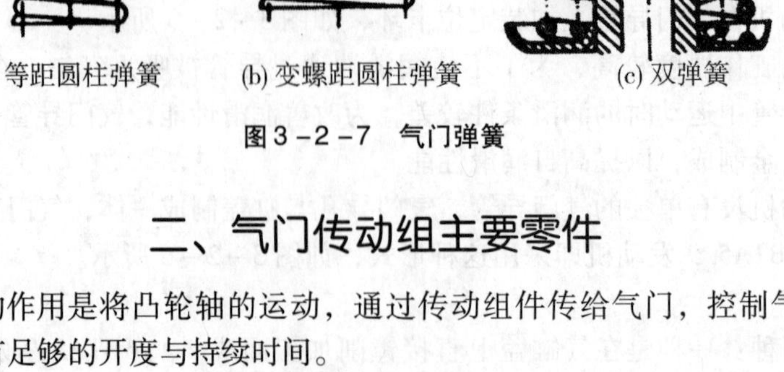

(a) 等距圆柱弹簧 (b) 变螺距圆柱弹簧 (c) 双弹簧

图3-2-7 气门弹簧

二、气门传动组主要零件

气门传动组的作用是将凸轮轴的运动，通过传动组件传给气门，控制气门的开启和关闭，并保证气门有足够的开度与持续时间。

6BTA5.9发动机采用的是下置凸轮轴式配气机构，气门传动组由凸轮轴、挺柱、推杆、摇臂、摇臂轴、摇臂支座和正时齿轮等零件组成。

AJR发动机采用的是顶置凸轮轴式配气机构，气门传动组由凸轮轴、液压挺柱、正时齿形皮带轮和齿形皮带等组成。

1. 凸轮轴

凸轮轴的作用是控制气门的开闭及其升程的变化规律。有些下置凸轮轴发动机，还依靠凸轮轴来驱动燃油泵、润滑油泵和分电器等装置。

（1）凸轮轴的构造

凸轮轴是气门传动组的主要部件，主要由凸轮和凸轮轴颈两部分组成。

单根凸轮轴是将进气凸轮和排气凸轮布置在同一根凸轮轴上。图3－2－8所示为AJR发动机顶置单凸轮轴；图3－2－9所示为6BTA5.9发动机下置凸轮轴的结构。顶置双凸轮轴配气机构的两根凸轮轴，一根是进气凸轮轴，上面布置有各缸的进气凸轮；另一根是排气凸轮轴，上面布置有各缸的排气凸轮。

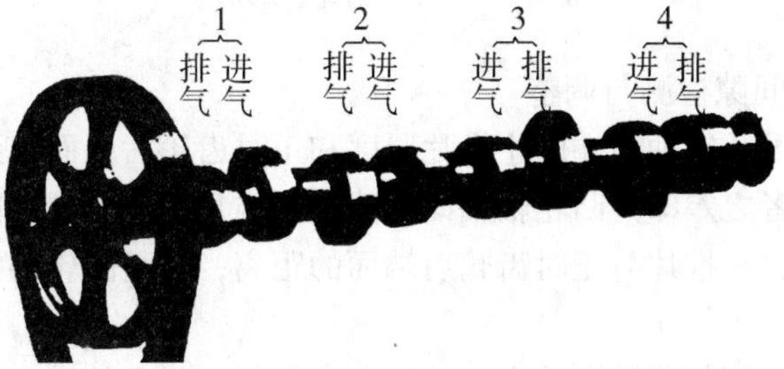

图3－2－8　AJR发动机顶置单凸轮轴结构

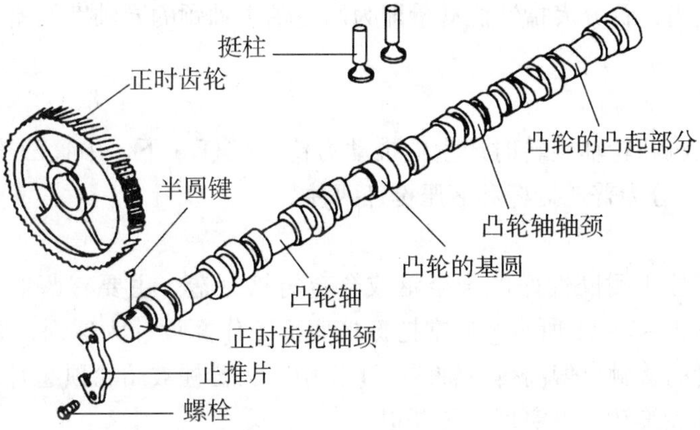

图3－2－9　6BTA5.9发动机下置凸轮轴结构

凸轮的形状，气门的开闭转角及升程变化规律主要取决于控制气门的凸轮外部轮廓曲线。凸轮轮廓曲线如图3－2－10所示，O为凸轮旋转中心（也是凸轮轴的轴心），$\overparen{EA}$为凸轮的基圆，$\overparen{AB}$和$\overparen{DE}$为过渡段，$\overparen{BCD}$为凸轮的工作段。当凸轮按图中箭头方向转过$\overparen{EA}$时，挺柱不动，气门关闭；凸轮转过A点后，挺柱开始上移，到达B点时，气门间隙消除，气门开始开启；凸轮转到 C 点时，气门升程（开度）最大；到 D 点时气门关闭。$\overset{\frown}{BCD}$工作段所对应的夹角 φ，称做气门开启持续角。

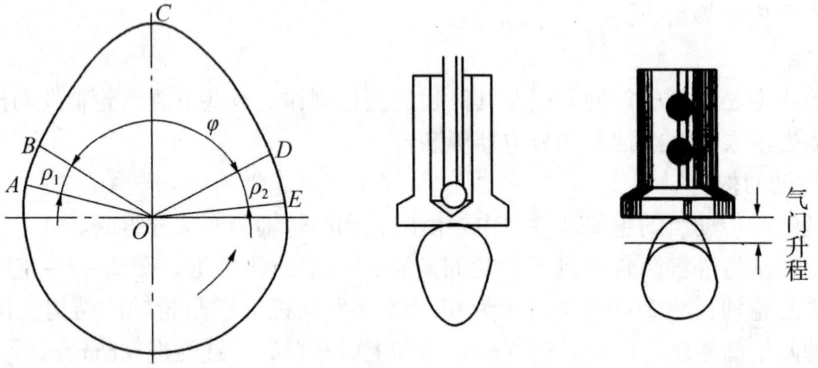

(a) 凸轮轮廓曲线　(b) 气门处于关闭状态　(c) 气门处于最大开度状态

图 3－2－10　凸轮轮廓形状

（2）凸轮轴轴向间隙检测与调整

凸轮轴轴向间隙由凸轮轴前端的止推片厚度和正时齿轮后端面，到凸轮轴第 1 道轴颈前端面的距离决定，两者之差即为凸轮轴轴向间隙。止推片用 2 个螺栓固定在缸体上，当凸轮轴前端顶到止推片时，止推片与正时齿轮后端面的距离，就是凸轮轴的轴向间隙。

（3）凸轮轴检测

凸轮轴弯曲变形检测与曲轴弯曲变形检测方法相似。将凸轮轴安装于车床两顶尖之间或安放在平板面的 V 形块上，以两端轴颈作为支点，用百分表测杆触头与中间轴颈表面接触，缓慢转动凸轮轴 1 周，百分表指针摆动量即为凸轮轴主轴颈的同轴度偏差。一般要求应小于 0.05～0.10mm。

2. 挺柱

挺柱的作用是将凸轮轴旋转时产生的推动力传给推杆（下、中置凸轮轴）或气门（顶置凸轮轴）。挺柱可分为普通挺杆和液压挺杆两种。

（1）普通挺杆

常见的普通挺柱用耐磨性好的合金钢或合金铸铁制造。主要有菌形、筒形和滚轮式 3 种，结构形式如图 3－2－11 所示。通常把挺柱底部工作面设计为球面，并且将凸轮沿轴向制成锥形，使两者的接触点偏离挺柱轴线。工作中，当挺柱被凸轮顶起时，接触点间的摩擦力使挺柱绕自身轴线旋转，以实现均匀磨损。

菌形挺柱主要用于侧置气门式发动机（已被淘汰）；筒形挺柱质量较轻，一般和推杆配合使用；滚轮式挺柱结构较为复杂，但与凸轮间的摩擦力小，适合于中速大功率柴油机。挺柱可直接装在气缸体一侧的导向孔中或安装在可拆卸的挺柱架中。

（2）液压挺柱

新型发动机普遍采用液压挺柱，液压挺柱的长度能自动调整，故不需要预留气门间隙，也没有气门间隙调整装置。如图 3－2－12 所示，液压挺柱由挺柱体、油缸、柱塞、单向球

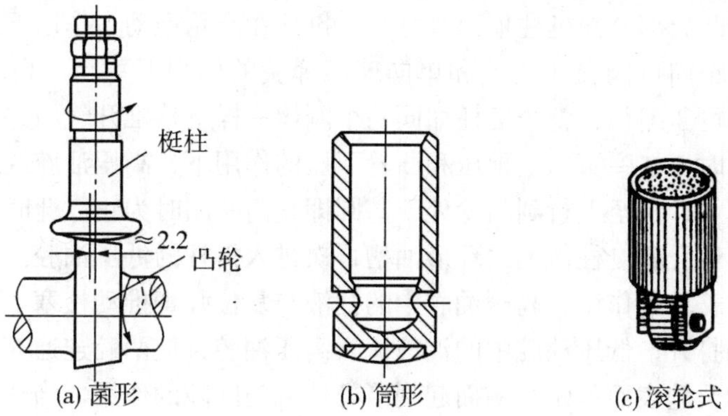

图 3-2-11　普通挺柱

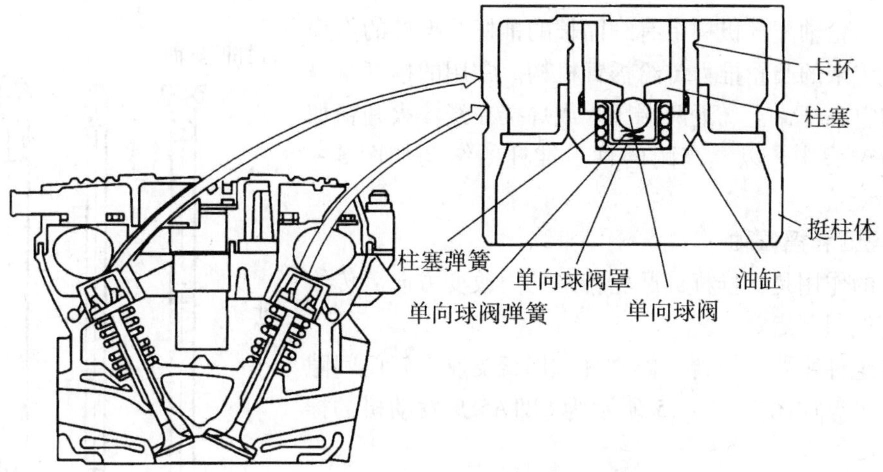

图 3-2-12　液压挺柱结构

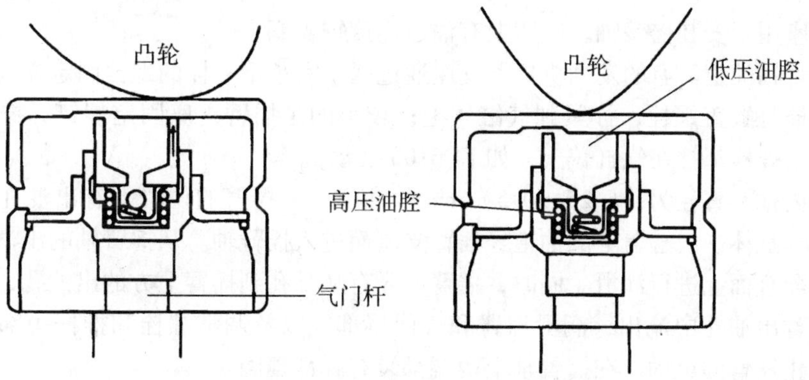

图 3-2-13　液压挺柱工作原理

阀、单向球阀弹簧和柱塞弹簧等部件组成。液压挺柱的工作原理如图 3－2－13 所示。当凸轮轴转动，凸轮的凸起部分与挺柱顶面接触时，挺柱在凸轮推动力作用下向下移动，高压腔内的油液被压缩，单向球阀在压力差和单向球阀弹簧的作用下关闭，高、低压油腔被分隔开。由于液体的不可压缩性，整个挺柱如同一个刚体一样下移推开气门并保证气门升程。当挺柱开始上行返回时，在弹簧向上顶压和凸轮下压的作用下，高压油腔继续封闭，液压挺柱仍可认为是一个刚体，直至上行到凸轮处于基圆即气门关闭时为止。此时，气缸盖主油道中的油液经量孔、斜油孔和挺柱体上的环形油槽再次进入挺柱的低压油腔。由于挺柱不再受凸轮推动力和气门弹簧力的作用，高压油腔中的油液与复位弹簧推动柱塞上行，高压油腔的油压下降，单向球阀打开，低压油腔中的油液流入高压油腔，使两腔连通充满油。这时，液压挺柱的顶面仍然和凸轮表面紧贴，从而起到了补偿气门间隙的作用。当气门受热膨胀时，柱塞和油缸作轴向相对运动，高压油腔中油液可经过油缸与柱塞间缝隙被挤入低压油腔。因此使用液压挺柱时，可以不预留气门间隙。

3. 推杆

下置凸轮轴配气机构中有细而长的推杆，推杆的作用是将挺柱传来的凸轮推力传给摇臂机构。常用的推杆是一根细长的空心杆，上、下两端压入或焊接在经淬火和精加工的凹凸球头中，以提高耐磨性。推杆的结构如图 3－2－14 所示。

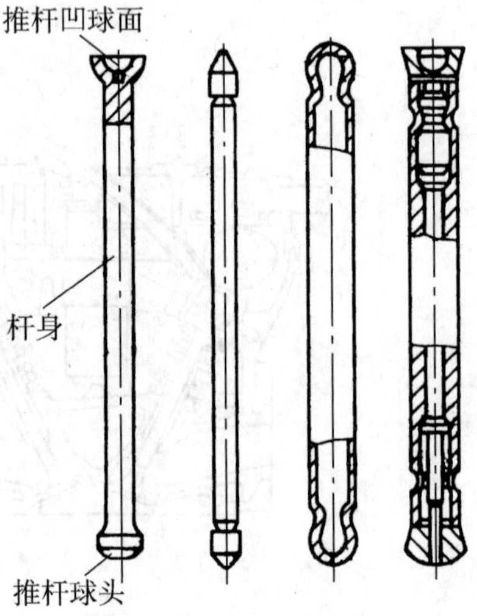

图 3－2－14　推杆结构

4. 摇臂和摇臂轴

摇臂的作用是将推杆或凸轮传来的力改变方向后传给气门，使气门开启。

摇臂组件主要有摇臂、摇臂轴、摇臂支座、气门间隙调整螺杆等。如图 3－2－15 所示为 6BTA5.9 发动机的摇臂组件。

摇臂是一个以摇臂轴为支承的双臂杠杆，短臂一侧有气门间隙调整螺杆，长臂一端（有的镶有钢块）与气门杆端接触。

摇臂支座用于安装摇臂轴，支座上有油道连接缸盖润滑油道和摇臂轴油道。有的发动机摇臂支座通过两个大小不一样的螺栓固定在气缸盖上，其中较大的螺栓是缸盖螺栓，拧紧到气缸体上；较小的是摇臂支座固定螺钉，拧紧到气缸盖上。有的 2 个螺栓都拧在气缸盖上，如 EQ6100 发动机等。

摇臂轴内钻有直径为（6.25 ± 0.5）mm 的油道，装摇臂的位置上有出油孔，润滑油从主油道流经气缸体、气缸盖上的油道经摇臂支座而进入摇臂轴。从摇臂轴的出油孔进入摇臂与摇臂轴的配合面上进行润滑。同时，摇臂上开有从轴孔到摇臂上方的出油孔，一部分润滑油可以从摇臂出油孔中流出，润滑摇臂和气门尾部，以及调整螺栓和推杆头部球座等摩擦件。为了防止摇臂的窜动，在摇臂轴上两端都装有弹性挡圈。

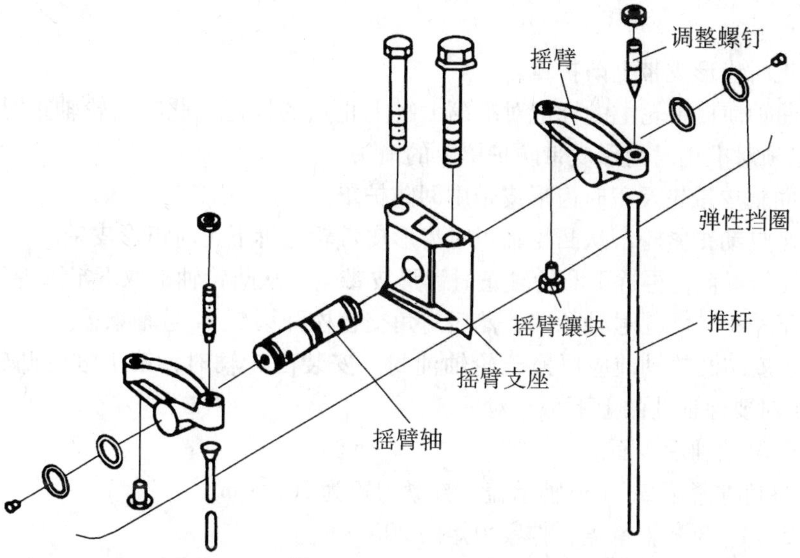

图 3－2－15　6BTA5.9 发动机摇臂及摇臂轴组件

三、桑塔纳 AJR 发动机配气机构拆装

上海桑塔纳 2000GSi 轿车采用 AJR 发动机，配气机构采用顶置凸轮轴、顶置气门、液压挺柱式配气机构，凸轮轴由同步齿形皮带传动。

气门传动组由曲轴齿形皮带轮、齿形皮带、凸轮轴齿形皮带轮、凸轮轴和液压挺柱等组成。

1. 凸轮轴

(1) 凸轮轴的构造

凸轮轴如图 3－2－16 所示，通过 5 个剖分式轴承直接装在气缸盖上平面上，利用第 5 轴承盖的两个侧面进行轴向定位。凸轮轴用铸铁铸造，凸轮升程段用电弧重熔冷激处理。凸轮表面硬度为 755HRC，淬硬层深度为 0.8～1.0mm、凸轮轴基圆直径为 34mm；凸轮宽度为 1.5mm；凸轮升程为 10.6mm；凸轮轴轴颈直径为 26mm。

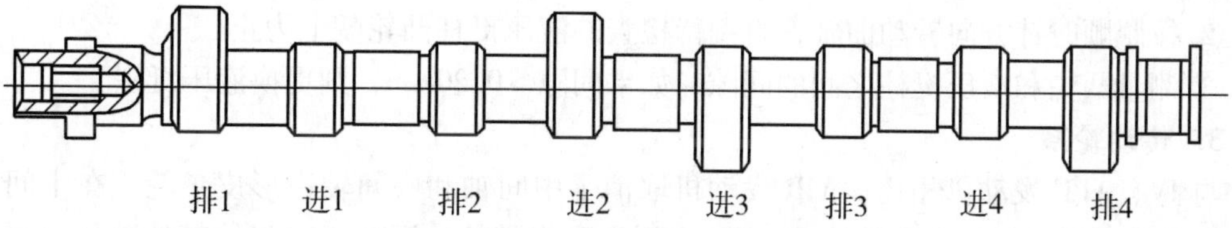

图 3－2－16　AJR 发动机凸轮轴

凸轮轴轴承孔内有斜油道通气缸盖主油道，进行强制润滑。

(2) 凸轮轴的拆装

① 拆卸。

a. 把发动机置于维修工作台上，依次拆下空调压缩机传动皮带、空调压缩机、发电机传动皮带。

b. 拆下正时齿形皮带上防护罩。

c. 转动曲轴使皮带轮上的标记对准第 1 缸上止点的标记，此时凸轮轴正时齿形皮带轮上的标记也必须对准正时齿形皮带防护罩上的箭头。

d. 拆下曲轴皮带轮及正时齿形皮带中间防护罩。

e. 松开半自动张紧轮，从凸轮轴正时齿形皮带轮上拆下正时齿形皮带。

f. 拆下气门罩盖，再拆下凸轮轴正时齿形皮带轮，从凸轮轴上取下半圆键。

g. 先拆下第 1、3、5 号轴承盖，然后对角交替松开第 2、4 号轴承盖。

② 安装。安装凸轮轴前应更换凸轮轴油封。安装凸轮轴时，第 1 缸的凸轮必须朝上。当安装轴承盖时要保证孔的上下部分对准。

a. 润滑凸轮轴轴承表面。

b. 交替对角拧紧第 2、4 道轴承盖，拧紧力矩为 20N·m。

c. 安装 5、1、3 号轴承盖，拧紧力矩为 20N·m。

d. 将半圆键安装到凸轮轴上，安装凸轮轴正时齿形皮带轮，并拧紧到 100 N·m。

e. 安装正时齿形皮带（调整配气相位），安装气门罩盖。

注意：安装好凸轮轴后，发动机在约 30min 之内不得起动，以便液压挺柱的补偿元件进入状态，否则气门将敲击活塞。在对配气机构进行过拆装后，应小心地转动曲轴至少两周，以防止发动机起动时敲击气门。

③油封安装。

a. 在油封的唇边上涂少量润滑油。

b. 用专用工具（导向套筒）将油封定位，然后用专用工具将油封压入直到平齐。

c. 装上半圆键，安装凸轮轴正时齿形皮带轮，并将螺栓拧紧到 100N·m。

d. 安装正时齿形皮带（调整配气相位）。

2. 液压挺柱

液压挺柱必须整套更换，不能进行调整或修理。发动机刚启动时，液压挺柱的异常噪声是正常的。当运转到冷却液温度达 80℃，将发动机转速提高到 2 500r/min 并运转 2min 后进行测试。如果液压挺柱产生的噪声还是很大，应按照如下步骤进行检查：

① 拆卸气门罩盖。

② 按照顺时针方向转动曲轴，直到待检查的液压挺柱凸轮朝上为止。

③ 测量凸轮和液压挺柱之间的间隙。如果间隙 >0. 20mm，则更换液压挺柱。

3. 传动轮系

与 JV、AFE 发动机相比，AJR 发动机取消了中间轴和中间轴齿形皮带轮，在中间轴齿形皮带轮的位置上增加了齿数为 23 齿的水泵齿形皮带轮，因此正时齿轮带的总长比原来缩短 48mm。

4. 正时齿形皮带

AJR 发动机的齿形皮带齿宽为 23mm，齿厚为 5. 30mm，齿形为圆弧或抛物线型，齿形皮带材料采用氢化丁腈橡胶。

检测齿形皮带时，应注意检查齿形皮带有无硬化、龟裂、剥离、脱落、磨损和纤维松散现象，如有应更换新件。另外还要注意检查齿形皮带的张紧度，如果齿形皮带张紧度适中，在皮带张紧度检查位置处用食指和拇指可将齿形皮带翻转大约90°，否则应进行调整。

四、气门间隙的调整

除装有液压挺柱的发动机外，在没有气门间隙补偿功能的发动机气门传动机构中都留有一定的气门间隙，以防机件因热胀冷缩影响发动机的正常工作。如果气门间隙过大，不但影响发动机动力性，而且还出现噪声；如果气门间隙过小，则会使气门关闭不严，令发动机不能正常工作，还有可能造成配气机构的机件工作面烧蚀损坏。因此，气门间隙必须按规定标准进行调整。

在调整气门间隙前应先查阅维修手册，应注意所给出的间隙值是冷车还是热车状态值，以保证调整正确。

气门间隙的检查和调整应在气门完全关闭，而且气门挺柱落在凸轮轴凸轮的基圆位置时进行，由于气门开始开启和关闭时，挺柱（或摇臂）是在凸轮的缓冲段内某点上，配气相位往往产生一定的偏差，所以不仅气门开启过程不能调，而且将要开启和刚关闭不久的也不能调。在气缸压缩行程终了时进、排气门是处于完全关闭状态。逐缸调整气门间隙也是在找出气缸压缩行程终了的位置时进行调整。

1. 逐缸调整法

（1）操作步骤

① 摇转曲轴，使第1缸活塞处于压缩行程上止点位置，使飞轮上的上止点记号对准飞轮壳检查孔上的刻线。(飞轮上的标记与飞轮壳上的刻度线对齐)。

此时若最末缸的2只气门同时处于微开状态，则第1缸是在压缩行程终了状态。若末缸2只气门同时处于关闭状态，则第1缸是处于排气行程终了的位置，要再转过180°才是压缩终了行程。

② 摇转曲轴，调第1缸就观察最末缸进：排气门；调第2缸就观察末2缸，如此类推。即当最末缸排气门推杆一直往下动，而末缸进气门的推杆稍稍往上一动。则表明第1缸是在压缩行程终了。

③ 轻轻摇动摇臂或挺杆，摇臂或挺杆太松说明间隙过大，摇臂或挺杆太紧说明间隙过小或无间隙，这两种情况都要对气门间隙进行调整。

④ 用梅花扳手拧松气门调整螺钉上的镇紧螺母，再用螺丝刀旋松调整螺钉。如图3－2－17所示。

⑤ 用符合规定的气门间隙值塞尺插入气门杆尾端与摇臂头部之间。

⑥ 用一字螺丝刀旋转调整螺钉，一边转动调整螺钉，一边拉动塞尺，以感到略有阻力为合适。

⑦ 再用螺丝刀固定调整螺钉，将锁紧螺母拧

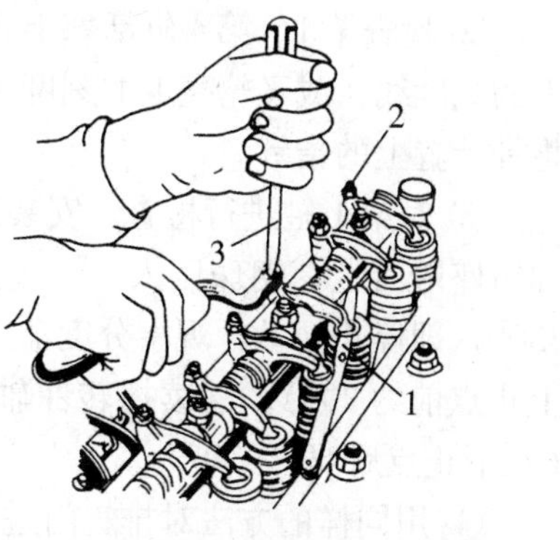

1—塞尺　2—气门调整螺钉　3—螺丝刀

图3－2－17　气门间隙调整

紧，用塞尺再测一次间隙，检查是否符合要求。

（2）技术要求

气门冷态间隙为0.20～0.25mm，一般以用3～4N的力能拉出塞尺为准。

2．二次调整法

（1）操作步骤

操作方法与逐缸调整法大致相同，不同之处是：

① 转到第1缸活塞处于压缩行程上止点位置时，不只调整第1缸的第1、2两只气门，还可依次调整好第1、2、4、5、8、9（从前至后数）共6个气门的间隙。

② 完成上述调整后将曲轴转360°，找出第6缸活塞处于压缩行程上止点位置时，用同样方法依次调整第3、6、7、10、11、12（从前到后6个气门的间隙）。

（2）调整方法

① 转动曲轴使第1缸位于压缩行程上止点，即飞轮与飞轮壳上的正时标记对正，点火顺序为1－5－3－6－2－4时，可调整第1缸进、排气门，第2、第4缸进气门，第3、第5缸排气门。

② 转动曲轴使第6缸位于压缩行程上止点，即飞轮与飞轮壳上的正时标记对正，且第1缸进、排气门推杆均不能转动时，调整第6缸进、排气门，第2、第4缸排气门，第3、第5缸进气门。

五、配气相位检测与调整

通常用曲轴转角表示进、排气门的开闭时刻，一般称作配气定时或配气相位。

1．检前准备

① 准备好百分表（连磁座）、塞尺、梅花扳手、螺丝刀、检测用分度盘、指针装置和转动发动机用的摇把。

② 配气机构零件要求是不能磨损和保持标准。配气机构配合间隙符合规定。调整好全部气门间隙（汽油机0.20～0.25mm，柴油机0.30～0.35mm），具体应按原厂技术要求。

2．操作步骤（四缸发动机）

① 摇转曲轴，使第4缸处于气门叠开位置，即第1缸压缩终了位置。

② 检查第1、第4缸活塞上止点标记是否对齐，即正时齿轮盖上的指针是否对准皮带轮上的刻度线，或飞轮壳上的刻度线是否与飞轮上的刻度对齐。并移动分度盘，使“0”对准指针装置上的指针。

③ 对第1缸进行检查。安装好磁座百分表，先检进气门。将百分表杆触点压在进气门弹簧座端面上，钢珠压入1mm左右，长针对准“0”。顺转曲轴直至百分表长针刚动（约330°）即停止转动，观察分度盘上的读数并标在相位图上，该度数即为进气门开启角（在上止点前约20°）。继续摇转曲轴，直至百分表回复原位，此时指针所指为进气门关闭角（在下止点后60°～70°）。

④ 用同样的方法对排气门进行检查。把百分表触头压在排气门弹簧座端面上，钢珠压入1mm左右继续顺转曲轴，百分表长针刚动即停止转动，观察分度盘上的读数，即为排气门开启角（约在下止点前60°）。继续摇转曲轴至百分表回复原位，即排气门的关闭角（在

上止点后 20° ~30°）。把进、排气门的早开和迟闭角度值标在相位图上。

⑤ 其他各缸的检测方法与第 1 缸相同，但注意检查第 2、第 3 缸时，其上止点位置与第 1、第 4 缸正好相反，这与曲轴的转角有关。

3．调整方法

配气相位的检查结果与标准相比较，如有变动可用下列方法进行调整：

① 若个别气门偏早或偏迟且相差不大，可采用调整个别气门间隙的方法来解决。

② 若大多数偏于一边，早或迟的相差数接近一致，则应少数服从多数，即采用偏位键的方法来调整。

③ 若大多数气门配气相位角偏差 6°以上，应先将正时齿轮向左或右转动一个齿后，再用偏位键来进行调整。在用偏位键固定齿轮时，应注意键的安装方向。键分为正键或顺键（由快调慢）、逆键（由慢调快）2 种。在装键时应当注意，配气迟时用逆键，配气早时用顺键。

④ 如何确定配气相位是否合乎技术标准，应根据原厂技术标准来衡量。不同车型有不同的标准。

这里以 EQ140—6100Q 发动机为例，画出相位图如图 3 -2 -18 所示。

◆ 进气门

开启：上止点前 20°；关闭：下止点后 56°。

◆ 排气门

开启：下止点前 38°30′；关闭：上止点后 20°30′。

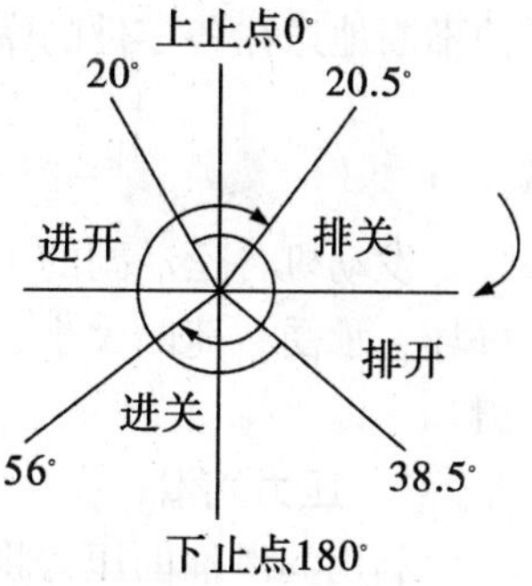

图 3 -2 -18　配气相位

第 4 章　发动机润滑系结构与装调

第 1 节　概　　述

发动机工作中，零件与零件表面之间摩擦，增大发动机的功率消耗，降低发动机的机械效率。为了保证发动机的正常工作，必须对相对运动零件表面加以润滑，即在摩擦表面间覆盖一层薄而均匀的润滑油膜，以减小摩擦阻力，减轻机件磨损，降低功率消耗，延长发动机使用寿命。

发动机的润滑靠润滑系来实现。润滑系的基本功用是将清洁的、压力和温度适宜的润滑油不断地送往各零件的摩擦表面，以减少零件摩擦和磨损。

一、发动机的润滑方式

发动机各运动副的工作条件不同，对润滑强度的要求也不同，它取决于零件工作环境的好坏、承受载荷的大小、摩擦表面的相对运动速度。常见的润滑方式有压力润滑和飞溅润滑。

1．压力润滑

利用润滑油的压力将油输送到各摩擦表面进行强制性地润滑。负荷大、相对运动速度高的摩擦面，要求具有较高的润滑强度，常采用压力润滑。如曲轴轴承与轴颈、凸轮轴轴承与轴颈。另外，远离油底壳的零件，如气门摇臂轴与摇臂、气门与气门导管等也都采用压力润滑。发动机润滑系润滑油压力由润滑油泵建立，润滑强度受润滑油泵泵油能力的影响。

2．飞溅润滑

利用曲轴的旋转将润滑油从油底壳带起甩出，在曲轴箱内形成许多油滴或油雾，飞溅到各摩擦表面进行润滑。表面裸露的零件或负荷较小的摩擦表面，多采用飞溅润滑。如凸轮与挺杆、偏心轮与汽油泵摇臂等采用飞溅润滑，润滑油由主轴承和连杆轴承喷或甩到摩擦表面。飞溅润滑的润滑强度受发动机转速高低影响较大。某些摩擦副，如活塞与气缸壁，虽然相对运动速度高，载荷也较大，工作条件很差，但为防止过量的润滑油进入燃烧室，造成发动机工作状况恶化，也采用飞溅润滑方式。

对一些分散的且负荷较小的辅助装置和存放润滑油也较难的摩擦副，不需设置复杂的润滑系对其进行润滑，如冷却水泵、发电机、起动机等，只需定期加注润滑脂即可。

现代汽车发动机一般采用压力和飞溅复合式的润滑系统。

二、发动机润滑系的功用

1．润滑作用

将润滑油输送到发动机中相对运动的零件表面上（如曲轴与轴承、凸轮轴与轴承、活塞与气缸壁等），润滑零件的摩擦表面，减小零件的摩擦阻力，减少发动机的功率消耗和零件磨损。

2. 冷却作用

利用润滑油的流动性，带走发动机零件的部分热量，防止零件温度过高。

3. 清洁作用

润滑油可利用自身的流动性，将发动机在工作中磨下的金属微粒、从大气中吸入的尘土及燃料燃烧产生的一些固体物质带走，减少零件的磨损。

4. 密封作用

利用润滑油的黏度，附着于运动零件表面，提高零件的密封效果。

5. 吸震作用

吸收曲轴及其他零件的震动，减少发动机的噪声，延长发动机的使用寿命。

6. 防锈作用

防止金属的氧化，因金属受热后氧化反应会加快。

三、发动机润滑系的组成

发动机润滑系一般由集滤器、润滑油泵、限压阀、润滑油滤清器、旁通阀、止回阀、润滑油散热器、润滑油压力传感器、润滑油压力表（指示灯）、润滑油标尺、油底壳、油道和油管等组成。不同的发动机，由于组成和结构形式不同，润滑系的布置形式和装置会略有不同。东风 EQ6100—1 发动机润滑系是典型的复合式润滑系，结构组成如图 4 –1 –1 所示。

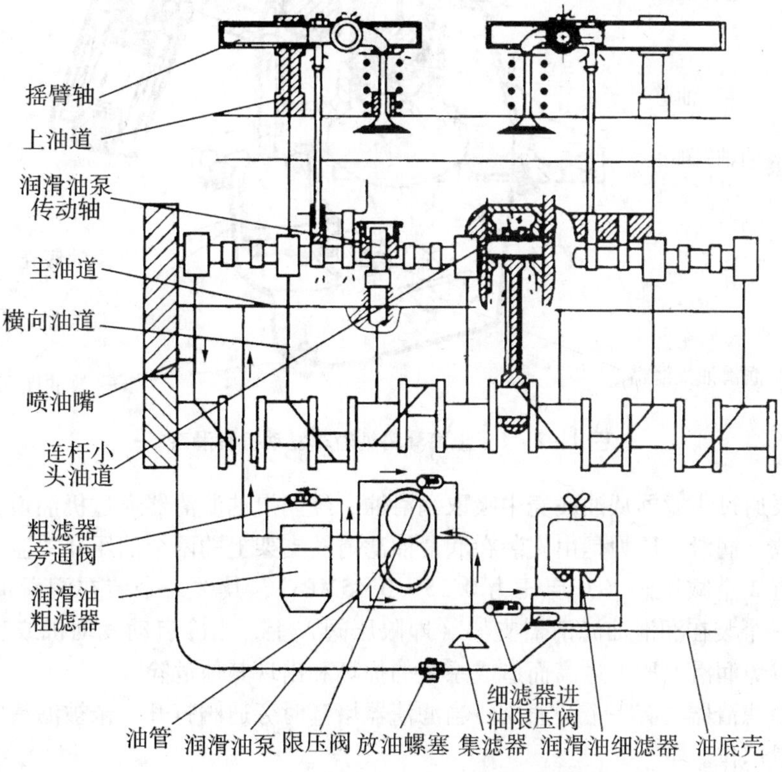

图 4 –1 –1　东风 EQ6100—1 发动机润滑系

第 2 节　润滑系润滑油路

上海桑塔纳轿车 AJR 发动机润滑油路如图 4－2－1 所示。它由集滤器、润滑油泵、溢流阀、油压开关（高、低压）、润滑油滤清器、限压阀、旁通安全阀、单向阀（止回阀）、油道及油管等组成。

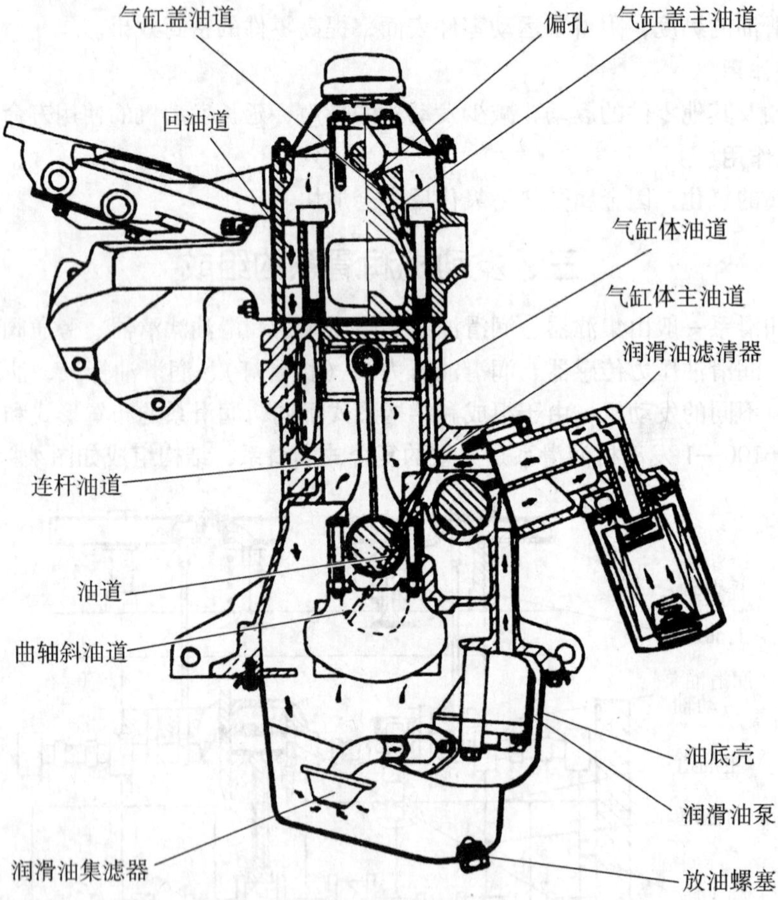

图 4－2－1　上海桑塔纳轿车发动机润滑系

润滑油泵通过集滤器从油底壳中吸取润滑油，经润滑油滤清器通过机油道，输送到发动机各润滑部位。润滑油压力是由安装在润滑油滤清器支架上的两个油压开关监控的。在润滑油路中，装有 2 个减压阀（开启压力 0.35～0.45MPa），其中一个装在润滑油泵（即溢流阀）上，另一个装在润滑油滤清器支架（即限压阀）上，当冷启动发动机或者润滑油黏度较大时，可避免润滑油压力过高而造成系统的损坏和出现其他危险。

在润滑油滤清器内有一个旁通阀。当滤清器堵塞时旁通阀打开，未被滤清的润滑油仍能输送到各润滑部位。

在润滑油滤清器支架上还安装有一个单向阀，当发动机停机时，能阻止气缸盖油道内的润滑油流回油底壳，当发动机再次启动时缸盖油道内有足够的润滑油，保证液压挺杆正常工作。

AJR 发动机润滑油泵的安装位置（图 4－2－2）在气缸体的下平面前端，通过滤清器后的润滑油在润滑油滤清器支架内分为 3 路：第 1 路进入气缸体主油道，经主油道将润滑油分配到各曲轴主轴承，由曲轴上的斜油孔通往各连杆轴承，再由连杆体上的油孔通往连杆小头衬套。第 2 路通过安装在润滑油滤清器上的单向阀进入气缸体上的一个通向气缸体上平面的油道，经气缸盖上的一侧第 4 个气缸盖螺栓孔进入气缸盖主油道，将润滑油分配到各凸轮轴轴颈和液力挺杆。第 3 路通往一个限压阀，油道内的压力过大时该阀打开，将部分润滑油旁通流回油底壳。

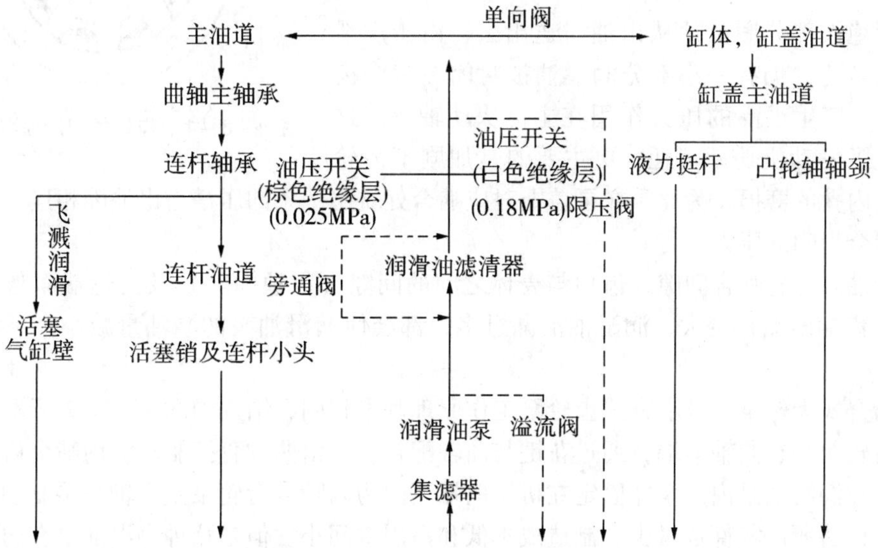

图 4－2－2　AJR 发动机润滑油路

第 3 节　主 要 零 件

一、润 滑 油 泵

润滑油泵的功用是把一定数量的润滑油压力升高，强制性地将油压送到发动机各摩擦表面上去。现代汽车发动机多采用齿轮式润滑油泵（内啮合与外啮合式两种）和转子式润滑油泵。

1. 齿轮式润滑油泵

（1）齿轮式润滑油泵结构与原理

① 结构。齿轮式润滑油泵由泵体、主动齿轮、从动齿轮、齿轮轴、泵盖和限压装置等组成。两齿轮与壳体内壁之间的间隙很小，结构如图 4－3－1 所示。

② 工作原理。如图 4－3－1 所示。当润滑油泵主、从动齿轮按图示方向旋转时，进油

口处容积增大，产生真空度，将润滑油吸入并随着齿轮转动，被齿轮驱赶到出油口，由于出油口处容积的减小，油压升高，润滑油被压出。送油量及压力与齿轮转速成正比。

发动机高速时送油量和送油压力会超过规定（0.5～0.6MPa）值。为此，润滑油泵上设有限压阀，当油压达到规定值时限压阀打开，过量的润滑油又流回油底壳或入口处，保持油道内油压稳定在规定的范围，有些发动机的润滑油限压阀装在主油道或润滑油滤清器上。

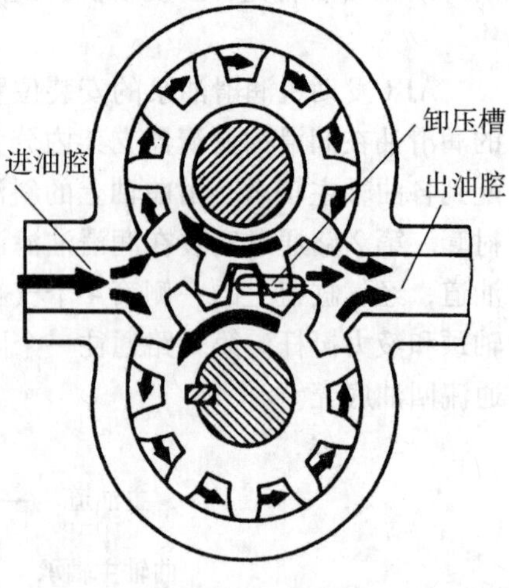

图 4－3－1　齿轮式润滑油泵工作原理

尽管绝大部分润滑油从出油口送出去，由于润滑油泵的高转速，仍有一小部分润滑油被封闭在啮合齿的齿隙中，产生很高的压力作用在主、从动轴上。这不仅增大了发动机功率消耗，更主要的是加剧了齿轮轴、齿轮内孔的磨损。为此，在泵盖上对应啮合处铣出一条卸压槽与出油腔相连，以降低润滑油在啮合齿间的压力。

润滑油泵齿轮啮合间隙、齿顶与壳体之间的间隙（齿顶间隙）及齿轮端面与泵盖之间的间隙（齿端间隙）变大，润滑油泄漏过多，都会使润滑油泵的泵油量减小，泵油压力降低。

内啮合式齿轮泵与外啮合式齿轮泵工作原理基本相同，结构如图 4－3－2 所示。外齿轮是主动齿轮，套在曲轴前端，通过花键与曲轴配合，并由曲轴直接驱动。内啮合齿轮是从动齿轮，装在润滑油泵内。泵体固定在机体前端。因为内啮合齿轮泵由曲轴直接驱动，无需中间传动机构，所以零件数量少，制造成本低和占用空间小。但是这种润滑油泵在内、外齿轮之间有一处无用的空间，使润滑油泵的泵油效率降低，另外，如果曲轴前端轴颈太粗，润滑油泵外形尺寸随之增大，发动机驱动润滑油泵的功率损失也相应有所增加。

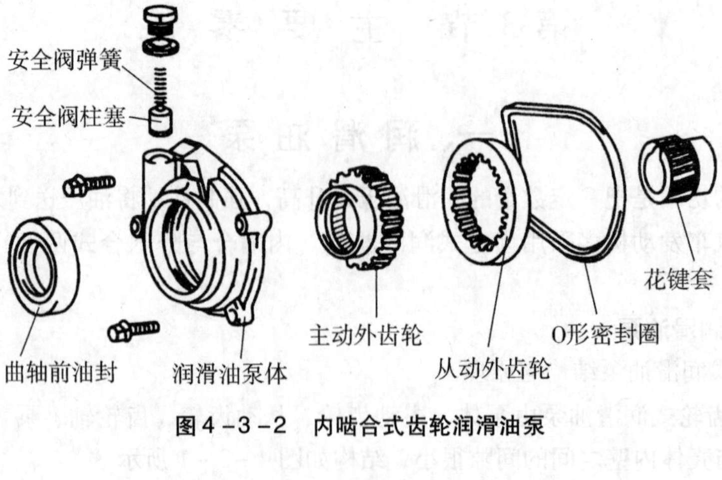

图 4－3－2　内啮合式齿轮润滑油泵

(2) 装调

① 分解与清洗（以EQ6100—1发动机润滑油泵为例）。

a. 拆下润滑油集滤器及油管。

b. 拆下泵盖固定螺钉，取下泵盖。

c. 取下从动轴上的从动齿轮。

d. 用锉刀锉去联轴节套上铆钉头，将铆钉冲出，取下联轴节套。

e. 轻敲主动轴外端，从泵腔侧取出主动轴、主动齿轮和钢丝挡圈，再从主动轴上取下主动齿轮。

f. 拧下泵盖上的限压阀螺塞，取出限压阀柱塞和弹簧。

g. 用汽油将上述零件清洗干净。

② 装配。润滑油泵各零件维修以后清洗干净，按拆卸相反顺序进行装配，装配时应注意检查以下几点：

a. 检查主、从动齿轮与泵盖之间的端面间隙，如图4-3-3所示。所测值加上润滑油泵盖垫片厚度即为齿轮与泵盖间端面间隙，间隙为0.06~0.10mm。如超过规定值范围，可通过增减泵盖下垫片的方法进行调整。

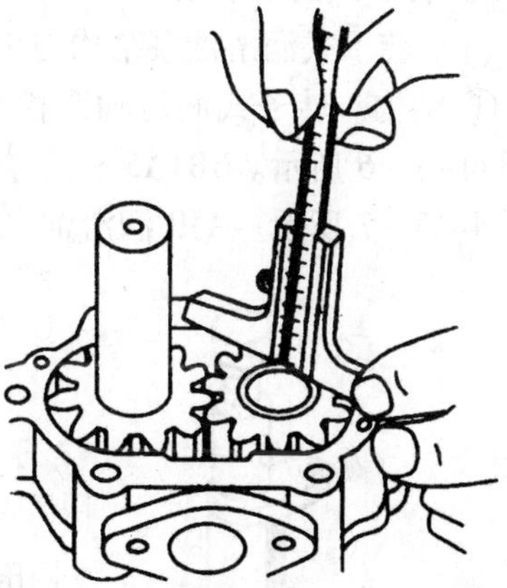

图4-3-3 齿轮式润滑油泵齿轮端面间隙检查

b. 检查主动轴轴向间隙。将主动轴齿轮靠紧齿轮室底部，用合适的厚薄规在联轴节调整垫片处测量，轴向间隙为0.03~0.08mm。装配时注意，此间隙应略小于齿轮端面与泵盖的间隙，以免造成刮伤。

c. 检查齿轮与泵体的间隙即齿顶间隙，如图4-3-4所示。用厚薄规插在齿顶与泵体之间进行测量，间隙为0.082~0.185mm。

d. 检查主、从动齿轮啮合间隙，如图4-3-5所示。用厚薄规在齿轮圆周上互成120°分三等分点测量，啮合间隙一般为0.05~0.25mm，如间隙过大应成对更换齿轮。测量时各测量点齿轮啮合间隙相差不得大于0.10mm。

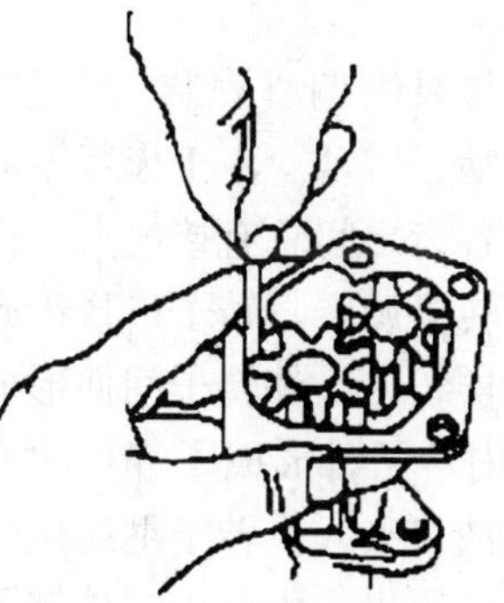

图4-3-4 检查齿轮与泵体的间隙

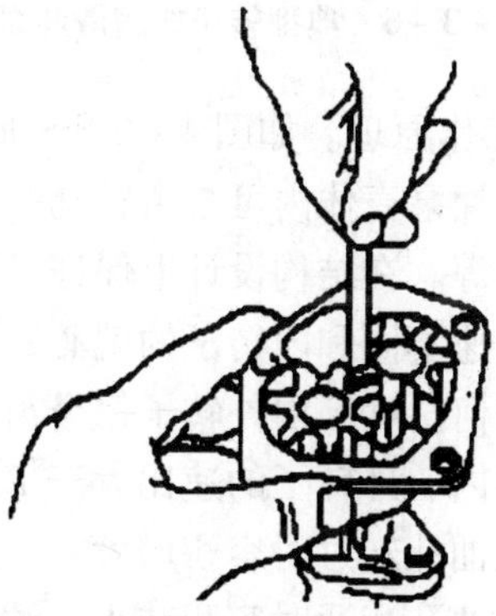

图4-3-5 检查啮合间隙

③ 测试。润滑油泵装复后，经测试合格方可装车使用。测试方法一般有以下两种：

a. 经验试验。用手转动主动轴，应转动灵活并无卡滞现象；将润滑油泵注满干净润滑油后堵住出油口，用手转动主动轴，应有明显的压力感，并有润滑油压出。

b. 试验台测试。若不符合要求，应重新调整限压阀。调整方法是增减限压阀螺塞下面的调整垫片，减少垫片厚度，泵油压力升高，反之，泵油压力下降。也可以在限压阀弹簧座处增减垫片进行调整。调整无效时，应检修限压阀或重新检查齿轮与泵盖等间隙。

2. 转子式润滑油泵

(1) 转子式润滑油泵结构与工作原理

① 结构。转子式润滑油泵由泵体、主动轴、内转子、外转子、泵盖和限压阀等组成，如图 4-3-6 所示。6BTA5.9 发动机润滑油泵及 AJR 发动机润滑油泵均采用转子泵，结构如图 4-3-7 所示。AJR 润滑油泵直接由曲轴前端的链轮通过链条驱动。

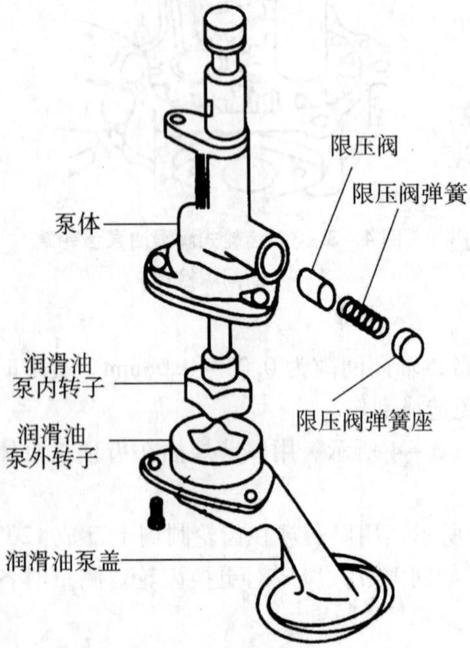

图 4-3-6 典型转子式润滑油泵

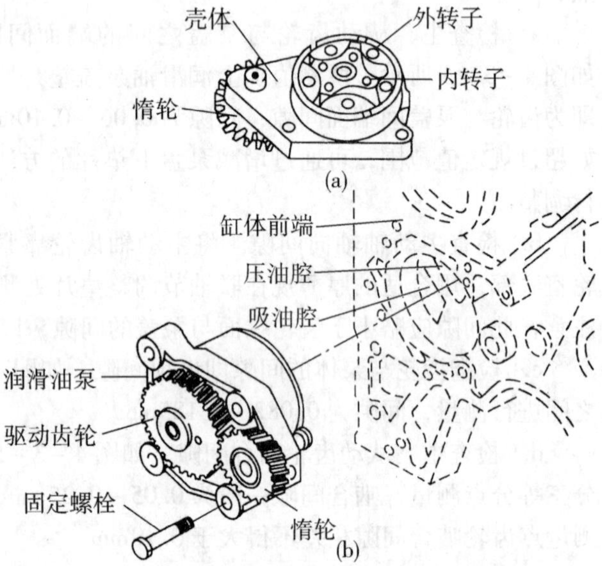

图 4-3-7 6BTA5.9 发动机转子式润滑油泵

② 工作原理。如图 4-3-8 所示，转子泵的内转子与泵壳偏心安装，由主动轴驱动。外转子在油泵壳体内可自由转动，外转子与内转子的轮齿啮合转动。由于齿数不同，内外转子转速不等。在结构设计上保证了内、外转子在任何位置各齿之间总有接触点，由于内、外转子的转速不同和内转子的偏心，当内转子旋转时带动外转子旋转。转子齿形齿廓设计使转子转到任何角度，内外转子每个齿总能互相成点接触。这样，内、外转子间便形成 4 个工作腔。由于内、外转子的速比大于 1，所以外转子总是慢于内转子，形成了容积的变化。某一工作腔从油孔转过时容积增大，产生真空，润滑油便经进油口吸入。转子继续旋转，当该工作腔与出油孔相通时容积减小，油压升高，润滑油经出油孔压出。由于内、外转子之间工作腔的容积大小总在发生变化，便产生了吸油和送油作用。与齿轮式润滑油泵相似，在转子式

润滑油泵上也装有限压阀，以保证稳定的送油压力。AJR 发动机转子润滑油泵内转子为 7 个齿，外转子 6 个齿，内外转子传动比为 7∶6。转子泵具有结构紧凑、吸油真空度较高、体积小和重量轻、流量大、供油均匀，使用已日渐广泛。

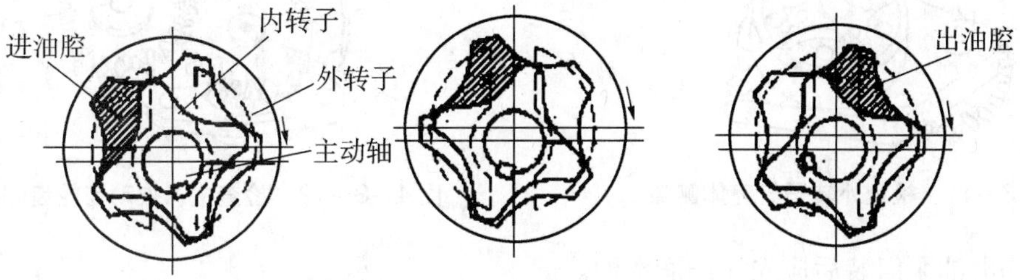

图 4－3－8　转子式润滑油泵工作原理

为使润滑油泵的供油量在任何工作条件下都能大于润滑系需要的循环油量，以保证润滑可靠，一般润滑油泵的实际供油量比润滑系的循环油量大 2～3 倍。润滑油泵供给的多余的油通过润滑系中的限压阀直接流回油底壳。

（2）转子式润滑油泵测试

① 分解与清洗（6BTA5.9 发动机润滑油泵）。

a. 从发动机气缸体上拆下润滑油泵体。

b. 拆下中间隔板，取出外转子。

c. 用压具将内转子轴压出，取下驱动齿轮和转子。

d. 清洗油泵各零件。

② 零件的检测。

a. 检查内、外转子的齿顶间隙。用厚薄规检查内、外转子的齿顶间隙，如图 4－3－9 所示。超过使用极限值应更换转子副。使用极限值为 0.177mm。

b. 检查端面间隙。用厚薄规和平尺检查转子与端盖之间的间隙，如图 4－3－10 所示。超过使用极限值应更换转子副或泵体。使用极限值为 0.127mm。

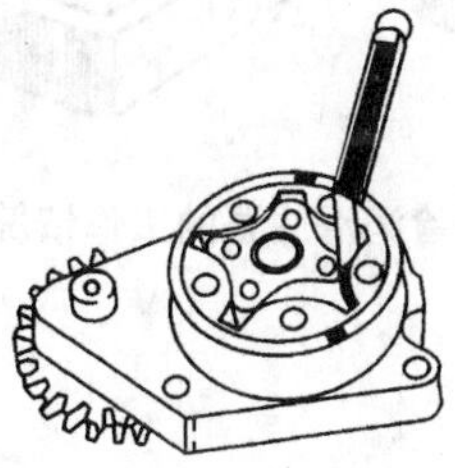

图 4－3－9　检查内、外转子间隙

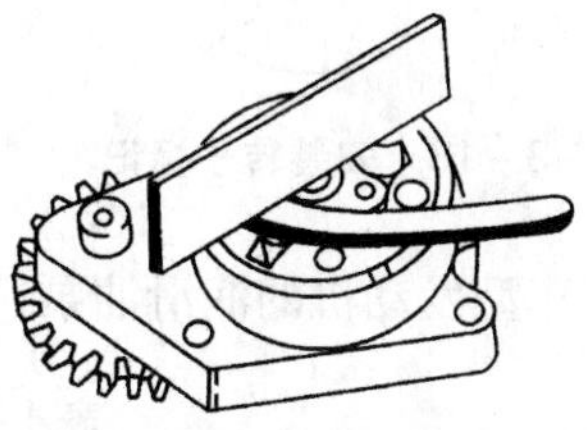

图 4－3－10　检查内、外转子与壳体端隙

c. 检查外转子与泵体之间的间隙。用厚薄规检查外转子与泵体间的间隙，如图 4－3－11 所示。二者的间隙超过使用极限值（最大间隙为 0.381mm）应更换内、外转子副或泵体。如果泵体磨损呈椭圆形，应更换泵体。

d. 主、被动齿轮齿侧隙使用极限为 0.076～0.330 mm，检查方法如图 4－3－12 所示。

③ 装配与测试。润滑油泵装复时应注意：

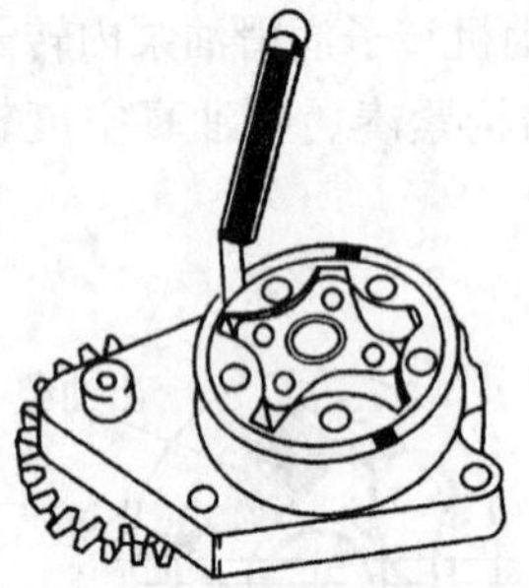

图 4-3-11　检查外转子与壳体侧隙

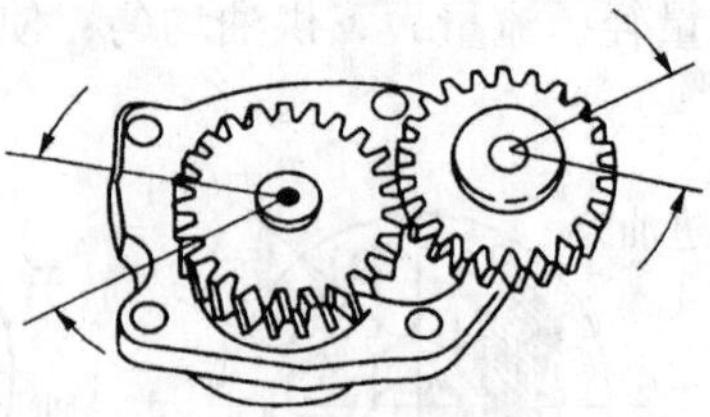

图 4-3-12　检查主、被动齿轮齿侧隙

a. 润滑油泵组装后应先注满润滑油。

b. 润滑油泵安装在气缸体上时，壳体不能与气缸体接触。

c. 润滑油泵惰轮轴定位销应插入气缸体对应的定位孔中。

d. 4 个固定螺栓应对角分数次拧紧，拧紧力矩为 24N · m。

e. 安装内外转子时，应把有标记的一面对着润滑油泵的壳体（朝上），如图 4-3-13 所示。

润滑油泵的检验如图 4-3-14 所示。润滑油泵装复后，将油泵浸入清洁的润滑油盆内，按顺时针方向转动泵轴，直到润滑油从油孔中流出为止。再用拇指堵住出油孔，继续转动泵轴，若泵轴转动阻力增大为正常。

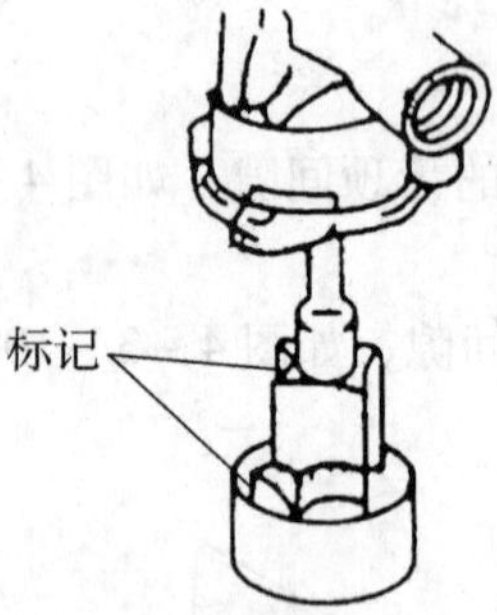

图 4-3-13　安装转子标记

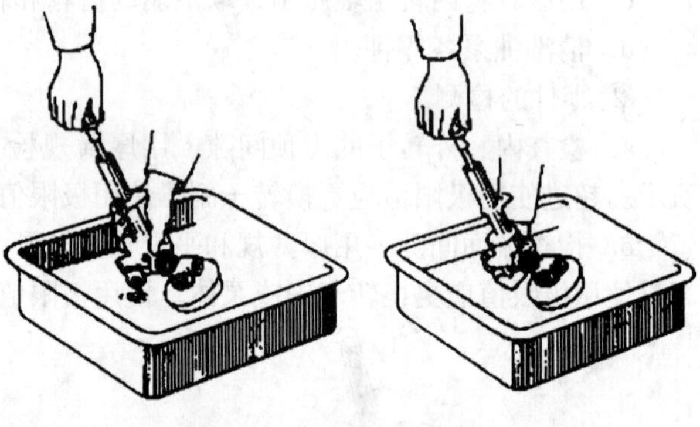

图 4-3-14　检验润滑油泵的工作情况

常见车型发动机的润滑油泵试验数据如表 4-3-1 所示。

表 4-3-1　常见车型机油泵泵油压力

机　型	额定转速（r/min）	压力（kPa）	发动机怠速时压力（kPa）
EQ6100—1	700	≥400～500	≥98
6BTA5.9	3 343	≥207	≥69
AJR	2 000	≥200	≥30

二、润滑油滤清器

润滑油滤清器的功用是滤除润滑油中的金属磨屑及胶质等杂质，保持润滑油的清洁，保持发动机正常工作。

为了保证滤清效果，一般采用多级滤清。常采用集滤器、粗滤器和细滤器，并分别并联或串联在主油道中，与主油道串联的称为全流式滤清器，与主油道并联的称为分流式滤清器。按滤清的方式不同润滑油滤清器分为过滤式滤清器和离心式滤清器两种。过滤式滤清器按滤芯结构的不同又分为金属网式、片状缝隙式、带状缝隙式、锯末滤芯式和复合式等。

1．润滑油集滤器

（1）功用

润滑油集滤器安装在润滑油泵进油口的前面，以防止较大的机械杂质进入润滑油泵，它一般是金属网式的。

（2）结构与工作原理

目前汽车发动机所用的集滤器分为浮式和固定式两种。浮式润滑油集滤器的浮子是空心密封的，以便浮在油面。固定管固定在润滑油泵上，吸油管的一端与浮子焊接，另一端套在固定管中，使浮子能自由地随液面升降。浮子下面装有金属丝滤网，其中间有一圆孔，装配时在滤网的弹性作用下，圆孔紧压在罩上。罩与滤网通过罩上的凸爪扣装在浮子上，润滑油泵工作时，润滑油从罩的缺口与滤网间的狭缝吸入，通过滤网时滤去较大的杂质后被吸入润滑油泵。当滤网被油污淤塞时，润滑油泵所形成的真空度迫使滤网上升使中间圆孔离开罩，润滑油便直接从圆孔进入吸油管，保证润滑油供给不致中断。由于浮式集滤器能浮在油底壳油面上，可以适应汽车行驶中由于颠簸而上下波动的润滑油油面，同时能吸取油面上层较清洁的润滑油。但也存在易将油面上的泡沫吸入油泵，导致润滑油压力降低的缺点。因此，目前很多高速发动机采用了固定式润滑油集滤器。

固定式机油集滤器固定在油面以下，吸入的润滑油清洁度较差，但可防止泡沫吸入，保证润滑系的可靠工作，且结构也较简单。

2．润滑油粗滤器

（1）功用

润滑油粗滤器用来滤去润滑油中粒度较大（直径0.05～0.10mm）以上的杂质。它对润滑油流动的阻力较小，一般串联于润滑油泵与主油道之间，属于全流式滤清器。目前，国产汽车发动机一般采用纸质滤芯。下面以东风EQ6100—1型发动机润滑油粗滤器为例介绍。

（2）拆卸

如图4－3－15所示。

a．拆除螺母，分离上盖、外壳拉杆总成。

b．取出外壳密封圈、滤芯密封圈、润滑油滤芯、拉杆密封圈、压紧弹簧垫圈、滤芯压紧弹簧。

c．分解旁通阀拆下阀座密封垫圈、旁通阀弹簧和钢球。

（3）结构及工作原理

润滑油粗滤器的壳体由上盖和外壳拉杆总成组成。滤芯的内层芯筒由薄铁皮制成，其上

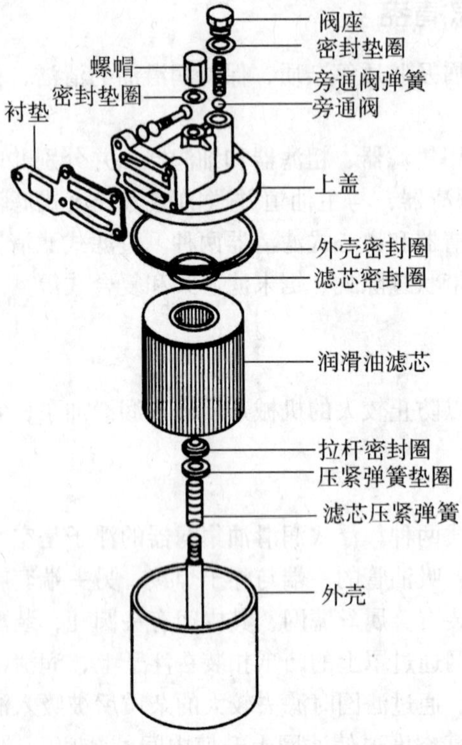

图 4－3－15　EQ6100—1 发动机润滑油粗滤器

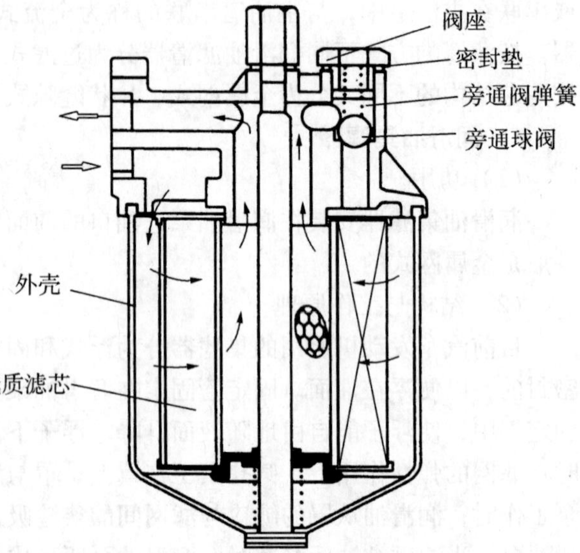

图 4－3－16　纸质润滑油粗滤器

加工有许多圆孔。外层由经过酚醛树脂处理的微孔滤纸折叠而成。滤芯用塑料与上下盖板粘合在一起。滤芯为一次性使用，装合后两端由环形密封圈密封。润滑油由上盖上的下孔流入，通过滤芯滤清后，经上盖上的上孔流入主油道，如图 4－3－16 所示。当滤芯因过脏而堵塞，进出油口压力差达到 0.15～0.18MPa 时，旁通阀打开，润滑油直接进入主油道，保证主油道所需的润滑油量。

（4）装配

装配按拆卸时的相反顺序进行，装配时应注意：

a．装配旁通阀前，应检查旁通阀弹簧张力是否符合要求，旁通阀运动是否灵活。

b．密封圈应完好、无损、未老化。

c．固定螺母拧紧力矩为 30～40N·m。

3．润滑油细滤器

（1）功用

润滑油细滤器用以清除润滑油中直径 0.01～0.03mm 的细小杂质。由于这种滤清器对润滑油的流动阻力较大，因此多采用分流式，即与主油道并联，润滑油细滤器有过滤式和离心式两种类型。

（2）拆卸

以东风 EQ6100—1 型发动机润滑油细滤器（转子式）为例介绍，见图 4－3－17 所示。

① 拧下盖形螺母，取下滤清器外罩、压紧弹簧和止推垫片。

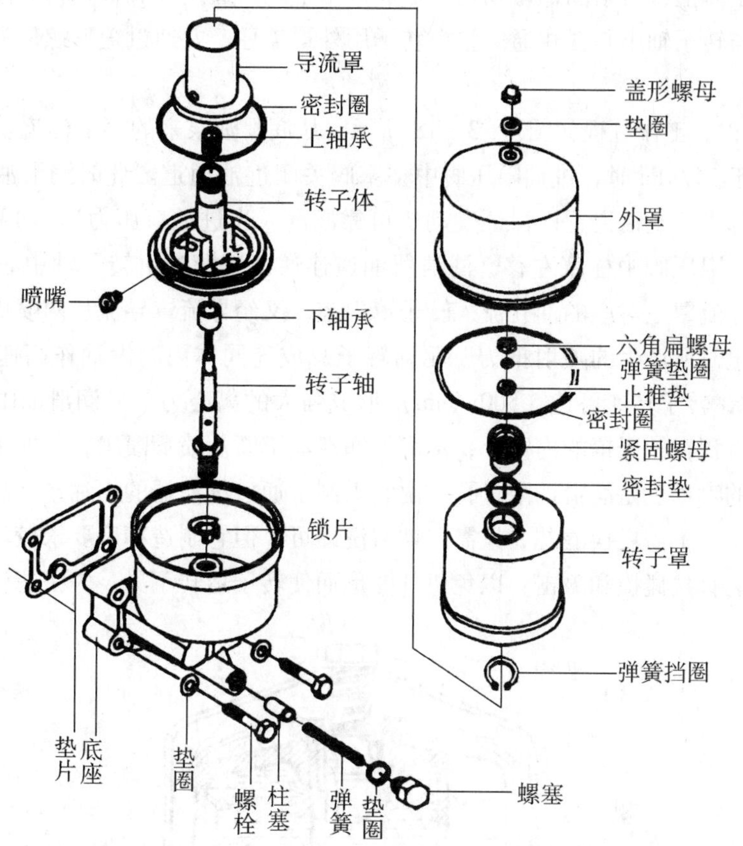

图4－3－17　东风EQ6100—1型发动机润滑油细滤器分解

② 将转子喷嘴转到挡油缺口时，取下转子总成（注意：转子体下面的推力轴承座圈不可丢失）。

③ 拆下转子罩上的紧固螺母，取下转子罩并倒出润滑油。

④ 拆下转子轴及轴承，解体底座。

⑤ 清洗转子罩，用竹片或木板刮去转子罩内壁的油污，清洗干净后晾干。

⑥ 用压缩空气吹通喷嘴和油道，不能用金属丝穿通，以免刮伤喷孔。

（3）结构与工作原理

细滤器对润滑油的流动阻力较大，因此多采用分流式的（与主油道并联），循环过程中只有10%～15%的润滑油通过。由于过滤式滤清器滤芯易堵塞，堵塞后使用效果差，目前应用渐少，而离心式润滑油细滤器较好地解决了滤清能力与通过性的矛盾，因此得到广泛的应用。

① 结构。离心式润滑油滤器由底座、转子总成、转子轴和外罩等部分组成。底座上设有限压阀。带中心孔的转子轴装在底座上，并用锁片锁紧。转子总成通过上下两个转子衬套套在转子轴上，可以自由转动，由扁形螺母作轴向定位，下端装有两个对称布置的喷嘴，导

流罩套装在转子体上，由紧固螺母固定，形成一个空腔，通过导流罩、转子体及转子轴上对应的径向油孔与转子轴中心孔相通。整个转子用外罩盖住，并通过盖形螺母和垫片将其固定在底座上。

② 工作过程。工作过程如图 4－3－18 所示。从润滑油泵来的润滑油流至进油口处，当润滑油压力低于 147kPa 时，进油限压阀中柱塞阀关闭进油通道。此时润滑油不能进入润滑油细滤器，全部供入主油道，以保证发动机可靠润滑。当进油口压力达到 147～196kPa 时，在油压作用下，限压阀中柱塞左移，滤清器油道连通，润滑油由转子轴中心孔向上经转子轴、转子体、导流罩上对应的油孔流入转子罩内腔，又经导流罩导流从两喷嘴喷出。高压润滑油从喷嘴喷出时所产生的喷射推力，驱动转子总成连同体内润滑油作高速旋转（进油压力为 294kPa 时，转子转速可达 5 500r/min）形成强大的离心力，使润滑油中的机械杂质和胶质不断分离沉积在转子罩的内壁上，洁净的润滑油不断从喷嘴喷出，并经出油口流回油底壳。转子体上的喷嘴也是润滑油限量孔，由它限制了通过细滤器的出油量。离心式润滑油细滤器通过能力好，不需更换滤芯，只需定期清洗即可。但它制造精度要求较高，所以使用和维护时注意不能直接碰撞和敲击，以免机件变形而使转子运转不灵，失去滤清能力。

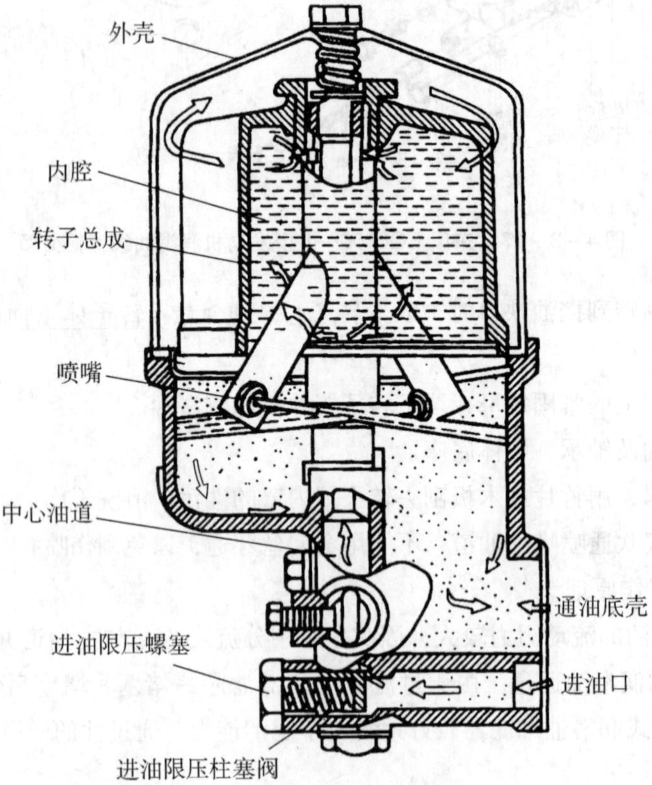

图 4－3－18　离心式润滑油细滤器工作

使用时判别转子是否旋转正常的方法是，观察发动机刚熄火后是否有由于惯性作用仍应有的轻微嗡嗡转动声，否则应予重新调校。

三、润滑油标尺

润滑油标尺用来检查油底壳中润滑油的存量，如图4－3－19所示。它是一根标尺，插在气缸体油平面检查孔内。标尺的一端刻有2/4、、4/4（或min与max）的刻线，润滑油的液面应处于2/4与4/4之间，或处于min与max之间。油面太低，影响润滑效果，甚至引起烧瓦抱轴等，应及时补充；油面过高，将造成发动机运转阻力增加；润滑油激溅加剧，引起发动机烧润滑油、燃烧室积炭等严重后果。发动机润滑油液面应定期进行检查，检查时汽车应停于平坦路面上，发动机熄火后数分钟，让润滑油全部流回油底壳。然后拉出油尺，用干净的布揩净后重新插入，再拉出油尺，液面应在2/4与4/4之间或处于min与max之间。

AJR发动机机油尺如图4－3－20所示。测量润滑油平面时发动机润滑油温度必须高于60℃，润滑油平面不能超过油尺上的a标记位置。

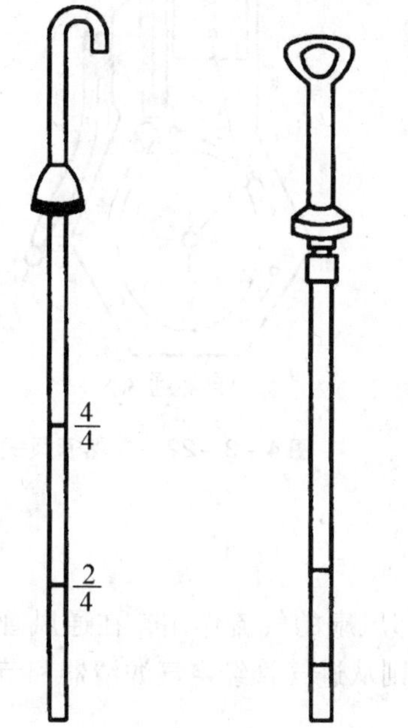

图4－3－19　常见润滑油标尺

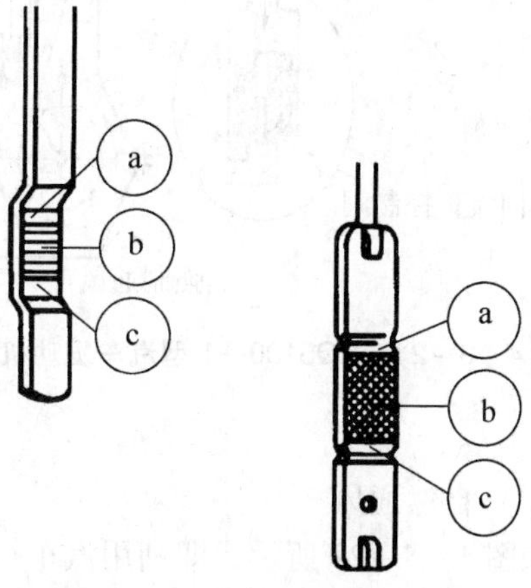

a—不必加润滑油；b—可以加润滑油
c—必须加润滑油

图4－3－20　AJR发动机油尺

四、曲轴箱通风

1．功用

发动机在压缩和做功行程中，部分可燃混合气和废气会窜入曲轴箱。废气的高温、高压和酸性物质及水蒸气将使润滑油变质，曲轴箱内压力、温度升高会使曲轴箱渗漏，因此，必须及时排出曲轴箱或将其吸入气缸中燃烧，否则会使润滑油变质，加速发动机各结合面的漏油。

2. 方式及结构

现代汽车发动机采用强制通风和自然通风两种方式。

（1）强制通风

如图 4－3－21 所示，即利用气缸中的真空度将曲轴箱中的气体强制地吸入气缸。在通风管中装有流量控制阀（PCV 阀），作用是防止发动机怠速时过多的气体流入气缸，造成怠速不稳或熄火。PCV 阀的工作原理是当怠速时，气缸中的真空度将单向阀吸压在阀座上，此时，曲轴箱中的气体仅能从阀上的中心孔吸入气缸，吸入的气体量较少。当节气门开度加大时，进气管内真空度减小，阀门在弹簧作用下开度随之增大，曲轴箱的通气量增加。

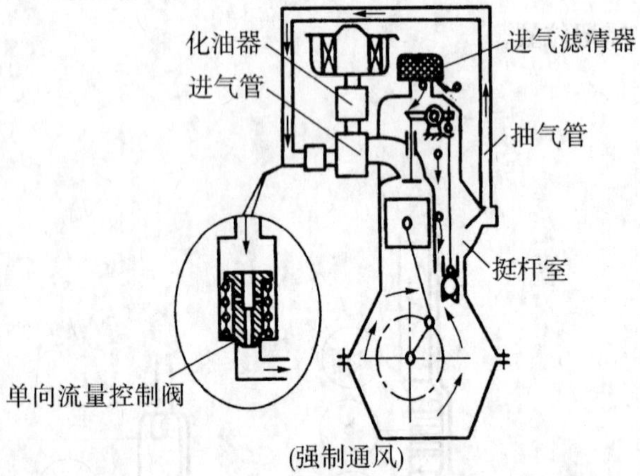

图 4－3－21　EQ6100—1 型汽车发动机曲轴箱通风装置

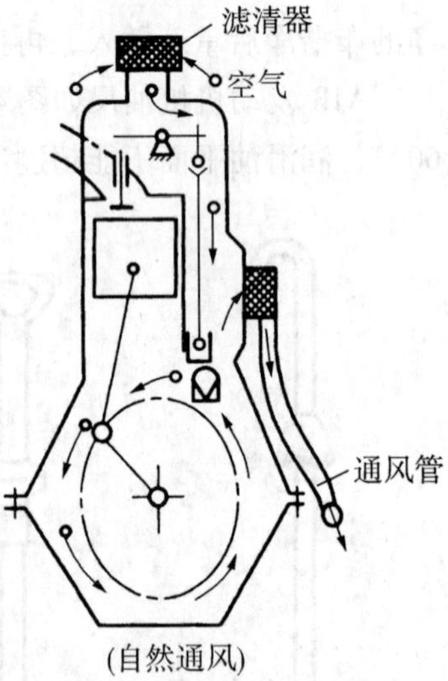

图 4－3－22　自然通风式装置

（2）自然通风

如图 4－3－22 所示，即利用汽车行驶时的气流及冷却风扇的气流作用，在通风管出口处形成一定的真空度，将曲轴箱内的气体抽出，新鲜空气则从进气管经空气滤清器和节流阀总成进入曲轴箱。

第5章 发动机冷却系结构与装调

发动机冷却系的功用是对工作中的发动机进行适度冷却，以保证发动机在正常工作温度下持续运行。发动机的冷却必须适度。若冷却不足，一方面会造成运动件可能因热膨胀而破坏正常配合间隙，润滑油因受热而失效，各机件也可能因高温致使其机械强度下降；若冷却过度，热量散失过多，发动机经济性、动力性下降，润滑油温度下降，黏度加大，运动件间的摩擦阻力大，使磨损加剧。

第1节 概 述

一、发动机冷却系功用与组成

1. 发动机冷却系功用

保证发动机在最适宜的温度下工作，以保证工作可靠耐久及得到良好的动力性和经济性。

2. 发动机冷却系基本形式

（1）风冷系统

发动机中使高温零件的热量直接散发到大气中而进行冷却的一系列装置。

（2）水冷系统

发动机中使高温零件的热量先传导给水，然后再散入大气中而进行冷却的一系列装置。

3. 发动机正常工作温度

水冷却系是通过冷却水将发动机高温零件的热量带走，从而保证发动机在适合温度范围内工作。采用水冷却系统的发动机冷却液工作温度一般为80~105℃：EQ6100-1发动机为80~85℃；EQ6BTA5.9发动机为88℃；AJR发动机为93~105℃。要求冷却系进行强制冷却，但冷却不能过度。

4. 水冷却系组成

水冷却系主要由水泵、散热器、节温器、风扇、风扇控制机构、百叶窗、水套、补偿水桶（即膨胀水箱）、水温表及水温警报装置等组成。车型不同，发动机冷却系组成、冷却水循环路线也有所不同。图5-1-1所示为典型的水冷系统的组成。

二、冷却系工作原理

通过利用水泵强制性地将冷却水压力提高，使冷却水在发动机整个冷却系中不断地循环流动，水泵从散热器内吸入低温水，并使其产生一定压力后，通过管道输送到气缸体和气缸盖的冷却水套，冷却水吸收热量后又流回散热器，通过空气从前向后高速流过散热器或风扇的强力抽吸，或不断地将流经散热器热水的热量散发到大气中，冷却了的水流到散热器底部后，又在水泵的作用下再流回水套中，如此不断循环，发动机就不断地得到冷却。

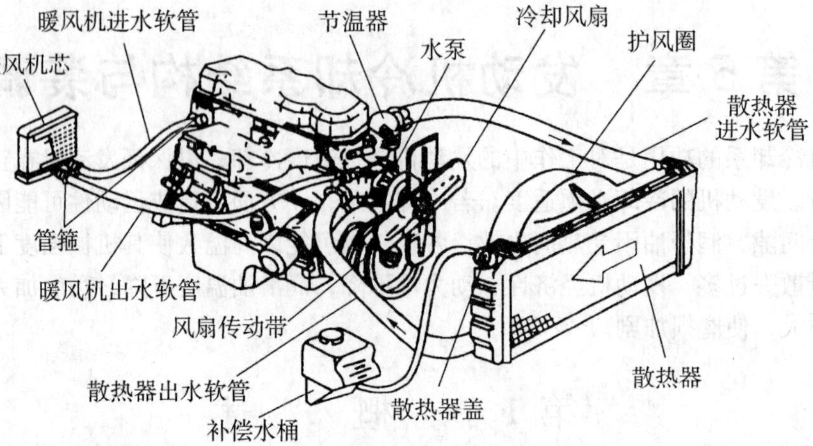

图 5-1-1　汽车发动机水冷系统组成

冷却系一般按高温气候条件下额定功率工况设计。为保证发动机在最适宜的温度范围内工作，冷却系统应包括有在发动机温升期间使其不进行正常冷却的装置，如节温器、百叶窗。

图 5-1-2 为 AJR 发动机冷却系冷却水路及大小循环水路示意。

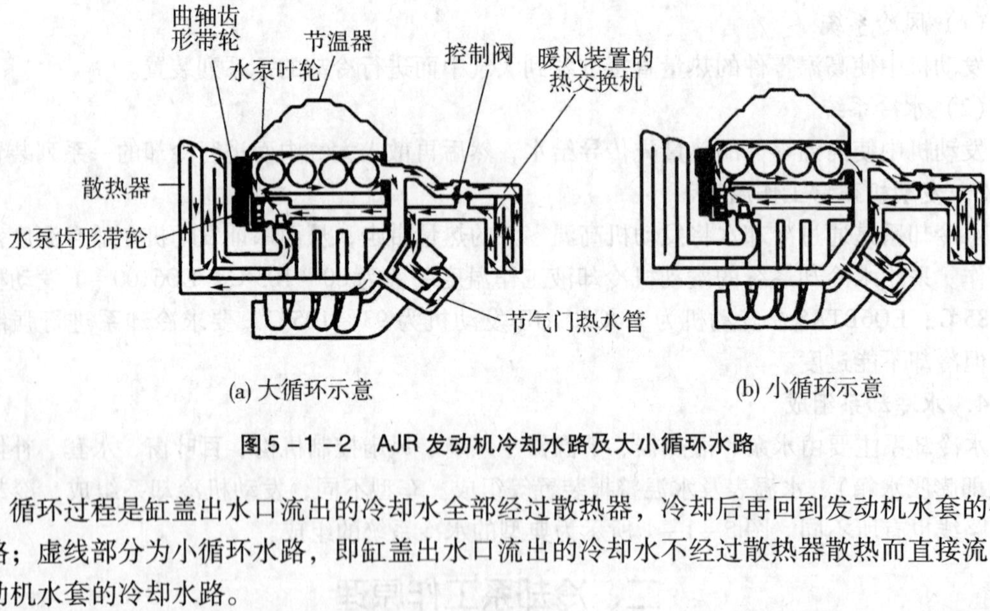

(a) 大循环示意　　(b) 小循环示意

图 5-1-2　AJR 发动机冷却水路及大小循环水路

循环过程是缸盖出水口流出的冷却水全部经过散热器，冷却后再回到发动机水套的冷却水路；虚线部分为小循环水路，即缸盖出水口流出的冷却水不经过散热器散热而直接流回到发动机水套的冷却水路。

AJR 型发动机冷却系小循环是常开的，即水温达到 105℃时，节温器阀门全开，但仍然小循环流动。采用两个轴流风扇，分别由两个独立的电动机驱动。风扇叶片数为 9 片（外缘有一个圆环将这 9 片叶片连在一起）。风扇电动机的工作时刻和转速由位于散热器上的热敏开关控制，只有当发动机温度达到一定数值后或空调压缩机工作时，风扇才以一定挡位的速度工作；当发动机温度下降时，热敏开关自动断开，冷却风扇停转。空调压缩机工作时，风扇常转。

当发动机水温介于 83 ~ 95℃时，节温器主、副阀门均处于半开状态，冷却液的大、小循环同时进行。

装有此发动机的汽车不能使用普通水作为冷却液，必须使用防冻液，因为水加热生成的水垢会使导热率变差，沉积在水套壁上的水垢会使发动机冷却系统的导热性能降低。水垢堵塞气缸垫上的节流孔以后，会破坏合理的水流，从而带来各种故障。另外，为了提高进入发动机气缸内的空气密度，本机装置了中冷器。

第 2 节　主要零部件

一、散　热　器

1. 散热器（水箱）构造

（1）散热器功用

将冷却水的热量通过风扇产生的流动空气进行散发，使冷却水迅速得到冷却，以保持发动机工作的水温正常。

（2）散热器分类

① 按散热器冷却管布置形式分类。

a. 单列冷却管。

b. 双列冷却管（结构如图 5 – 2 – 1 所示）。

c. 三列冷却管。

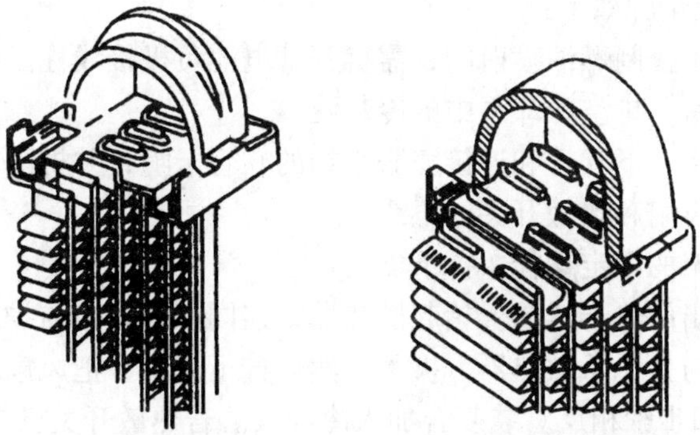

(a) 单列冷却管　　(b) 双列冷却管

图 5 – 2 – 1　单列冷却管与双列冷却管

双列冷却管散热器结构相对简单，冷却效果好，所以在轿车上获得了广泛的应用。

② 按散热器的水流方向不同分类（结构如图 5 – 2 – 2 所示）。

a. 下流式散热器。下流式散热器芯竖直布置，冷却液自上而下经过散热器芯。

b. 横流式散热器。横流式散热器芯横向布置，左右两端分别为进、出水室，冷却液横向流过散热器芯，大多数新型轿车采用这种结构以降低发动机舱盖高度。

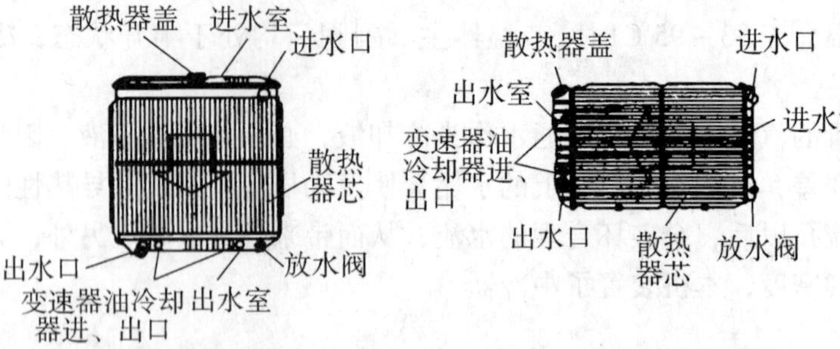

(a) 下流式散热器　　(b) 横流式散热器

图 5－2－2　散热器结构形式

③ 按散热器芯结构不同分。

a. 为管片式。

b. 管带式。

c. 板式。

（3）散热器结构

散热器结构如图 5－2－3 所示，主要组成部分为上贮水室、下贮水室和散热器芯。上贮水室顶部有加水口，平时用散热器盖盖住，冷却水由此注入整个冷却系。在上下贮水室上分别装有进水软管和出水软管，它们分别与发动机缸盖上出水管和水泵的进水管相连接。气缸盖出水管流出的高温热水经过散热器进水软管进入上贮水室，经冷却管得到冷却后流入下贮水室，从散热器出水软管流出被吸入水泵。在下水室底部一般还装有放水阀。

（4）散热器拆装

散热器的拆卸一般步骤如下：

① 发动机采用电子控制燃油喷射的，需拆开蓄电池负极接线柱。

② 等发动机冷却后，排空冷却系中的冷却液。

③ 松开散热器的上、下软管和连接膨胀水箱的软管卡箍，并拆下软管。

④ 拆开电动冷却风扇和热敏开关的电线。

⑤ 拧下下支点支架的固定螺栓，拆下支架。

⑥ 从上支座中卸出散热器，向上抬起散热器，连同冷却风扇与护罩一起抬出发动机舱。

⑦ 必要时把风扇与护罩从散热器上拆下，然后拧下螺母，把风扇和电动机与护罩分开。

安装散热器与拆卸步骤相反。装复合加入冷却液。若热敏开关已拆下，装回时要换新的密封衬垫。

冷却系中的散热器盖对冷却系有着密封加压作用。严格地说，轿车发动机的冷却系是一个密封加压式的冷却循环系统，可将冷却液的沸点温度提高到 120℃左右，同时也可防止冷却液的蒸发。目前，汽车多采用封闭式水冷系的散热器盖，结构及工作原理如图 5－2－4 所示。它有两个自动阀门，即空气阀和蒸汽阀。发动机热状态正常时阀门关闭，将冷却水与大气隔开，防止水蒸气逸出，使冷却系内压力稍高于大气压力，从而可增高冷却水的沸点。在冷却系内压力过高或过低时，自动阀门开启使冷却系与大气相通。

（5）膨胀水箱（冷却水桶）

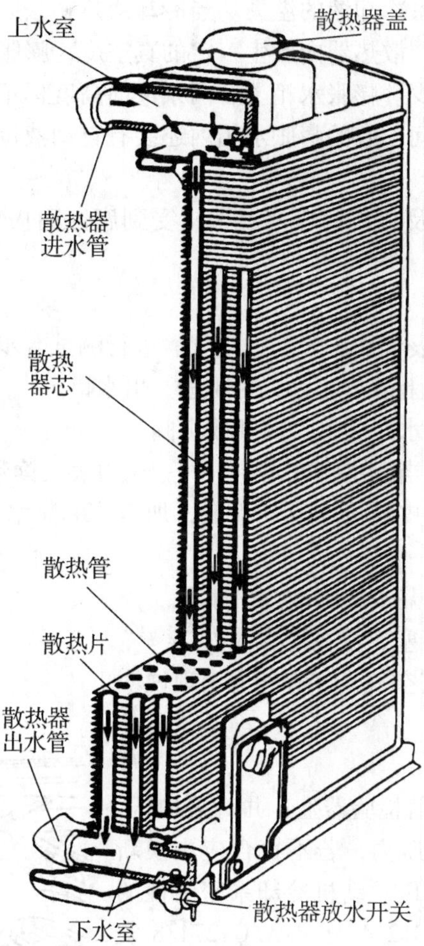

图 5-2-3　散热器结构

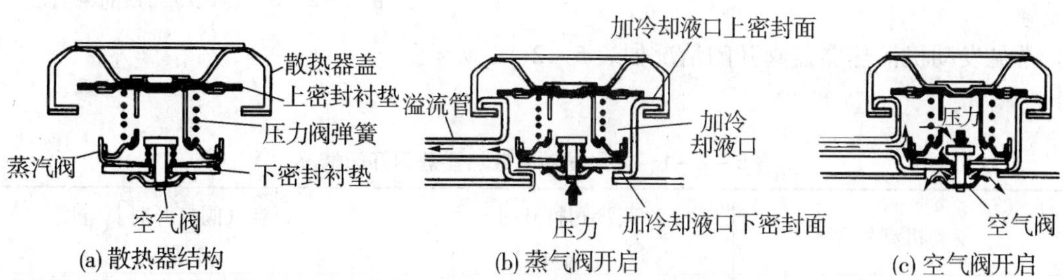

图 5-2-4　散热器盖结构及其工作原理

膨胀水箱的主要功能是给冷却液提供一个膨胀空间。在冷却系中，当冷却液热膨胀后的体积超过冷却系统容积时，就会压缩原积滞在系统内的空气，这部分空气随着热负荷的增加会进一步地膨胀，使系统压力升高。整个系统的压力越高，系统的密封就越困难。膨胀水箱内提供的膨胀空间，将起到释压、稳定整个系统内压力的作用。

膨胀水箱还可减少冷却系冷却液的溢失。当冷却液热膨胀后，散热器内多余的冷却液流入膨胀水箱；当温度降低后，散热器内产生一定的真空度，膨胀水箱中的冷却液又被吸回散热器内，因此冷却液损失很少。膨胀水箱上有两条液面高度标记线 DI 和 GAO 或 max 和 min 标记，液面高度应在两者之间。有的膨胀水箱内还装有自动液位报警装置。

2. 散热器测试

散热器经常因受到震动及碰伤而破漏、铜皮受到腐蚀而损坏、内部沉积水垢或外表脏污，都会影响散热性能。

（1）散热器渗漏测试

散热器的渗漏可用气压表、橡皮管和橡皮气囊进行测试。步骤如下：

① 将散热器注满水，盖上散热器盖，封闭进、出水口。

② 将试验器水管接至放水开关上，旋开放水阀。

③ 捏动橡皮气囊加压，当泄水管放出空气时，压力表上读数应为 27～37kPa。

④ 关闭放水开关，将橡皮管接在泄气管上，加至 50kPa 水压，检查散热器有无渗漏现象。

⑤ 清除水垢后，散热器漏水的测试方法如下：

a. 将散热器进出水孔堵塞，放在清水池内。

b. 向散热器内注入压缩空气，如有气泡出现说明有漏水的部位。

（2）散热器盖测试

将散热器盖装在散热器盖检验器上，并对盖加压，检查密封性能及阀门的开闭压力，若不符合应更换新件。如图 5－2－5 所示为 AJR 发动机冷却系密封性的检查。将压力测试仪 V. A. G1274 及 V. A. G1274/8 安装到膨胀箱上，使用手动真空泵产生约 200kPa 的气压（表压），如果压力迅速下降，则找出泄漏的位置并排除故障。

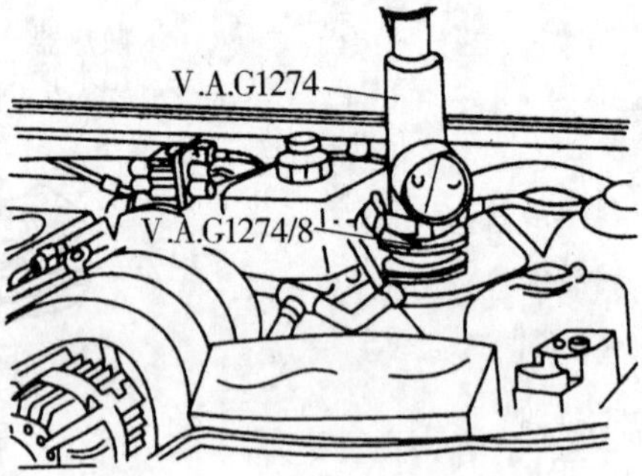

图 5－2－5　测试冷却系的密封度

常见发动机散热器盖阀开闭情况如表 5－2－1 所示。

表 5－2－1　常见发动机散热器盖阀开闭情况

发动机型号	蒸汽阀打开时压力（kPa）	空气阀打开时真空度（kPa）
EQ6100—1 发动机	24.5～37.3	0.98～11.8
6BTA5.9 发动机	104℃时 103 99℃时 48	
AJR 发动机	120～150	10

二、水　泵

1. 水泵构造

（1）水泵功用。水泵的功用是对冷却水加压，使水在冷却系中强制循环流动。目前绝大多数汽车发动机使用离心式水泵。

（2）水泵工作原理

当水泵工作时，水泵中的水被叶轮带动一起旋转，水在自身的离心力作用下，从叶轮的边缘被甩出，然后经外壳上与叶轮成切线方向的出水管被压送到发动机水套内。与此同时，叶轮中心处压力降低，散热器的水便经进水管被吸进叶轮中心处。

离心式水泵被广泛采用，是因为结构简单、尺寸小、排量大，并当水泵由于故障而停止工作时，不妨碍水在冷却系内的自然循环（水泵两侧的进、出水道仍相通）。

（3）水泵拆卸

以 EQ6100—1 发动机水泵为例。

a. 松开水泵固定螺栓，取下泵盖及衬垫。

b. 松开水泵叶轮固定螺栓，取出水泵叶轮。

c. 取出水封密封垫圈及水封总成。

d. 拆下水泵轴前端开口销，拧松固定螺母；拆下风扇总成固定螺栓，取下风扇皮带轮。

e. 旋下泵轴前端固定螺母，取出皮带轮轮毂。

f. 退出开槽锥端螺钉，压出水泵轴及轴承总成。

g. 用专用拉器或冲头，将轴承从泵轴上压出或冲出。

h. 清洗分解后的全部零件。

分解后的 EQ6100—1 发动机水泵如图 5－2－6 所示。

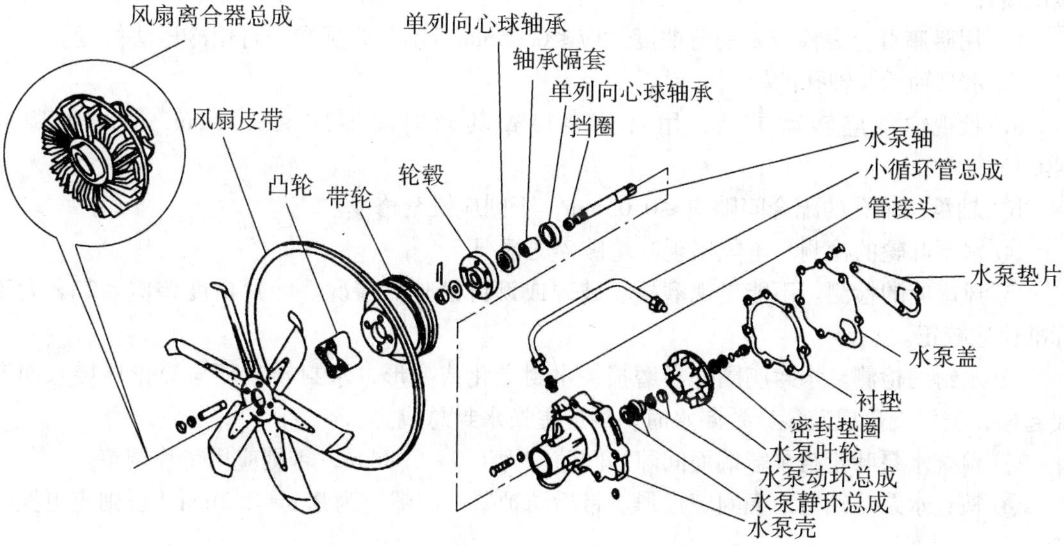

图 5－2－6　EQ6100—1 发动机水泵分解

装复时按上述相反顺序进行。为了安装顺利，需要将水泵壳体加热到85℃左右，用专用工具安装轴承、叶轮、密封组件和皮带轮。组装完成后，确认水泵叶轮转动灵活、无松旷和卡滞现象，并加注润滑脂。

2. 水泵检测

水泵常见的损伤有水泵壳体渗漏、破裂或变形，水泵叶轮破裂，水封损坏，水泵轴与轴承磨损，以及轴承座孔磨损。

（1）拆卸分解

① 松开水泵盖的固定螺栓，取下泵盖和衬垫。

② 拧下水泵叶轮的固定螺栓，用专用拉具拉出水泵叶轮，取出水封密封圈和水封总成。

③ 拆除风扇总成及皮带轮，拆卸水泵轴前端开口销，松开固定螺母，取下皮带轮轮毂、半圆键，取出轴承挡圈。

④ 退出开槽锥端螺钉，压出水泵轴及内外轴承和隔套。

⑤ 用专用拉器或冲头，将轴承从泵轴上压出或冲出。

（2）检测

① 壳体的检测。

a. 检视壳体及皮带轮是否出现裂纹，如出现裂纹侧更换新件。

b. 检查各螺孔螺纹损坏情况，一般应≤2 牙。如有损坏，可用扩孔攻出螺纹或填焊后重新攻出螺纹的方法修复。

c. 检查壳体与盖板结合的平面度误差，应≤0.15mm，不符合要求则应修平。但车削总厚度应≤0.50mm。在装配时，根据车削厚度加厚水泵盖衬垫。

② 水泵轴的检测。

a. 检视水泵轴有否磨损，水泵轴与轴承内径的配合间隙应≤0.03mm，如超过规定，应换用新件。

b. 用磁座百分表检查轴的弯曲度，应≤0.05mm，不符合标准，可用冷压法修复。

③ 水泵轴承及轴孔的检测。

a. 检视轴承应转动灵活，用百分表检查其轴向间隙应≤0.30mm，径向间隙应≤0.15mm。

b. 轴承与轴孔的配合间隙应≤0.03mm，否则应镶套修复。

④ 水泵叶轮的检测。不能出现叶轮破碎的情况。

⑤ 风扇叶的检测。不能出现磨损、破碎或铆钉松旷的情况。叶片角度差应≤2°。大于标准值应校正。

⑥ 水封的检测。水封座圈外径磨损，水封老化或变形，水封转动环与静止环接触面磨损起槽，表面剥落或破裂导致漏水时，均应更换水封总成。

⑦ 检查水泵叶轮与泵盖端面间隙。间隙应为1.0~1.8mm，否则应用垫片调整。

⑧ 检查水泵叶轮与泵壳间隙齿形皮带后防护罩。间隙应为0.8~2.2mm，否则应更换叶轮。

3. 水泵装复

① 按拆卸相反次序进行装复，装复时**注意**：水封应卡入叶轮角前端凹槽内，以防止压坏

水封。用手钳将水泵轴挡圈装上水泵轴，依次把内轴承、隔套和外轴承压装入水泵轴上，利用压床压入。

② 装复后应检查叶轮轮片与壳体的间隙，应为0.70～1.70mm，叶轮外沿与壳体内壁间隙为0.45～1.08mm，叶轮与盖板之间间隙为1.30～2.60mm，可通过增减垫片进行调整。

③ 修复后的水泵应转动灵活和无卡滞现象，在试验台测试泵水流量和扬程应符合要求。

4. 水泵装复后的调试

水泵装复后应进行性能测试，测试方法一般有两种：

（1）经验法测试

① 用手转动皮带轮，泵轴转动应自如，叶轮与泵壳应无碰擦感觉。

② 用手转动皮带轮，测试径向间隙，应无松旷感觉；前后拉动皮带轮，测试轴向间隙，允许稍有松动为宜。

③ 堵住水泵进水孔，将水灌入水泵腔中，转动水泵轴，泄水孔无漏水现象。

（2）试验台测试

具体试验数据见表5－2－2。

表5－2－2 几种常见发动机水泵试验数据

发动机型号	流量	扬程
6BTA5.9	转速在5150r/min时，≥216L/min	≥19.5m
CA6102	转速在2000r/min时，≥140L/min	≥5m
	转速在3300r/min时，≥240L/min	≥7m

三、风扇

1. 风扇的功用

风扇的功用是促进散热器的通风，提高散热器的热交换能力。如图5－2－7所示，风扇通常安装在散热器后面，位置会尽可能布置在对准散热器芯的中心。风扇工作时空气沿着风扇旋转轴的轴线方向流动。

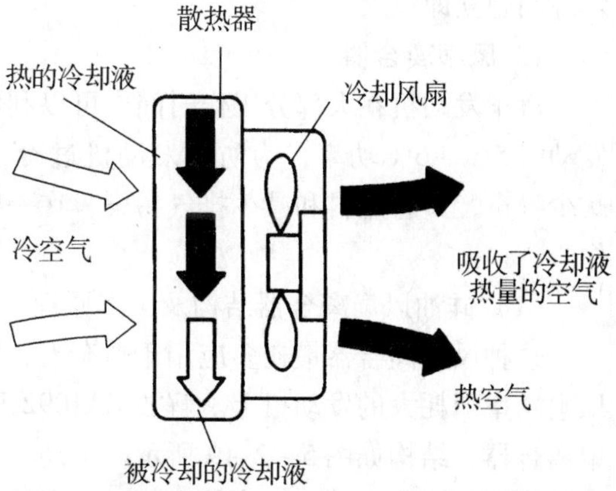

图5－2－7 风扇的作用

2. 风扇结构

风扇由叶片和连接板组成，如图5－2－8冷空气所示。风扇的扇风量主要与风扇的直径、转速、叶片形状、叶片扭转角及叶片数目有关。水冷发动机大多数采用螺旋桨式风扇，其叶片多用薄钢板冲压制成，横断面多为弧形，也有用塑料或铝合金铸成翼型断面。风扇叶片的数量通常为4～9片，叶片之间的夹角一般不相等，以减少叶片旋转时的振动和噪声。

为了提高风扇的效率，可以在风扇外围装设一个导风罩，使通过散热器芯的气流分布得更均匀，减少空气回流现象。

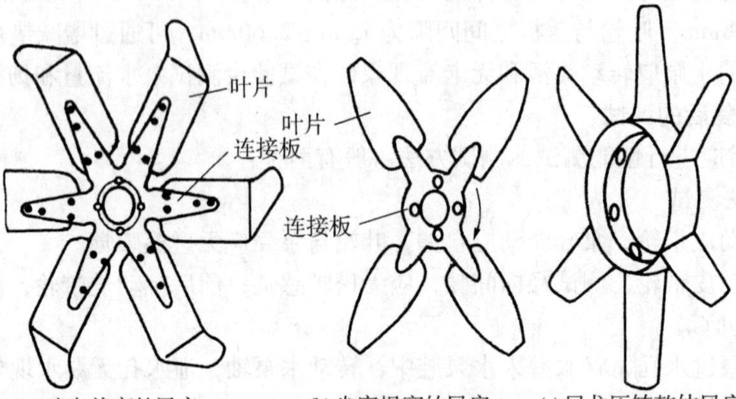

(a)叶尖前弯的风扇　(b)尖窄根宽的风扇　(c)尼龙压铸整体风扇

图5-2-8　风扇结构及形式

3. 风扇皮带张紧装置

风扇常和发电机一起由曲轴皮带轮通过传动皮带驱动。发电机的支架通常做成可移动式，以便调节皮带的张紧度。皮带过松，会引起打滑，使风扇的风量减少、发动机过热，发电机发电量减小；皮带过紧，会增加水泵及发电机轴、轴承的磨损。因此皮带必须保持一定的张紧度，一般用大拇指以一定的力（如 EQ6100—1 型发动机为 30～50N），按下皮带时产生 10～15mm 的挠度为宜。

现代汽车发动机传动皮带常采用张紧轮进行张紧。如 6BTA5.9 发动机风扇皮带的松紧度采用弹性张紧轮自动调节的方式。传动带不能有裂纹，碎边等现象，使用中应及时检查，发现问题立即更换。

4. 风扇离合器

汽车发动机在大部分工作时间中可以利用迎面风冷却而不需要用风扇。风扇一般要消耗发动机 5%～6% 功率，为防止发动机过冷，缩短热起动时间，减少磨损，降低功率消耗，减少噪声，节省燃料和减少排气污染，在一些汽车发动机上采用风扇离合器来控制风扇的工作。

（1）硅油风扇离合器结构及工作原理

这种风扇离合器最初多应用于轿车上，因具有明显节省燃油的优点，目前也普遍地用在风扇功率消耗大的发动机上。解放 CA1092 型和东风 EQ1092 型汽车发动机均装用了硅油风扇离合器，结构如图 5-2-9 所示。主动板铆接在主动轴的端部，主动轴与水泵轴联接。从动板借螺钉固定于前盖和壳体之间，三者联成一体，靠轴承支承在主动轴上。风扇则安装在壳体上。从动板与壳体之间的空腔为工作腔，腔壁与主动板之间有一定的间隙。密封毛毡圈防止油液漏出。从动板与前盖之间的空间为贮油腔，其中装有硅油，油面低于轴心线，加入的总硅油量为 17mL。从动板上有一进油孔，平时由阀片关闭。将阀片转动一定角度，进油孔即打开。阀片的转动靠离合器前端的螺旋状双金属感温器控制，感温器外端固定在前盖上，内端卡在阀片轴前端的槽内。从动板外缘有一回油孔。

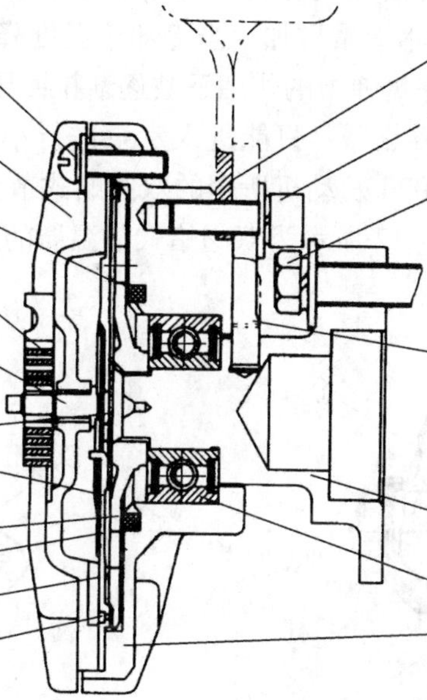

图5-2-9　硅油风扇离合器

当发动机负荷下降，吹向感温器的气流温度低于35℃时，阀片将进油孔关闭，工作腔内油液继续从回油孔甩入贮油腔，直至甩空为止，此时风扇离合器又回到分离状态。为加速回油，缩短风扇离合器脱开时间，在回油孔的边缘逆着旋转方向加工出一个刮油突起。

为了防止温度过低时双金属感温器使阀片反向转动而打开进油孔，在从动板上加工出一个凸台作为阀片的反向定位。从动板中心处还开有一个直径大于阀片轴孔的漏油孔，以防止停车后，风扇离合器处于静态时从阀片轴周围泄漏硅油。

当硅油风扇离合器失灵时，可旋松圆柱头内六角螺钉，将锁止板从假想线所示位置移至实线所示位置，使锁止板端部的指销插入主动轴的孔中，再拧紧圆柱头内六角螺钉，使风扇离合器的壳体、风扇与主动轴连成一个整体。

（2）硅油风扇离合器测试

检测壳体及前盖有无裂纹、变形，主动板和从动板有无挠曲变形。主动轴轴颈磨损、球阀磨损、轴承损坏等均应换用新件。检查双金属片感温器，在65℃左右应受热变形，当温度降至45℃时，就不发生变形，否则应换用新感温器。

四、节　温　器

1．节温器构造

（1）节温器功用

节温器功用是随发动机冷却系水温变化自动地控制通过散热器冷却水的流量，使发动机工作在正常的温度范围内。目前汽车上广泛采用蜡式节温器（分单阀式和双阀式两种）。

（2）节温器工作原理

利用石蜡受热体积急剧膨胀的特点，在冷却液升温时石蜡熔化，体积急剧膨胀，压缩胶管，迫使推杆运动。由于推杆固定在阀座上，反作用力推动感应体总成打开主阀门（同时使副阀门关闭），进行大循环的水流量增加。当冷却液温度降低，石蜡降温，体积收缩，在弹簧的推动下，感应体总成在弹簧弹力的作用下被逐渐拉回原位，主阀门逐渐关闭而副阀门则逐渐打开。冷却液不能进入散热器，只能进入水泵进行小循环，故冷却系的冷却能力较小。如图5－2－10所示为EQ1090发动机所用的双阀蜡式节温器。图5－2－11所示为单阀蜡式节温器的外形图。图5－2－12所示为双阀蜡式节温器的工作原理示意图。

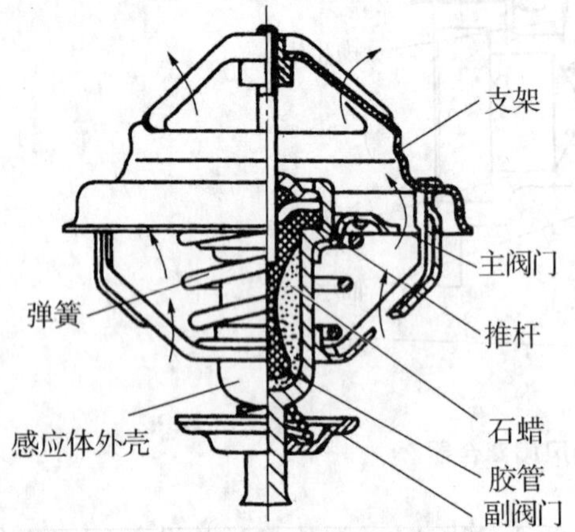

图5－2－10　EQ1090发动机双阀蜡式节温器

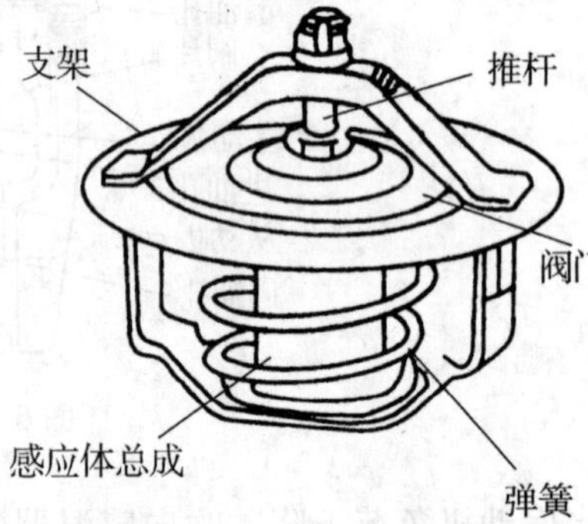

图5－2－11　单阀蜡式节温器

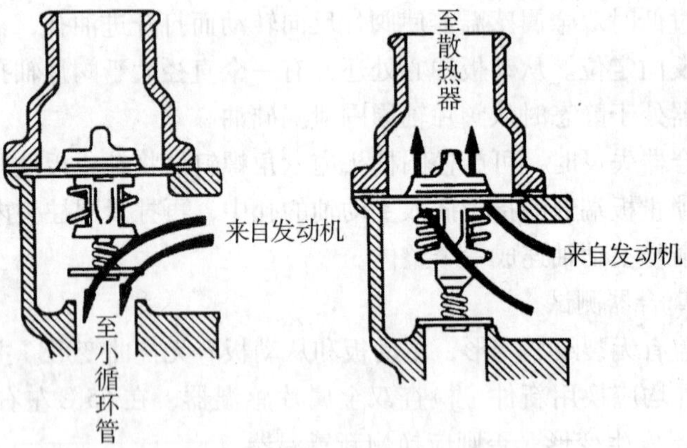

图5－2－12　双蜡式节温器工作原理

（3）节温器的结构

① AJR发动机节温器。采用单阀蜡式节温器。安装位置如图5－2－13所示。工作原理如图5－2－14所示。水温低时（＜87℃），阀门关闭，冷却水只做小循环；水温高时（＞87℃），阀门逐渐打开，进行大循环，冷却水逐渐增大，水温达到105℃时，主阀门全开。

a. 拆卸。

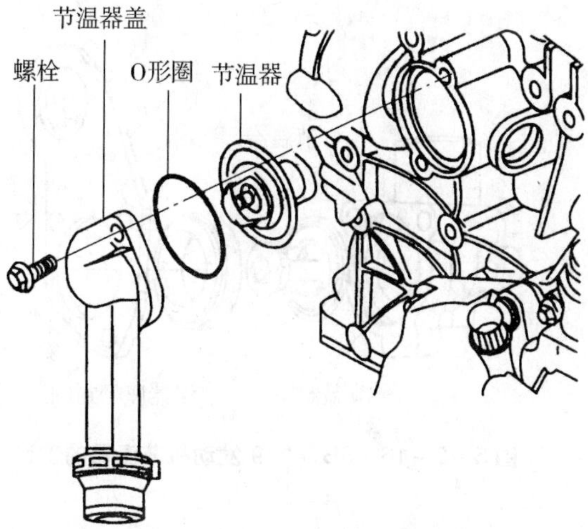

图 5-2-13　AJR 发动机节温器的安装

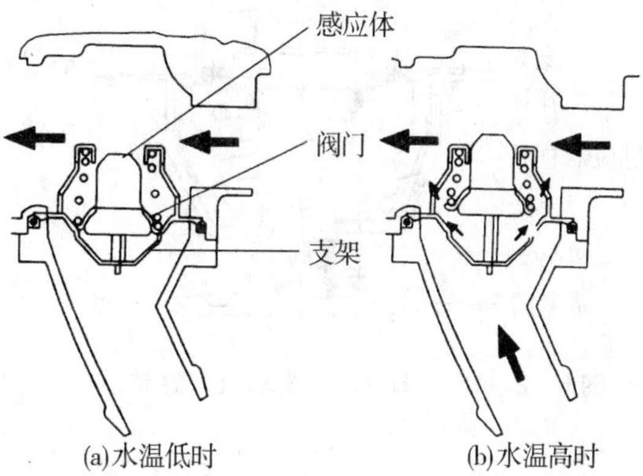

图 5-2-14　AJR 发动机节温器的工作原理

◆ 在点火开关切断的情况下拆下蓄电池接地线。

◆ 排放冷却液。

◆ 拆卸驱动皮带。

◆ 拆下发电机。

◆ 拆下冷却液管。

◆ 松开螺栓取出节温器盖、O 形圈和节温器。

b. 安装

◆ 清洁 O 形圈的密封表面。

◆ 安装节温器（节温器的感温部分必须在缸体内）。

◆ 用冷却液浸湿新的 O 形圈。

◆ 安装 O 形圈、节温器盖，拧紧螺栓。

◆ 安装发电机。

◆ 加注新冷却液。

② 6BTA5.9 发动机节温器。6BTA5.9 发动机节温器结构如图 5-2-15 所示。

当发动机开始运行时，冷却液温度较低（<83℃），节温器主阀门关闭，缸盖出水口的循环热水只能从节温器副阀门经水泵流回缸体（小循环）；冷却水温达 83℃时，主阀门开始开启，至 95℃时主阀门全开，循环水经过散热器（大循环）。

节温器安装在缸盖出水口处的节温器座内，包括节温器座、节温器、节温器座密封圈和托架等零件，如图 5-2-16 所示。

a. 更换节温器时，节温器座密封圈必须完好无损。

b. 安装节温器时，要保证节温器上的定位销落在相应的槽内，并让节温器上的小舌头落在节温器室的定位槽内，如图 5-2-17 所示。

c. 装复时要注意密封圈的安装方向（止口朝节温器座）。

d. 节温器座螺栓拧紧力矩为 24N · m。

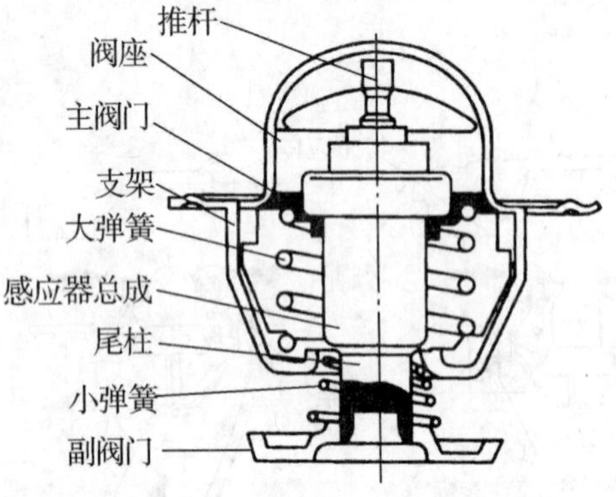

图 5－2－15　6BTA5. 9 发动机节温器

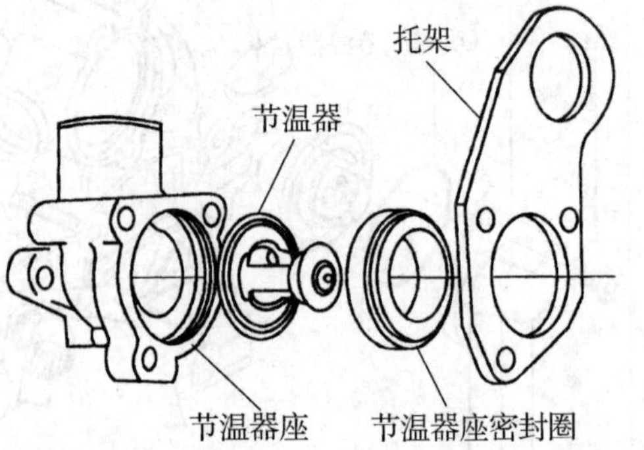

图 5－2－16　6BTA5. 9 发动机节温器的安装

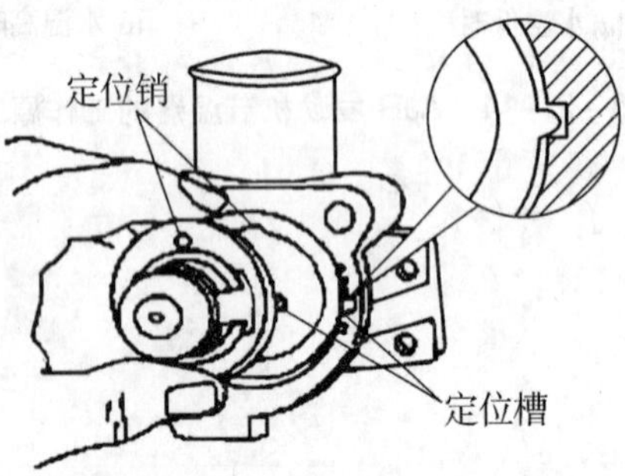

图 5－2－17　6BTA5. 9 发动机节温器定位槽

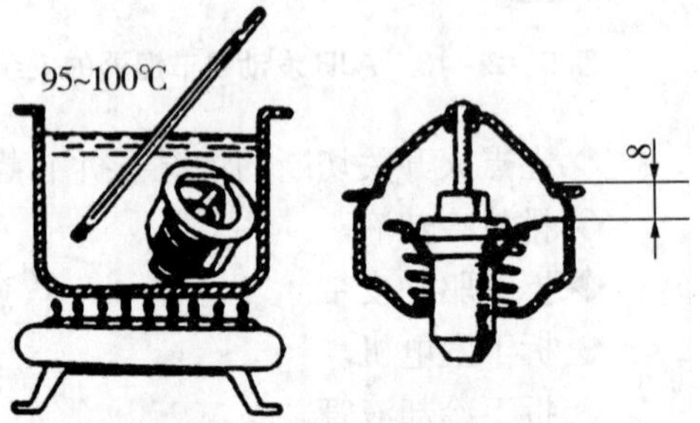

图 5－2－18　节温器的检查

2．节温器测试

蜡式节温器经长期使用性能会逐渐衰退，现象表现为主阀门开度减小，循环冷却液流量减少，发动机逐渐过热。因此，在发动机大修或汽车行驶 50 000km 发动机维护时，应检查节温器的工作情况，具体的检查方法是将节温器放在热水内进行检查。观察步骤如下：

① 将节温器放入水中并加热，如图 5－2－18 所示。

② 先在常温下观察节温器主阀门和副阀门的开、闭情况（主阀门关，副阀门开）。

③ 用温度计测量水温，观察节温器工作情况，注意在不同温度状态下主阀门与副阀门开度的变化。

如果阀门在应打开的温度范围不打开，应更换节温器。常见发动机节温器阀门开、闭情况见表 5－2－3 所示。

表 5－2－3　常见发动机节温器阀门开、闭情况

发动机型号	主阀门初开温（℃）	主阀门全开温度（℃）	主阀门升程（mm）
6BTA5. 9	83	95	8
E06100、CA6102	76 ±2	86 ±2	8. 5 ~9. 5
JV	87 ±2	102 ±3	7
AJR	87 ±2	105	8

发动机依靠节温器控制最佳工作温度，它的动力性、经济性和可靠性才能得以充分发挥。一旦把节温器拆除，发动机将在“过热”（小循环水路不常开的发动机）或“过冷”的状态下工作。因此，发动机绝不允许在拆除节温器的状态下工作。

五、冷 却 液

1. 水冷却液

水冷却液是指直接用水作冷却液，它具有简单、方便的优点。但是水沸点低，易蒸发，需经常添加。冷却液最好选用软水，即含盐分少的水，如雨水、雪水和自来水等，否则，易在水套内形成水垢，从而降低气缸盖和气缸体的传热性能，使发动机过热。水在严寒冬季易结冰，过夜必须放水，否则会因为结冰时体积膨胀，造成气缸体、气缸盖胀裂的严重事故。

2. 防冻冷却液

防冻冷却液主要由防冻剂与水按一定比例混合而成，最常用的防冻剂是乙二醇。乙二醇可降低冰点和提高沸点。冷却液中水与乙二醇的比例不同，冰点也不同。有些车型使用的防冻冷却液中还有添加剂，添加剂可防止冷却液腐蚀、沉积（水垢）、形成泡沫和过热的作用。乙二醇型防冻冷却液有不同的牌号，应按汽车使用说明书的规定要求选用和定期更换防冻冷却液。**注意：**不同牌号的防冻冷却液不可混用。

第 6 章 柴油机燃料供给系结构与装调

柴油机作为汽车的动力源，以动力大、油耗低等优点广泛应用于大中型载货汽车上。柴油机是以柴油为燃料，以压燃形式自行着火做功的发动机。柴油机运转工作时气缸内压力在10MPa 以上、温度在600℃左右，柴油在此压力下的自燃温度只需 300℃。柴油在常温下不能自行蒸发雾化与空气混合成可燃混合气，必须要把它变成雾状后直接喷入空气中进行混合才可形成可燃混合气。柴油机燃料供给系是将存放于柴油箱中的柴油，经过滤清器滤清和喷油泵形成高压之后，通过喷油器以雾状定时、定量喷射到压缩行程接近上止点时的气缸中，再与高温、高压气体混合后自行着火燃烧。

第 1 节 燃料供给系结构与工作原理

一、柴油机燃料供给系的功用和组成

1．柴油机燃料供给系功用

① 贮存、滤清和输送柴油。

② 按柴油机不同工况的要求，以规定的工作顺序，定时、定量和定压，并保证以较高的喷油质量喷油。

③ 与空气迅速混合、燃烧。

④ 将燃烧后的废气排入大气。

2．柴油机燃料供给系组成

柴油机燃料供给系由燃油供给装置、空气供给装置、混合气形成装置及废气排出装置这 4 大装置组成。常见的汽车柴油机燃料供给系组成如图 6－1－1 所示。

（1）燃油供给装置

完成柴油的贮存、滤清和输送柴油，由柴油箱、输油泵、低压油管、柴油滤清器、喷油泵、调速器、高压油管、喷油器和回油管等组成。

（2）空气供给装置

提供干净的空气给发动机，由空气滤清器、进气歧管、增压器、中冷器和气缸盖内的进气道等组成。

（3）混合气形成装置

柴油与空气形成混合气的部位，由一定形状的燃烧室构成，即空气和柴油进入柴油机燃烧室后才形成混合气的。

（4）废气排出装置

汇集各缸燃烧后的废气经消声后排出大气，由气缸盖内的排气道、排气歧管、排气管、消音器和烟度限制器等组成。

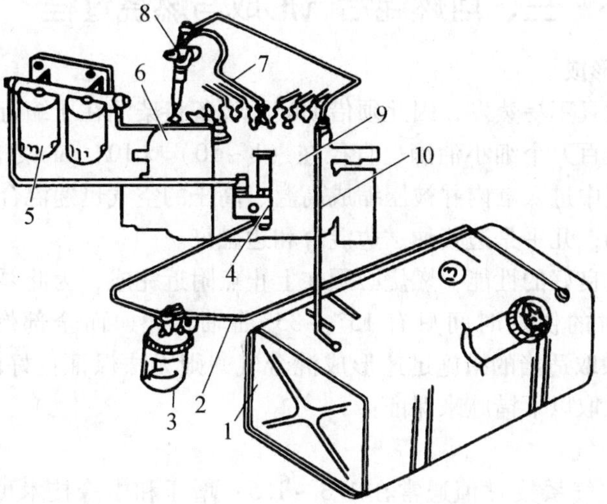

1—燃油箱总成　2—进油管　3—燃油粗滤器　4—输油泵　5—燃油细滤器
6—调整器　7—高压油管　8—喷油器　9—喷油泵总成　10—回油管

图 6－1－1　CA6110 型柴油发动机燃油供给系

二、柴油机燃料供给系工作原理

柴油机工作时，依靠输油泵将柴油从油箱中吸出，经柴油粗滤器过滤后压送到油水分离器、燃油细滤清器，滤清后的柴油被输送到喷油泵总成。喷油泵将柴油压力提高到 10MPa，（VE 泵达 50MPa）以上，并按柴油机不同工况的要求，定时定量地将高压柴油经高压油管压送到喷油器。当燃油压力达到规定值时喷油孔开启，喷油器将柴油以雾状喷入气缸，与预先经滤清、增压和中冷后，与由压缩行程压缩后形成的高温、高压和高密度的空气迅速混合，并自行着火燃烧做功。喷油器中多余的柴油经回油管流回到油箱。燃烧以后的废气经排气道、增压器排气通道、排气管和排气消音器排入大气。

输油泵的供油能力远远超过喷油泵的泵油量，过量的柴油从喷油泵的回油口经回油管路流回燃油箱（有的柴油机回油流入输油泵入口处），同时将渗入油路的空气随柴油带出，防止气阻现象的发生。

由柴油箱到喷油泵入口处的油路由于油压较低，称为低压油路，管路多使用大直径的薄壁铜管、橡胶软管甚至塑料管。喷油泵至喷油器的油路要承受高压，这一段油路称为高压油路，管路则使用小直径的厚壁无缝钢管制成。

输油泵的上部装有手动油泵，起动前，通过手动泵油可以排除油路中渗入的空气，以利于柴油机的顺利起动。

为了满足在柴油机负荷和转速变化时，对喷油泵的供油量实现自动调节，柴油机上均装有调速器。通过自动调节喷油泵的供油量，以控制柴油机的转速，防止转速过高造成柴油机“飞车”或因转速过低而熄火。调速器装于喷油泵的一端，与喷油泵连成一体。

三、可燃混合气形成与燃烧过程

1. 可燃混合气形成

柴油的黏度较大且不易蒸发，因此须借助喷油设备将柴油在压缩行程接近终了时以雾状喷入气缸，分散成数百万个细小油滴，直径在（1～50）$\times 10^{-3}$mm 之间。这些细小的油滴在气缸内与进气过程中进入缸内并被压缩成高温、高压的空气迅速混合自行着火燃烧。混合与燃烧是重叠进行的，几乎是边喷油、边混合和边燃烧。

为了保证柴油机良好的性能，燃烧必须在上止点附近完成，为此要求喷油持续时间极为短促。一般全负荷时的供油时间只有 15°～35°曲轴转角，而全部燃烧过程也只不过在 0.009s 以内，如不采取适当的措施迅速形成混合气，则无法保证良好的燃烧。车用柴油机实际燃烧过程中常采取以下措施来保证：

（1）过量供给空气

柴油机的过量空气系数 α 值通常在 1.3～1.5；增压和中冷技术可大大增强气体密度，保证供给足量的纯空气。

（2）较高压缩比

柴油机的压缩比一般为 15∶1～22∶1（6BTA5.9 柴油机为 17.5∶1），以提高压缩行程终了时缸内空气的温度。

（3）较高喷射压力以及多孔喷油

油束在燃烧室内均布，改善柴油的雾化性能。

（4）适当的燃烧室形状

利用进气涡流、压缩挤流等加速油雾与空气的混合。

2. 混合气燃烧过程

柴油机压缩和做功行程中气缸内气体压力 P 随曲轴转角 θ 的变化关系如图 6－1－2 所示。当曲轴转到上止点前 O 点位置时，喷油泵开始供油。当曲轴转到 A 点位置时，喷油器开始喷油。O 点到上止点之间所对应的曲轴转角为供油提前角，A 点到上止点之间所对应的曲轴转角为喷油提前角。

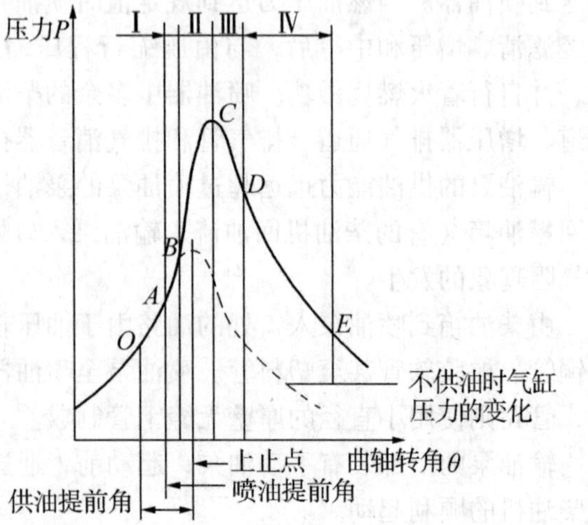

Ⅰ—滞燃期　Ⅱ—速燃期　Ⅲ—缓燃期　Ⅳ—后燃期

图 6－1－2　气缸压力与曲轴转角的关系

根据气缸中压力和温度的变化特点，可将混合气的形成与燃烧整个过程按曲轴转角划分为 4 个阶段：

（1）滞燃期

即从喷油始点 A 到燃烧始点 B 之间所对应的曲轴转角。柴油以雾状喷入气缸后，在极短的时间内进行吸热、蒸发、分解和氧化等一系列物理化学准备过程，形成了大量的活化中心，当温度达到自燃温度时即产生多个发火中心，随之产生热焰，使气缸内压力和温度明显上升，这就是柴油机靠压缩自燃的机理。滞燃期通常在0.001～0.003s。滞燃期越长，气缸内积累的燃油越多，易造成柴油机工作粗暴，缩短了使用寿命。滞燃期的长短是影响柴油机工作粗暴程度的重要因素。

（2）速燃期

即燃烧始点 B 到气缸内产生最大压力点 C 之间所对应的曲轴转角。从 B 点开始形成火焰并迅速向各处传播，缸内温度和压力迅速上升，至 C 点时压力达到最高值。现代高速柴油机的压力增长率甚至达0.8～1.0MPa/1°的曲轴转角，这是柴油机工作粗暴、噪声大的主要原因。

（3）缓燃期

即从最高压力点 C 到最高温度点 D 为止所对应的曲轴转角。这一阶段的燃烧是在气缸容积不断增加和高温缺氧的条件下进行的，所以燃烧不完全，易生成碳烟。缓燃期结束时燃气温度可达到1 800～2 000℃，通常在缓燃期内喷油结束。

（4）后燃期

即从最高温度点 D 到燃烧终点 E 为止所对应的曲轴转角。在后燃期内随着气缸容积的增大，气缸内压力迅速下降，后燃所释放出来的热量不能有效地转化为有用功，柴油机经济性下降；同时由于排气温度增高，活塞组的热负荷会增大，因此应尽量缩短后燃期。

第2节　燃料供给装置

一、燃　油　箱

1. 燃油箱功用

燃油箱用于贮存柴油，容量一般能使汽车行驶300～600km。一般汽车只有一个燃油箱，有的车装有主、副两个油箱。燃油箱安装位置和外形服从于全车的合理布置，位置多在车架的一侧或车身的后部。

2. 燃油箱结构

多数汽车的燃油箱用薄钢板冲压焊制而成，上部焊有加油管，内设有可拉出的延伸管，延伸管底部有滤网，用以滤去加油时油中的杂质，加油管口由油箱盖盖住。油箱上部装有与燃油表相连接的油面高度传感器，以及出油开关。油箱内设有隔板，以减轻汽车行驶时燃油的震荡。油箱底部装有放油螺塞，用以排出燃油中的水分和杂质。

油箱盖采用双阀式结构，设有空气阀和蒸气阀。当油箱内燃油减少，压力降低到预定值（约98kPa）时，油箱外面的大气便推开空气阀进入油箱内；当油箱内蒸气压力增大到约120kPa时，蒸气阀便被油蒸汽推开，将之排入大气，从而保持油箱内的正常压力。

二、柴油滤清器

柴油在运输和贮存过程中，不可避免地会混入尘土和水分，若贮存较久后还会增多胶质，每吨柴油中的机械杂质含量可能多达100～250g，所有这些杂质对供油系精密偶件危害最大，会导致运动阻滞、磨损加剧，造成各缸供油不均，功率下降和油耗率增加。柴油中的水分将引起零件锈蚀，胶质可能导致精密偶件卡死。为保证喷油泵和喷油器可靠地工作，延长使用寿命，除使用前柴油要经严格沉淀过滤外，在柴油机供油系统中还采用滤清器，过滤柴油中的机械杂质和水分。通常设有粗、细两级滤清器，也有的柴油机只用单级滤清器。

1．功用

柴油滤清器分为粗滤器和细滤器，功用是用作除去汽油中的水分、杂质和胶质，保证喷油泵和喷油器正常工作，延长喷油泵和喷油器偶件的寿命。一般串联在输油泵和高压油泵之间。有的也串联在燃油箱和输油泵之间。当滤清器内油压超过溢流阀的开启压力（0.1～0.15MPa）时，多余的柴油流回油箱，从而保证滤清器内油压在一定限度内。

2．构造和工作

（1）单级式

一般为纸质滤纸芯过滤器。

（2）双级式

第1级是粗滤器，用纸质滤纸芯过滤器；第2级是精滤器，用航空毛毡及绸布作滤芯。由两个结构基本相同的滤清器串联而成。如果是分开结构的，粗滤器安装在输油泵前，细滤器安装在输油泵后。

目前车用柴油机多数采用的是两级柴油滤清器。一般采用过滤式滤清器，滤芯材料有棉布、绸布、毛毡、金属网及纸质等。纸质滤芯具有流量大、阻力小、滤清效果好、成本低等优点。图6－2－1是YC6105QC型柴油滤清器总成，两级均为纸质滤芯。由输油泵来的柴油先进入第1级滤清器的外腔，穿过滤芯后进入内腔，再经盖内油道流向第2级滤清器，从而保证更好的滤清效果。该双联式纸质滤清器额定流量为0.76L/min，总成原始阻力<4.24MPa。

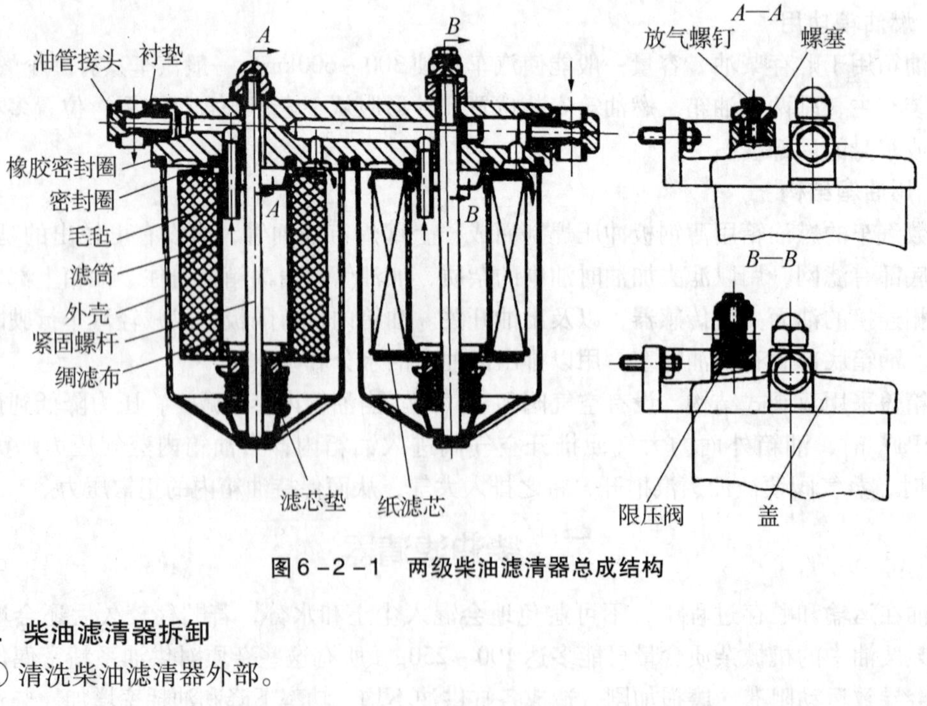

图6－2－1　两级柴油滤清器总成结构

3．柴油滤清器拆卸

① 清洗柴油滤清器外部。

② 拆进、出油管接头。

③ 拆盖与沉淀杯固定螺栓，并分离盖与沉淀杯，取出密封垫。

④ 拆滤芯固定螺栓，取下滤芯及密封垫。

⑤ 拆放污螺栓。

⑥ 清洗各零件，并用压缩空气吹通滤芯（从出油侧向进油侧吹）和盖上进、出油口。

4．柴油滤清器装配与测试

装配按拆卸时的相反顺序进行，装配时注意检查各密封垫是否破裂、老化，否则应更换新件；分 2 ~ 3 次对称地拧紧紧固螺栓。另外：

① 对不可拆式柴油滤清器应定期更换。

② 对可拆式汽油滤清器，如滤芯为金属丝或尼龙布做的，滤芯变脏后经清洗可重复使用；纸质滤芯则是一次性的，检测时要仔细检查密封衬垫是否老化、变形或损坏，如有应更换，安装时要确保密封衬垫密封可靠。

③ 安装柴油滤清器时要注意安装方向，确保油流方向正确。滤清器进（IN）出（OUT）回油（R）端接头处多有方向标记或文字标记，防止管路接反。

三、喷　油　器

1．喷油器功用和类型

（1）喷油器功用

喷油器的功用是将喷油泵供给的高压柴油以一定的压力、速度、方向和形状喷入燃烧室，使柴油雾化并适当分布在燃烧室中，以利于混合气的形成和燃烧。

（2）喷油器要求

根据混合气的形成与燃烧的要求，喷油器应具有一定的喷射压力、射程和合理的喷雾锥角，并在规定的停止喷油时刻迅速切断柴油的供给，且无滴油现象。

（3）喷油器的类型

① 开式喷油器。开式喷油器的高压油腔通过喷孔直接与燃烧室相通。

② 闭式喷油器。闭式喷油器在高压油腔与燃烧室之间加装针阀隔断。

除康明斯柴油机 P－T 燃油喷射系统的 PT 型喷油器采用组合型开式喷油器以外，车用柴油机大多采用闭式喷油器，其常见的形式有两种：

a. 孔式喷油器。

b. 轴针式喷油器。

2．喷油器构造与工作原理

（1）孔式喷油器

孔式喷油器主要用于直喷式燃烧室的柴油机。一般喷油孔的数目为 1 ~ 8 个，喷孔直径为 0. 2 ~ 0. 8mm。喷孔数目和分布的位置，根据燃烧室的形状和要求而定。孔越多、孔径越小，则雾化越好，但小孔径喷孔需要较高的喷油压力且易被积炭堵塞。孔式喷油器的结构如图 6－2－2 所示，由喷油嘴、调压装置和喷油器体 3 部分组成。

6BT 型柴油机喷油器为 4 孔闭式喷油器，喷油压力为 24. 5MPa。结构特点是高压油管接头设在喷油器顶端，回油管设在喷油器上体侧边。喷油器用钢球定位，由螺套压紧固定，如

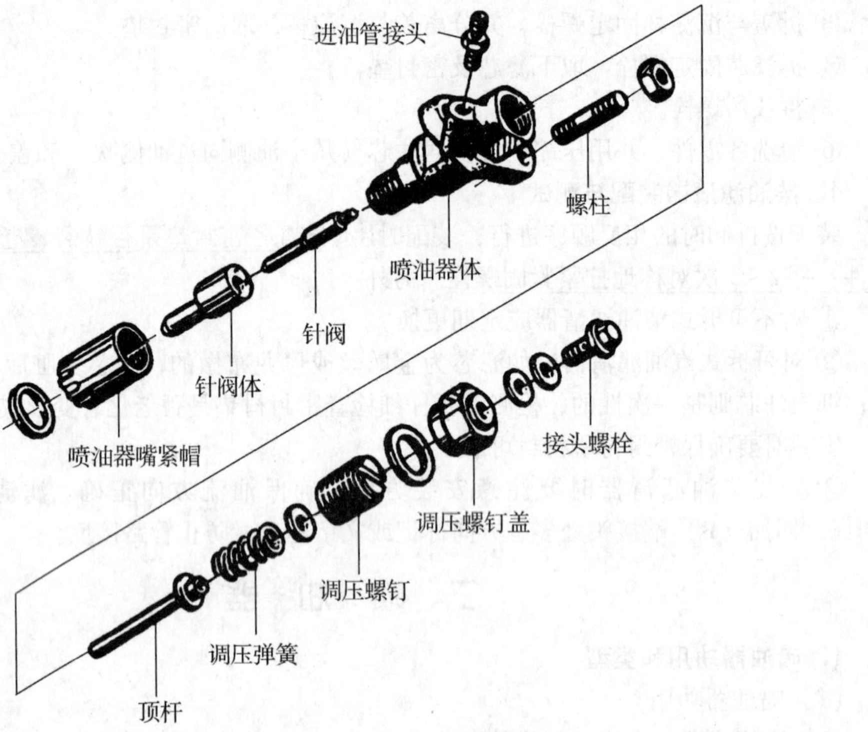

图 6－2－2　YC61105 型柴油机喷油器

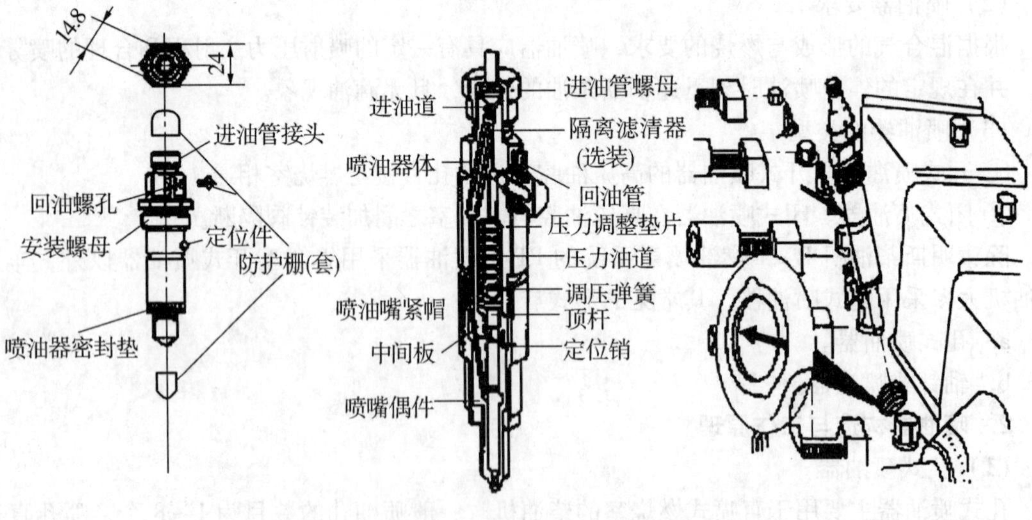

图 6－2－3　6BT 型柴油机喷油器及安装定位

图 6－2－3 所示。

a. 喷油嘴。喷油嘴如图 6－2－4 所示。喷油嘴是喷油器的主要部件，其中最主要的是针阀和针阀体这一对精密偶件，即针阀偶件。针阀下端的圆锥面与针阀体下端的环形锥面共

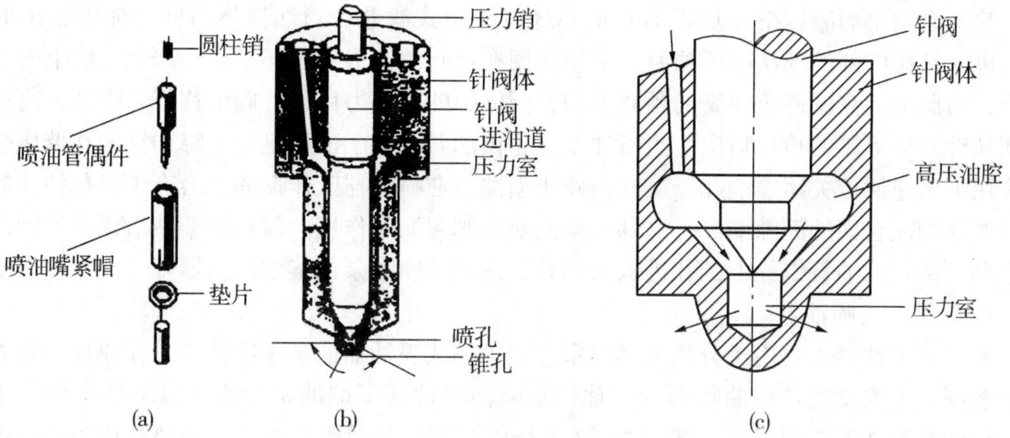

图6-2-4　孔式喷油器的喷油嘴

同起密封作用，用于打开或切断高压柴油与燃烧室的通路。针阀底部还有一环形锥面位于针阀体的环形油槽中，该锥面承受燃油压力推动针阀向上运动。针阀上部通过顶杆承受调压弹簧的预紧力，使针阀处于关闭状态。该预紧力决定针阀的开启压力，即喷油压力。

针阀偶件的配合面在制造过程中经过精磨后再相互研磨，以保证其配合精度。选配和研磨好的一对针阀偶件是不能互换的，装配时必须特别注意。

b. 调压装置。如图6-2-5所示，调压装置由调压弹簧、调压螺钉、顶杆及回油管接头螺栓等零件组成。调压弹簧的弹力通过顶杆作用在针阀上，喷油压力可通过调压螺钉改变调压弹簧的预紧力进行调整（有的采用调整垫片），拧入时压力增大，拧出时压力减小，最后用调压螺钉紧帽将其锁紧固定。

c. 喷油器体。如图6-2-6所示，喷油器体用于安装调压装置和进油管路。为防止细小杂质堵塞喷孔，在进油管接头中装有缝隙式滤芯，结构如图6-2-7所示。高压柴油从滤芯的两个油道 *A* 进入，必须通过棱边 *B* 才能通向两个出油道 *C* 进入喷油器。在通过棱边 *B* 时，杂质颗粒便留在缝隙中，而且滤芯具有磁性，可以吸附金属磨屑。

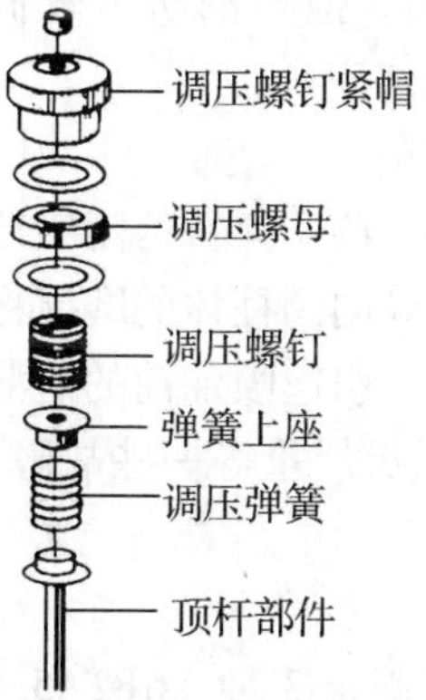

图6-2-5　调压装置

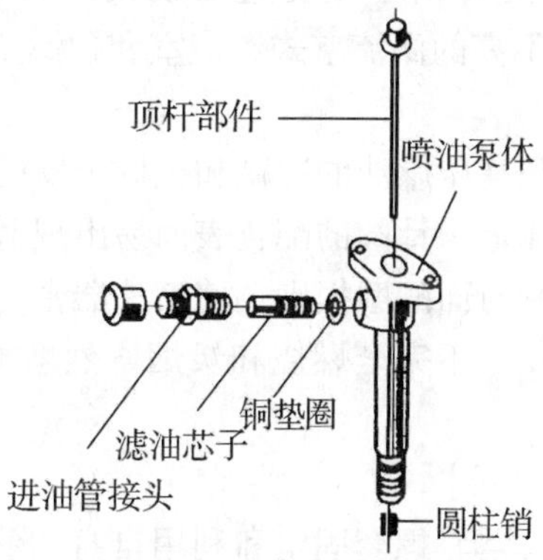

图6-2-6　喷油器体

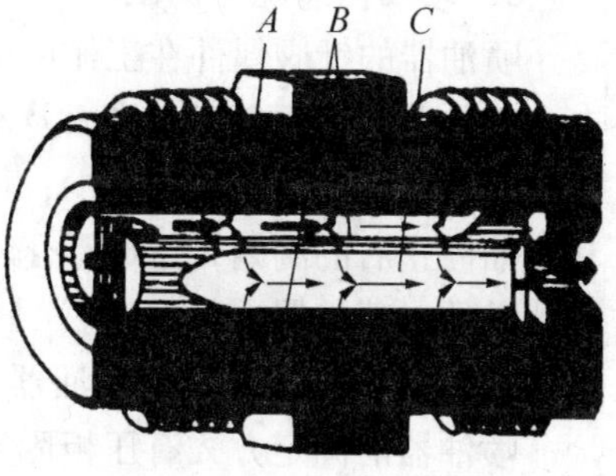

图6-2-7　缝隙式滤芯

（2）孔式喷油器工作原理

喷油泵输出的高压柴油从进油管接头经过缝隙式滤芯、喷油器体与针阀体中钻出的油道，进入针阀中部的环状高压油腔。油压作用在针阀的锥形承压环带上，产生一向上的轴向推力，当此推力克服调压弹簧的预紧力和针阀体间的摩擦力后，针阀上移打开喷孔，高压柴油便从针阀体下端的喷孔喷出。当喷油泵停止供油时，由于油压迅速下降，针阀在调压弹簧的作用下迅速回位关闭喷油孔，喷油器停止喷油。在喷油器工作期间，会有少量柴油从针阀与针阀体的配合面的间隙漏出，这部分柴油对针阀起润滑作用。漏出的柴油沿顶杆周围的空隙上升，通过回油管螺栓上的孔进入回油管，流回到喷油泵或柴油滤清器。

（3）轴针式喷油器

轴针式喷油器主要用于分隔式燃烧室上。轴针式喷油器的基本结构和工作原理与孔式喷油器相同，主要差别是喷油嘴部分。轴针式喷油器针阀下端的密封锥面以下还延伸一个轴针，形状有圆柱形或倒锥形，结构如图6-2-8所示。轴针伸出孔外，使喷孔成为圆环形的狭缝（轴针与孔的径向间隙为0.005~0.25mm）。喷油时喷雾分别为空心的柱形或锥形。

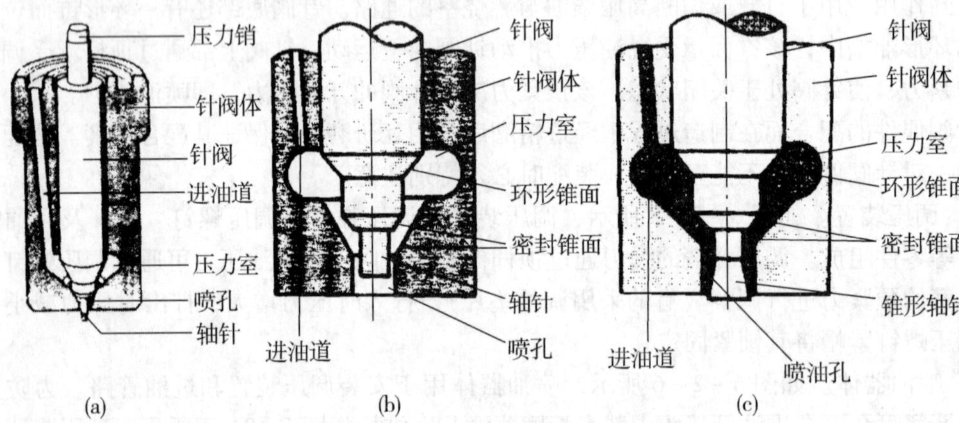

图6-2-8 轴针式喷油器喷油嘴

轴针式喷油器的喷孔直径为1~3mm，油束的贯穿能力较强；喷孔内有轴针上下运动，不易被积炭堵塞，工作可靠性高。此外由于喷孔直径较大，加工方便。但喷油压力较低（为10~14MPa），适用于喷雾要求不高的涡流室式燃烧室和预燃室式燃烧室。

3. 喷油器装配与调试

喷油器的针阀偶件在工作中受到高压燃油的冲刷和机械杂质的研磨、调压弹簧的落座冲击，其导向圆柱面、密封锥面及阀体上与针阀的配合表面易出现磨损。导向圆柱体的磨损将导致回油量增加，喷油量减少；而密封面的磨损则会使喷油器密封不严，引起喷油前的泄漏和喷油停止后的滴漏，造成雾化不良、不完全燃烧和炭烟剧烈增加，积炭严重等一些故障，因此必须对喷油器进行调试。

（1）从柴油机上拆下喷油器

喷油器的固定方式有压板固定、空心螺套固定和利用自身的法兰盘固定3种，6BTA5.9柴油机闭式喷油器用空心螺套固定。拆卸喷油器时，应首先拆卸高压油管并旋松喷油器空心螺套。为避免因喷油器转动而损坏缸盖上的喷油器定位孔，要用一扳手扳住喷油器体，另一扳手拆卸喷油器固定螺母；并用木槌震松喷油器，再用专用拉器拉出喷油器。

（2）喷油器测试

清洗喷油器外部，如图6－2－9所示。在喷油器试验器上对各喷油器逐一进行试验，检查其密封性、喷油压力和喷油质量，如不符合要求，则须解体检修。

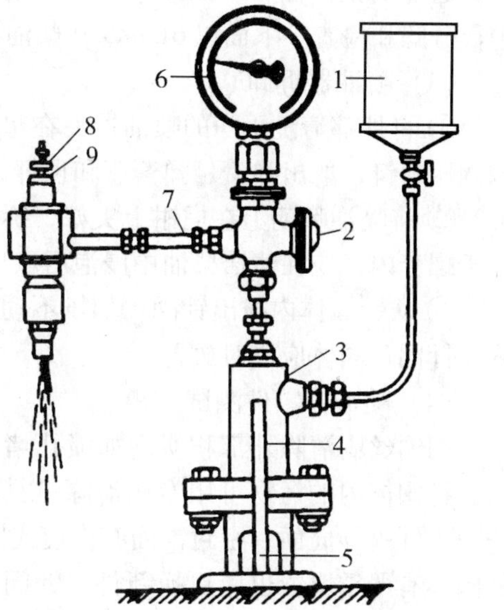

1—油箱及滤清器　2—止回阀　3—放气螺钉
4—喷油手泵　5—手柄　6—油压表
7—高压油管　8—调整螺钉　9—锁紧螺母

图6－2－9　喷油器试验器

① 密封性测试。旋入喷油器的调压螺钉，均匀缓慢地用手柄压油。当喷油压力上升至20.4MPa时停止压油，喷油器不应有滴漏现象，如图6－2－10所示。观察油压从20MPa下降到10MPa的时间，若在10～20s之间，说明喷油器密封性较好；若时间＜10s，可能是油管接头处漏油、针阀体与喷油器体平面配合不严和密封锥面封闭不严或导向部分磨损。

② 喷油压力测试。用手柄以约每秒一次的频率扳动手柄压油，喷油器开始喷油时压力表数值即为喷油压力值，喷油压力值应符合技术规定，各缸喷油器的喷油压力应相差不超过0.25MPa。否则应调整调压弹簧的预紧力。通过调整调压螺钉，符合以下要求：

轻型车（＜2.5t）为10～15MPa，重型车（＞2.5t）为16～20MPa，压力差允许在0.025MPa以下。调整时，拧松调压螺钉为降压；反之为升压。

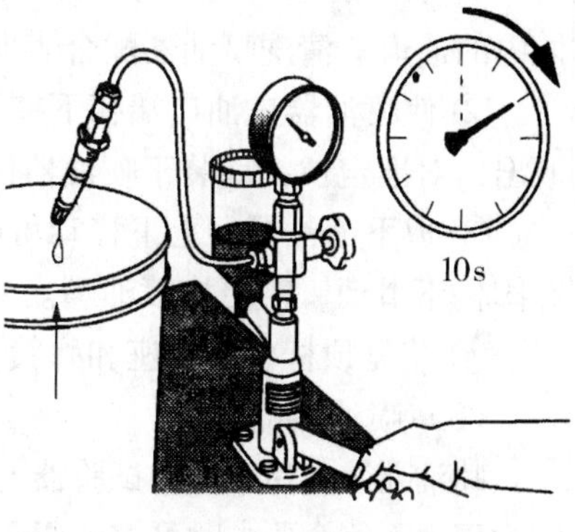

图6－2－10　密封性试验

③ 雾化质量测试。调好喷油压力后，以约每秒一次的频率使喷油器喷油，喷出的柴油应成雾状，不允许滴油和飞溅。喷油开始和终了应明显，每次喷油时应有明显、清脆的爆裂声，雾束方向锥角15°～20°。**注意：**<u>试验时应注意防止油雾进入人体引起血液中毒。</u>

④ 喷油锥角测试。检查喷油孔是否堵塞。距离喷嘴100～200mm处放一张白纸，油痕直径可用下式计算：

$$\text{tg}\alpha = d/2h \quad (\alpha = 15° \sim 20°)$$

式中：α——喷油锥角的半角，喷油角为2α，当＜9°时为有漏油故障，当＞20°时为有堵塞故障。

d——油痕直径。

h——喷孔至纸面的距离。

通过试验，若喷油器的密封性、喷油压力或喷雾质量不符合规定要求，则必须对喷油器进行分解和检查。下面以6BTA5.9柴油机闭式喷油器为例介绍其分解和检查。

（3）喷油器拆卸

① 将外部清洗干净的喷油器夹在垫有铜片的虎钳上，并使喷油嘴朝下，拧下锁紧螺母和调压螺钉，取出弹簧、弹簧座和顶杆，收存垫片。

② 将喷油嘴朝上在虎钳上夹好，拆下喷油嘴紧固螺套，取出针阀体。如针阀体被积炭卡于螺套内，应在清洁柴油中浸泡后取出，不允许硬敲。

③ 从针阀体内拔出针阀，如拔不动时可用手钳垫布夹住拧出；分解的各零件摆放应整齐，针阀与阀体应成对放置。

（4）喷油器零件测试

用铜丝刷清除外部积炭。如喷孔堵塞可用专用通针疏通，针阀体内的污物可用专用清除工具剔除，然后用柴油洗净。针阀导向面、密封锥面有伤痕或发暗时应更换新件，针阀体有严重腐蚀也应更换新件。针阀偶件完成上述检测后，应进行滑动性试验。如图6－2－11所示，将针阀偶件在清洁的柴油中洗净后，将针阀装入阀体1/3左右，松手后针阀应能在自身质量作用下缓缓滑入阀体内，无任何卡滞现象。否则应配对研磨或更换新件。

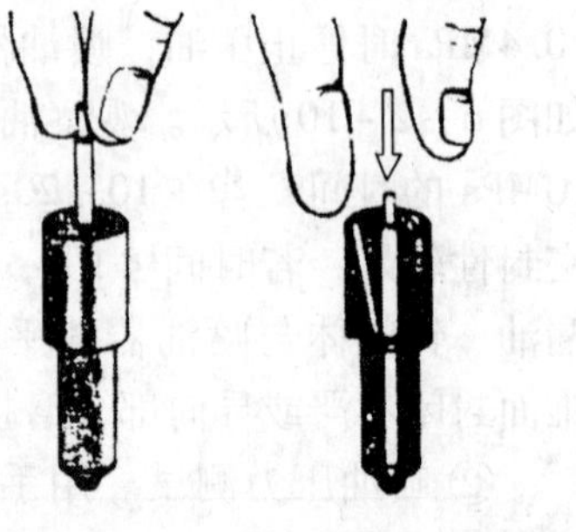

图6－2－11　针阀偶件滑动性试验

（5）喷油器装配

① 装配前应清洗所有零件，并用压缩空气清理喷油器体内的油道。清洗喷油器配合表面，在安装前涂油。

② 使喷油器进油口端朝下夹于垫有铜片的虎钳上，将在清洁的柴油中浸泡过的喷油嘴取出，对准定位销后装于喷油器体上，以60N·m的力矩拧紧固定螺套。

③ 取下喷油器，上下移动可听到针阀活动的响声，否则应重新清洗喷油嘴后装复，若针阀仍不滑动，需更换喷油嘴。

④ 装复顶杆、弹簧座和弹簧，拧上紧固螺母。

（6）喷油器的调试

喷油器装复后，应在试验器上进行密封性、喷油压力和喷雾质量的试验（方法同前述）。喷油压力不符合要求时可拧动调压螺钉进行调整，调整后应再次检查密封性及喷雾质量。

四、喷　油　泵

喷油泵又称高压油泵，一般和调速器连为一体。

1. 喷油泵功用和类型

（1）喷油泵功用

其功用是接收输油泵送来的柴油，提高压力并根据柴油机不同工况要求，定时、定量地将高压柴油送至喷油器，通过喷油器将柴油以雾状喷入燃烧室中。

（2）对喷油泵要求

对多缸柴油机喷油泵有以下几点要求：

① 各缸的供油顺序应符合发动机的工作顺序。

② 保证定时。严格按照规定供油时刻开始供油，并保证一定的供油持续时间。

③ 保证定量。根据柴油机负荷的大小供给相应的油量。

④ 保证压力。供给喷油器的柴油应达到规定的压力，以获得良好的喷雾质量。

⑤ 各缸的相对供油时刻、供油量和供油压力应均匀，保持发动机运转平稳。

⑥ 供油开始和结束应迅速干脆，喷油器不得存在滴漏或不正常喷射现象。

（3）喷油泵的类型

喷油泵的结构形式较多，车用柴油机喷油泵按工作原理的不同可分为：

① 柱塞式喷油泵。发展和应用的历史较长，因性能良好和使用可靠，为目前大多数柴油机所采用，如图6－2－12所示。6BTA5.9柴油机采用该类型的A型泵。

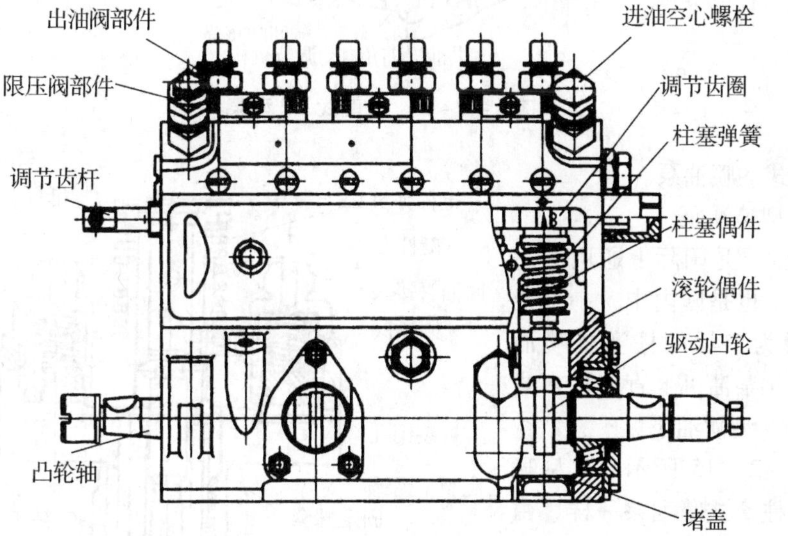

图6－2－12 柱塞式喷油泵

② 转子分配式喷油泵。是20世纪50年代后期出现的一种新型的喷油泵，它只用一对柱塞偶件产生高压，依靠转子或柱塞的旋转实现燃油的分配，如图6－2－13所示。它具有体积小、质量小、成本低、使用方便的优点。对发动机和汽车的整体布置是十分有利的。美国康明斯公司生产的6BT柴油机上的VE泵即属于该种类型。

③ 喷油泵－喷油器。特点是将喷油泵和喷油器合为一体，并取消了高压油管。它直接安装在气缸盖上，以消除高压油管带来的不良影响，如图6－2－14所示。PT燃料供给系统的喷油器即属于此种类型。

2．喷油泵结构和工作原理

为了有利于柴油机的生产、制造、维修和实际应用，柱塞式喷油泵根据不同柴油机单缸功率对循环供油量的要求，以几种不同的柱塞行程为基础，分成几个系列。

VE型分配式喷油泵是由德国博世公司生产的，也称轴向压缩式分配泵，广泛应用在康明斯B系列柴油机上。

6BTA5.9柴油机目前使用国产A型柱塞喷油泵和博世VE型分配式喷油泵，下面重点介

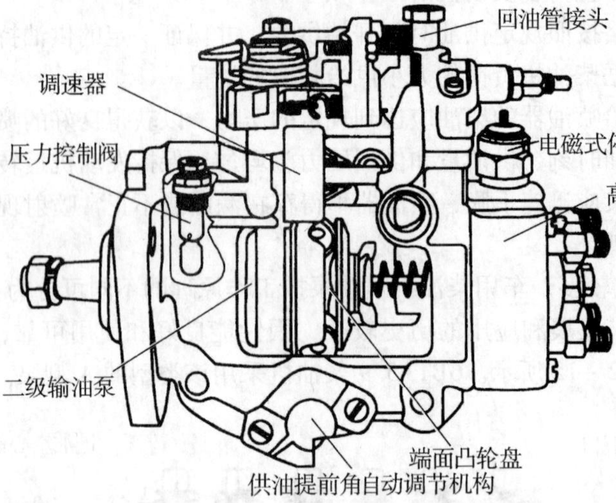

图 6－2－13　分配式 VE 型泵

绍这两种形式的喷油泵。

（1）A 型喷油泵

A 型喷油泵是国际上通用的一种系列产品，也是国内中、小型柴油机应用最为广泛的柱塞式喷油泵。6BTA5.9 柴油机上直列柱塞式喷油泵即为 A 型喷油泵。

如图 6－2－15 所示，A 型喷油泵和其他柱塞式喷油泵一样，由分泵、油量调节机构、传动机构和泵体组成。整体式泵体由铝合金铸成，侧面开有供调节检视的窗口。各分泵及齿圈－齿杆式油量调节机构均以泵体为基体分别装配在泵体上。它具有调试方便、工作可靠、传动平稳和整体刚度好等优点。

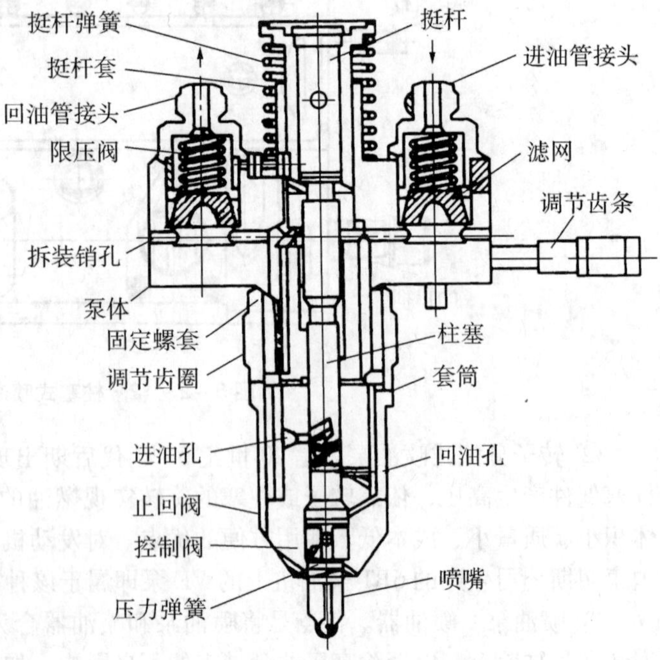

图 6－2－14　喷油泵－喷油器

① 分泵。分泵是带有一对柱塞偶件的泵油机构，每一对柱塞和柱塞套只向一个气缸供油。单缸柴油机由一套柱塞偶件组成单体泵，如图 6－2－16 所示；多缸柴油机由多套泵油机构组装成多缸泵分别向各缸供油。多缸泵中具有数目与发动机缸数相等、结构和尺寸完全相同的若干个分泵。

分泵的主要零件有柱塞偶件（柱塞和柱塞套）、柱塞弹簧、弹簧上、下座、出油阀偶件（出油阀和出油阀座）、出油阀弹簧、减容器和出油阀紧帽等。

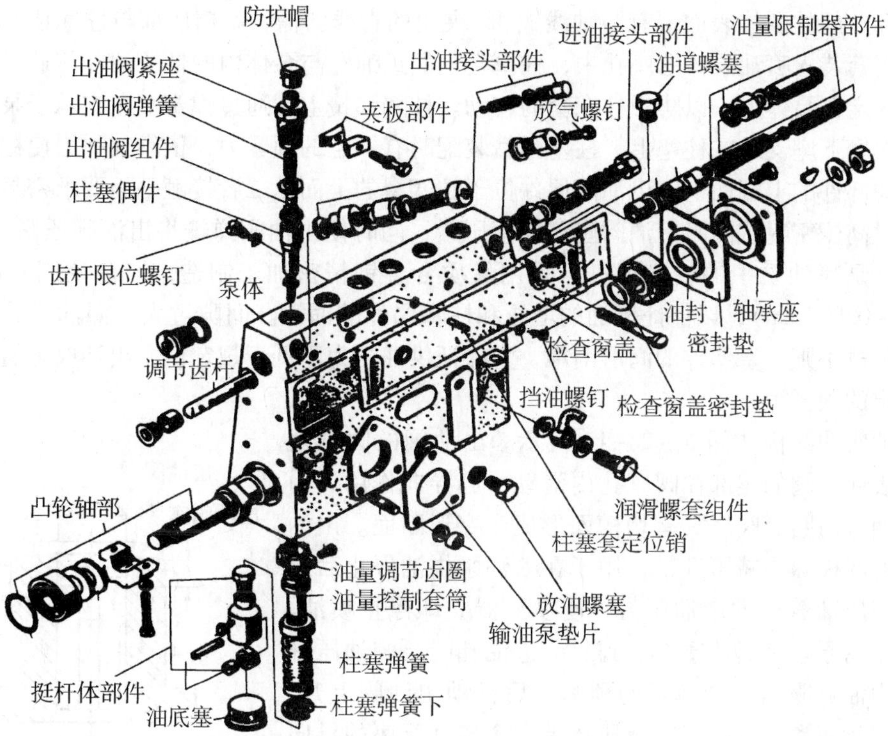

图 6－2－15　A 型泵零部件分解

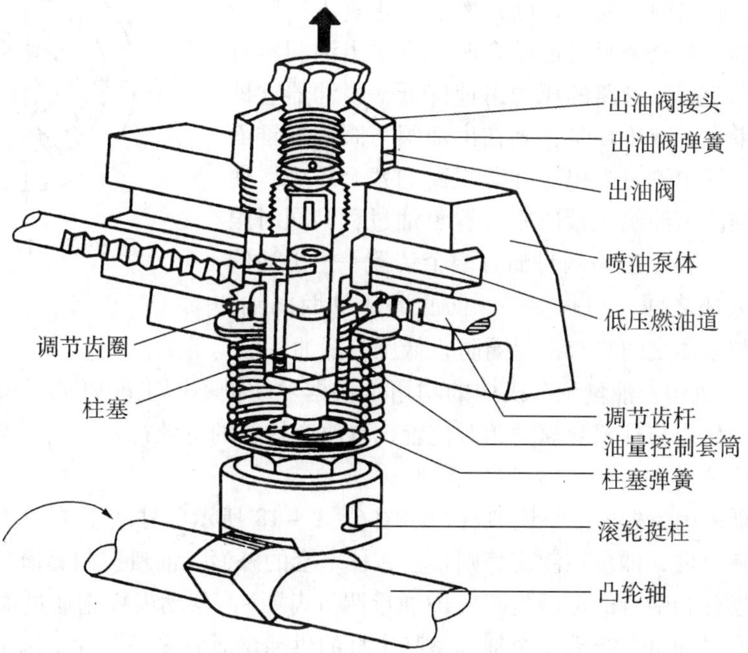

图 6－2－16　柱塞式喷油泵分泵

柱塞上部的圆柱表面铣有与轴线成45°夹角的直线斜槽，斜槽底部与柱塞顶面有孔道相通。柱塞套装入喷油泵体的座孔中，柱塞套上的进油孔与泵体内的低压油腔相通。柱塞套通过销钉固定在泵体上，以防止柱塞套的转动。柱塞弹簧上端通过弹簧上座支承于泵体上，下端通过弹簧下座支承在柱塞上。柱塞弹簧装配时有一定的预紧力，依靠其弹力使柱塞压紧在滚轮传动部件的上端面上。出油阀偶件位于柱塞套的上面，二者接触平面要求密封。拧入紧帽，通过高压密封垫圈将出油阀座与柱塞压紧，同时使出油阀弹簧将出油阀压紧在阀座上。柱塞偶件是喷油泵中的精密偶件，采用优质合金钢精密加工制造，严格控制其配合间隙（0.001～0.003mm），以保证燃油的增压和柱塞偶件的润滑。间隙过大易漏油，导致油压下降；间隙过小则柱塞偶件的润滑困难。为保证供油压力不低于规定值，出油阀弹簧在装合后应有一定的预紧力。

出油阀的结构如图6－2－17所示。出油阀的圆锥面是密封表面，阀的尾部在阀座孔内滑动，起导向作用。为了留出油流通路，阀尾具有切槽而形成十字形断面。出油阀中部的圆柱面为减压环带，用于在喷油泵供油停止后迅速降低高压油管中的燃油压力，使喷油器立即停止喷油。出油阀作用原理是当柱塞上升到封闭进油孔时泵腔油压升高，压力油克服出油阀弹簧的预紧力后推动出油阀上升，使阀的密封面离开阀座。待减压环带完全离开阀座的导向孔时，即出油阀要上升一段距离后，燃油进入高压油管，使油路油压升高；同样，在出油阀落下时，减压环带一经进入导向孔，泵腔出油口便被切断，燃油停止进入高压油管；出油阀继续下降至密封锥面贴合时，由于出油阀本身所让出的容积，使高压管路的压力迅速降低，喷油器立即停止喷油。如果没有减压环带，则在出油阀与阀座的锥面贴合后，高压油管中瞬时内仍存在着很高的残余压力，使喷油器发生滴漏。出油阀压紧座中设置出油过程，同时限制了出油阀最大升程。出油阀封油有两个装置——出油阀座与出油阀压紧座之间，装有铜垫圈防止高压油腔漏油；出油阀压紧座与泵体之间装有密封圈防止低压腔漏油。

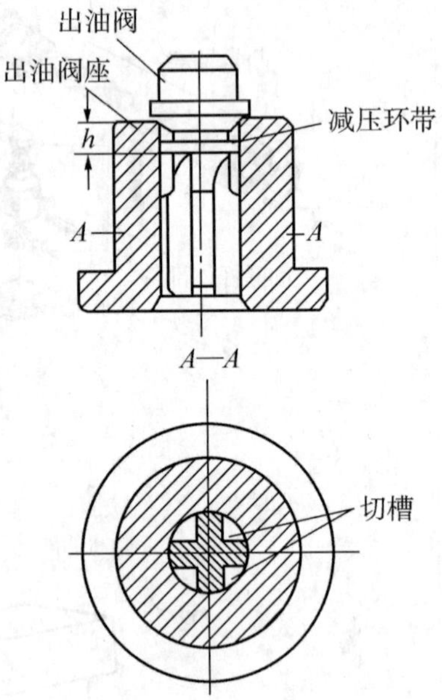

图6－2－17　出油阀

② 油量调节机构。油量调节机构的功用是根据发动机不同工况要求，执行驾驶人或调速器指令，控制柱塞与柱塞套筒的相对位置，以改变柱塞的有效行程，从而调节喷油泵的供油量。

A型喷油泵采用齿杆式油量调节机构如图6－2－18所示。柱塞下端的条状凸块伸入油量控制套筒的缺口内，油量控制套筒则松套在柱塞套的外面。油量控制套筒的上部用紧固螺钉锁紧一个与齿杆相啮合的可调齿圈（即油量调节齿圈），移动齿杆则通过油量控制套筒使柱塞旋转而改变供油量；当需要个别调整某个缸的供油量时，先松开油量调节齿圈的紧固螺钉，然后转动油量控制套筒并带动柱塞相对齿圈转动一个角度，再将齿圈固定。齿杆式油量调节装置的特点是传动平稳，但制造成本较高。

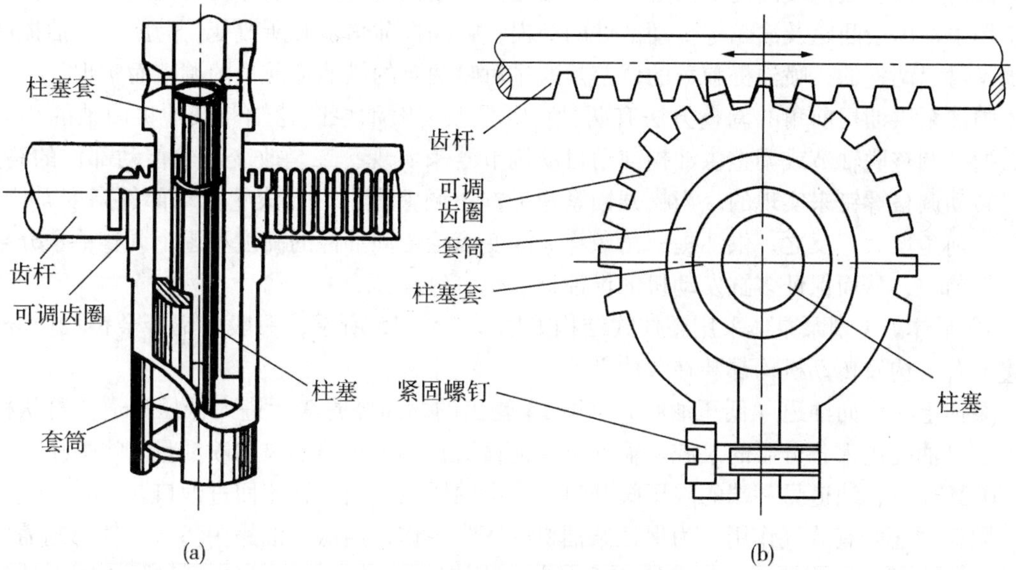

图6－2－18　齿杆式油量调节机构

③ 传动机构。传动机构的功用是驱动柱塞在柱塞套内往复运动，使喷油泵完成供油过程。它由凸轮轴和滚轮传动部件组成。滚轮传动部件如图6－2－19所示，带有衬套的滚轮松套在滚轮轴上，轴支承在滚轮体的座孔中，滚轮左侧圆柱面上镶有导向块，泵体上开有轴向长槽，导向块插入该槽中，使滚轮架只能上下移动而不能转动。

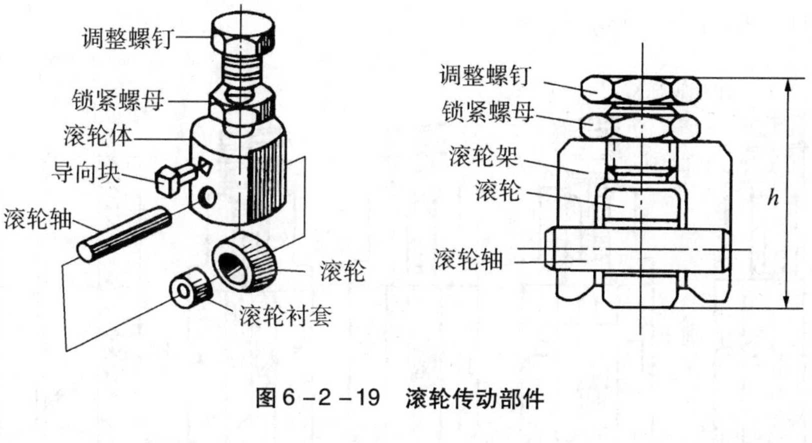

图6－2－19　滚轮传动部件

喷油泵的凸轮轴由柴油机曲轴通过齿轮驱动，当凸轮轴上凸轮的凸起部分与滚轮接触时，便克服柱塞弹簧的弹力推动柱塞向上运动（见图6－2－17）；当凸轮的凸起部分转过后，柱塞便在弹簧的作用下回位。为保证在一个工作循环内各缸都只能喷油一次，四行程柴油机的喷油泵凸轮轴的转速应等于曲轴转速的1/2。当然，凸轮轴上的凸轮沿圆周方向的排列顺序还必须与发动机工作顺序相一致。

喷油泵供油的迟早决定了喷油器喷油的迟早，它对柴油机工作性能有很大影响。为保证形成良好的混合气并改善燃烧过程，必须有一定的喷油提前角，多缸柴油机还应保证各缸喷油提前角一致。最佳喷油提前角是由试验确定，其数值因柴油性质和发动机工况而异。在实际使用中，由于凸轮及滚轮等传动部件的磨损，喷油提前角也有所改变。为此，喷油提前角必须是可以调整的，喷油提前角的调整是通过对喷油泵的供油提前角的调整而实现。

喷油泵供油提前角的调整方法有两种：一是改变喷油泵凸轮轴与柴油机曲轴的相对位置，通过调整联轴节或调整供油提前角自动调节器来实现；二是改变滚轮传动部件的高度，通过转动调整螺钉来实现的。当松开锁紧螺母拧出调整螺钉时，滚轮传动部件高度 h 增大，供油提前角增大；反之，供油提前角减小。改变滚轮传动部件的高度可逐个调整单个分泵的供油提前角，从而保证多缸发动机的供油提前角一致。

④ 泵体。A 型泵泵体采用整体式结构如图 6－2－15 所示，一般由铝合金铸成。分泵、油量调节机构及传动机构都装在泵体上。

泵体上有纵向油道（低压油腔）。输油泵输出的燃油经滤清后进入低压油道，再从柱塞套上的进油孔进入各分泵的泵腔。输油泵供油量通常远大于喷油泵的喷油量，当低压腔油压 >0.05MPa 时，油道另一端的限压阀开启，多余的燃油经回油管流回进油口。

限压阀还兼有放气作用，为保证柴油机的正常工作，当低压油路中渗入空气时则需要放气（喷油泵拆装后或发动机长期停放后也应该放气）。在发动机启动前可将限压阀上端的螺钉旋出少许，再反复按动手动输油泵，通过泵入喷油泵的燃油排出渗入喷油泵内的空气。在泵体下部的内腔中加有润滑油，依靠飞溅的润滑油润滑传动机构，泵体下腔内的润滑油与调速器壳体内的润滑油是相通的，喷油泵凸轮轴的前端轴承外面装有油封。

⑤ 柱塞式喷油泵泵油原理。柱塞式喷油泵利用柱塞在柱塞套内的往复运动实现吸油和压油，柱塞由凸轮驱动，在柱塞套内作往复直线运动，此外它还通过调节机构可以绕本身的轴线在一定角度范围内转动。喷油泵凸轮轴由柴油机曲轴通过传动机构驱动。柱塞式喷油泵的泵油原理如图 6－2－20 所示。

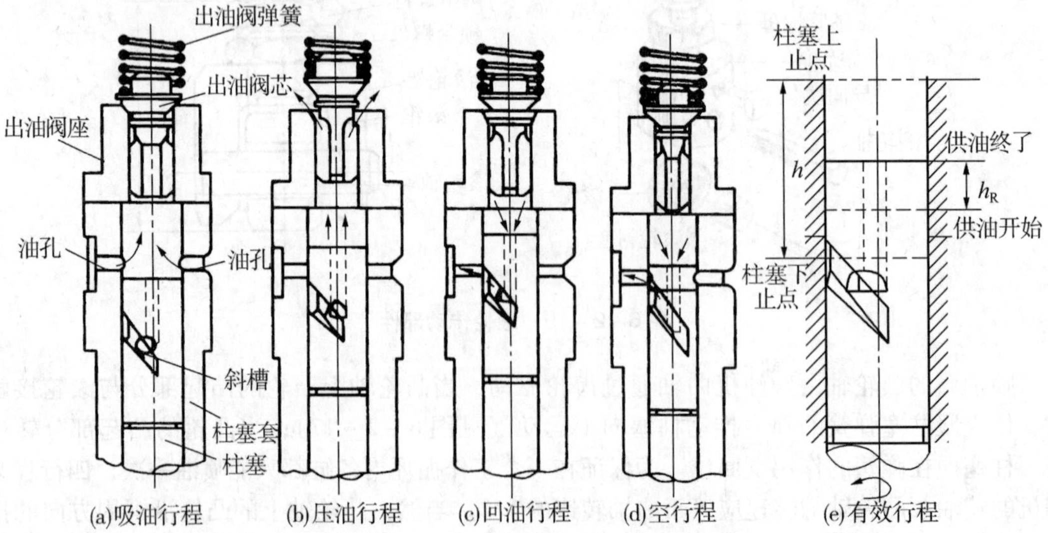

图 6－2－20　柱塞式喷油泵泵油原理

a. 吸油过程。如图 6－2－20（a）所示，柱塞在柱塞弹簧的作用下下行，从柱塞顶面位于进油孔上边缘始至柱塞运动到下止点，由于泵腔容积增大，吸力增强，燃油则自低压油腔经进油孔被吸入并充满泵腔。

b. 压油过程。如图 6－2－20（b）所示，在凸轮的驱动下柱塞自下止点上移，起初有一部分燃油从进油口被挤回低压油腔；待柱塞上部的圆柱面将柱塞套上的两个进油孔完全封闭时，柱塞上部的燃油压力迅速增高，此即为压油过程。当油压升高到足以克服出油阀弹簧的作用力时，出油阀便开始上升，出油阀圆柱环形带离开出油阀座时高压燃油便从泵腔通过高压油管流向喷油器，当燃油压力高出喷油器调定的喷油压力时喷油器则开始喷油。

c. 回油过程。如图 6－2－20（c）所示，柱塞继续上升至柱塞上的斜槽与柱塞套上的进油孔开始相通时，由于泵腔通过柱塞中心孔与斜槽和进油孔相通，泵腔内高压油随即自进油孔进入低压油腔，泵腔内油压迅速降低，出油阀则在弹簧的作用下立即回位，喷油泵停止供油。此后柱塞仍继续上升，但不能建立足够的油压，直到凸轮达到最高位置为止，此过程不再泵油。

d. 停止供油状态。如图 6－2－20（d）所示，随着凸轮轴的转动，凸轮升程逐渐降低，柱塞在柱塞弹簧的作用下向下移动，此过程延续到柱塞顶面到达进油孔上边缘为止。喷油泵始终处于不泵油状态。随着柱塞下行，喷油泵又重复上述 4 个过程，周而复始。

从上述泵油过程可知，由于驱动凸轮的升程一定，因而柱塞的行程 h 也是一定的。在柱塞整个行程中，只有在柱塞完全封闭柱塞套上的 2 个进油孔，到柱塞斜槽尚未接通油孔的这一段柱塞行程 hg 内，喷油泵才对外泵油。行程 h 称为柱塞有效行程。

显然，喷油泵每次的泵油量取决于柱塞有效行程的长短，因此只需改变柱塞的有效行程，即可使喷油泵随着柴油机工况不同而改变供油量。一般通过油量调节机构改变柱塞斜槽与柱塞套油孔的相对位置来实现。按图 6－2－20（e）所示方向转动柱塞，则有效行程和供油量即增加，反之则减少。

B 型泵与 A 型泵在工作原理和结构上基本相同，只是结构参数有所不同。

（2）VE 型分配式喷油泵（VE 泵）

分配式喷油泵（以下简称分配泵），是国外 20 世纪 50 年代后期开始推广使用的新型喷油泵。它的特征是用一组供油元件，通过分配机构定时定量地将燃油分别供给各气缸。分配泵盖板的零件数目少，结构比较简单，体积小，质量轻，制造成本低和维修方便。其结构和工作特点保证了各缸供油的均匀性而不需要调整，因此在使用上比较方便。分配泵主要有两大类：对置柱塞转子式分配泵和单柱塞分配泵，VE 型分配泵就是一个单柱塞分配泵，它有一个同柱塞泵相似的供油柱塞，不同的是柱塞不仅往复泵油，同时又连续旋转配油。它在往复运动时如同柱塞式喷油泵的柱塞，起泵油作用；旋转运动则如同分配转子，起进油和将油依次分配到各个气缸的作用。该泵同时配有适当的调速器对供油时间、油量和供油过程进行控制，美国康明斯柴油机大多采用这种 VE 型喷油泵。

图 6－2－21 为 6BTA5. 9 柴油机 VE 泵。分配泵由壳体、壳体盖、传动机构、滑片式二级输油泵、高压泵、电磁式停油阀、供油正时自动调节机构和调速器等组成。

分配泵的左端有传动轴及滑片式输油泵（二级输油泵）；中间由传动齿轮、滚轮及滚轮座、平面凸轮等组成，右端由控制套筒、柱塞和电磁阀等组成。泵的上部有调速器和 LDA

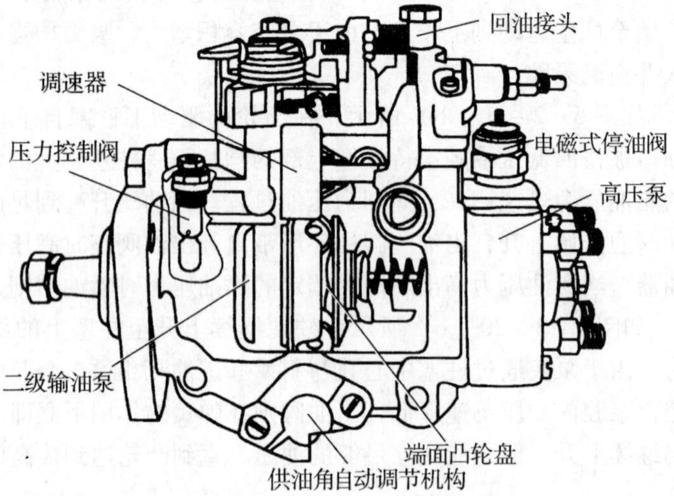

图 6－2－21　VE 型分配泵构造

装置（增压补偿器），下部为供油提前角调节器。

① 壳体和壳体盖。壳体和壳体盖是分配泵的基础零件，分配泵的所有零件均安装在它们的内部和外部，结构如图 6－2－22 所示。

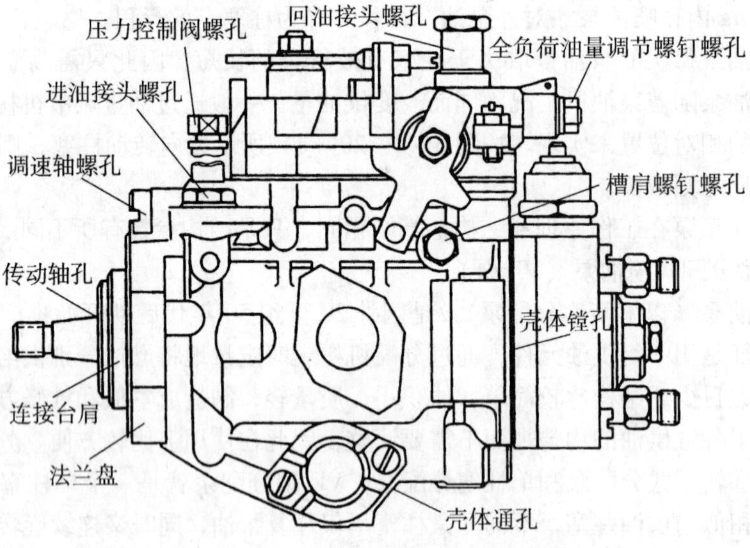

图 6－2－22　VE 型分配泵壳体和壳体盖

壳体左端的圆形台肩与柴油机接头的圆孔相配合，加工精度较高。法兰盘上的长圆形孔用于安装紧固螺栓，拧松紧固螺栓可以使壳体相对于柴油机机体略有转动，以便调整分配泵的供油提前角。壳体内部有一个精加工的镗孔，内装二级输油泵、传动齿轮、联轴器、滚轮及滚轮圈、端面凸轮盘、高压泵头、分配套筒、柱塞、控制套筒和调速器杠杆机构等零件。镗孔的最底部有一个与垂直通孔相通的长圆形孔，用作安装供油正时自动调节机构的调整销，调整销和滑轮将滚轮圈与正时活塞连接起来。当柴油机转速发生变化时，分配泵油腔内的柴油压力相应地发生变化，通过供油正时自动调节机构，利用调整销拨动滚轮圈转动，便可自动调节供油提前角。壳体内部还装有限制器轴，以限制调速器杠杆机构的张紧杆向左摆动的位置。壳体与壳体盖用螺栓联接，其间有密封垫圈，以防止分配泵漏油。壳体盖上部安装有速度控制杆、怠速限制螺钉、高速限制螺钉、全负荷油量调节螺钉和机械停油手柄等，并制有溢流孔用作安装回油接头（或电磁式回油阀）和回油管，使分配泵油腔内多余的柴油流回油箱。

② 传动机构。分配泵的传动机构将高压泵、调速器、二级输油泵连接起来，并传递柴油机传来的驱动转矩。图 6-2-23 为 VE 型分配泵的传动机构。

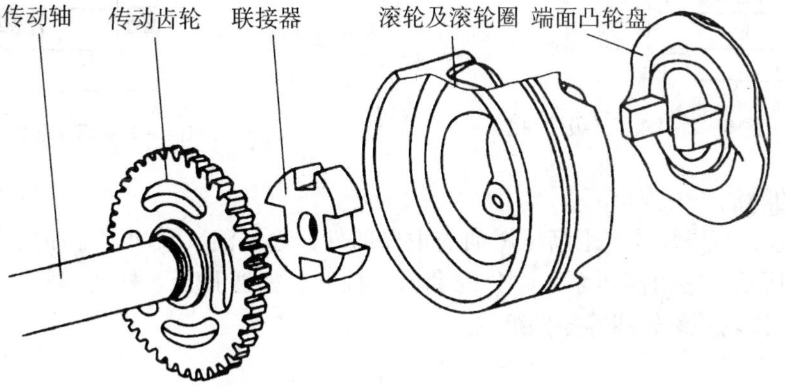

图 6-2-23　VE 型分配泵的传动机构

分配泵的传动轴由柴油机曲轴通过中间传动装置驱动。传动轴直接带动二级输油泵的泵轮转动，其末端通过连接器带动端面凸轮盘转动，端面凸轮盘上装有传动销钉带动柱塞旋转；柱塞利用柱塞弹簧和弹簧座压向端面凸轮盘，端面凸轮座落在滚轮及滚轮圈上，在端面凸轮和柱塞弹簧的共同配合作用下，柱塞既做往复运动完成泵油动作，同时又做旋转运动完成进油和配油动作。此外，传动轴末端的传动齿轮带动调速器飞锤总成一起旋转，调速器飞锤旋转产生的离心力和调速弹簧张力的相互作用，使滑套左右移动，通过调速器杠杆机构使控制套筒移动，从而增减分配泵的供油量，以适应柴油机各种工作状况的要求。

③ 二级输油泵和压力控制阀。

a. 二级输油泵。在分配泵壳体内设计了一个二级输油泵，又称滑片式输油泵，它能使燃油以一定的输油压力（约 689.5kPa）进入旋转的柱塞。此外，分配泵内不再设置润滑油槽，全部零件都依靠压力燃油进行润滑和冷却。图 6-2-24 为二级输油泵的结构。二级输油泵由分配泵壳体内壁上的进油槽、压油槽、偏心环、泵轮、滑片、支承环及槽盘等零件组成。

b. 压力控制阀安装在二级输油泵压油区的油道上，用作控制最大输油压力。压力控制阀的结构如图 6-2-25 所示，由阀体、阀柱、弹簧、张套及调压活塞等零件组成。二级输油泵的输油压力随着转速的增加而升高，转速愈高燃油压力也愈大，阀体回油孔露出的面积也愈大，重新流回二级输油泵的回油量也愈多，从而限制了燃油压力继续升高，直到相当于

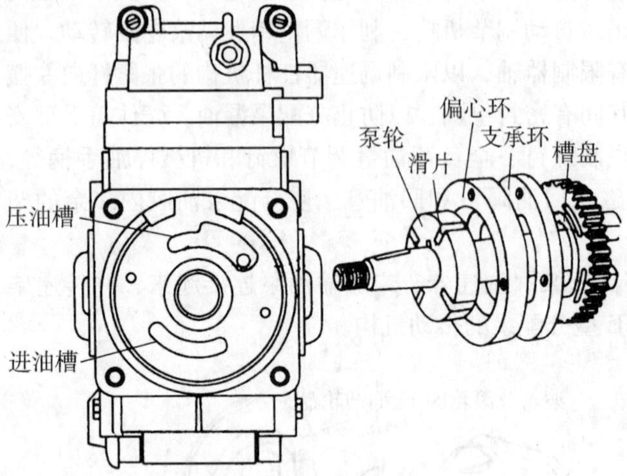

图6-2-24　二级输油泵

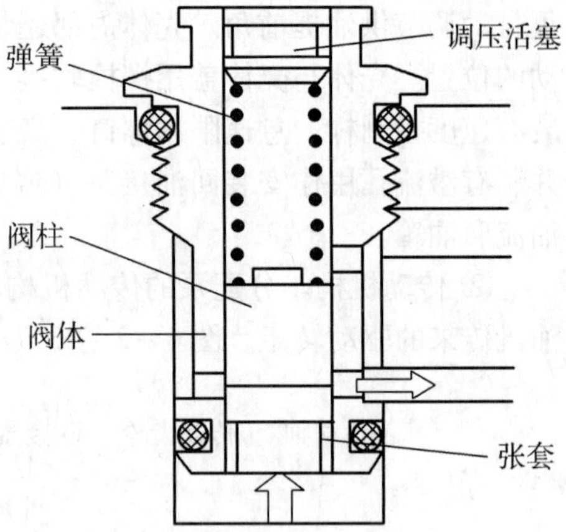

图6-2-25　压力控制阀

弹簧所限定的燃油压力为止。

④ 高压泵。高压泵是产生高压燃油的主要部件，起供油、泵油和配油的作用，结构如图6-2-26所示。它由高压泵头、分配套筒、柱塞、柱塞弹簧、柱塞弹簧座、控制套筒、端面凸轮盘、滚轮及滚轮圈等零件组成。

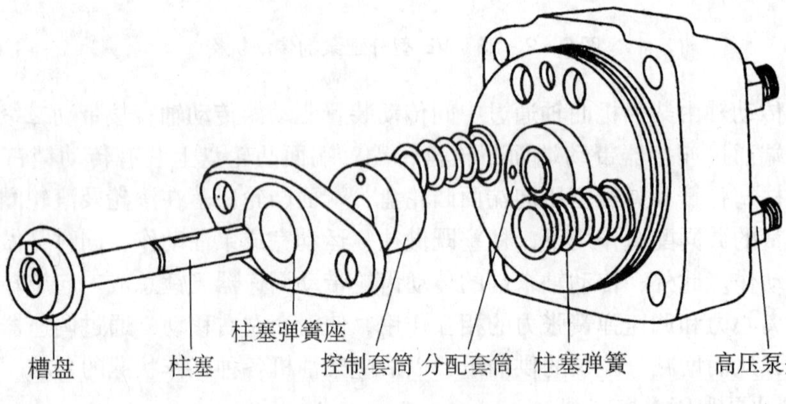

图6-2-26　高压泵

a. 高压泵头。高压泵头插入分配泵壳体的镗孔内，用4个紧固螺栓固定。高压泵头与壳体之间用一个O形密封圈加以密封，以防止分配泵漏油。如图6-2-27所示，高压泵头上部有一个通孔，其上端的螺孔用作安装电磁式停油阀，而下端则是一个进油口，与分配套筒上的进油口相通。

高压泵头中心孔内加工有与柴油机气缸的数目相等的分配通路，分配通路的一端与分配套筒的分配口相通，另一端则通过出油阀、出油阀接头、高压油管与喷油器相通。高压泵头的螺塞上紧固一个放气螺钉和紫铜垫圈，拧松放气螺钉可排除分配泵高压油路中的空气。

b. 分配套筒与柱塞。分配套筒与柱塞的结构如图6-2-26所示。分配套筒与柱塞是一

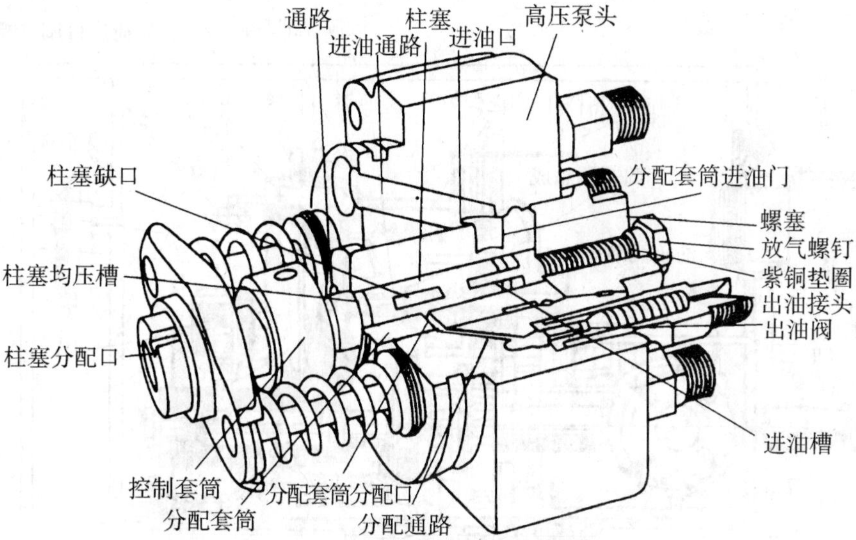

图 6－2－27　高压泵头及油路

对精密偶件，采用优质合金材料精密加工制造并选配和研磨而成，配对后不得互换。

分配套筒压配在高压泵头的中心孔内。分配套筒的进油口、配油口与高压泵头的进油口、配油口数目相等并且相通。

柱塞套装在分配套筒的中心孔内。柱塞上部有与柴油机的气缸数目相等的进油槽，全部的油槽被一条环形的沟槽连通，中部制有一个分配口，下部有径向油道和溢油口。当柱塞上的某一个进油槽与分配套筒的进油口相通时，高压泵便会吸进具有一定压力的燃油；当柱塞上的分配口与分配套筒的某一个分配口相通时，高压泵便会排出高压燃油；当控制套筒打开柱塞溢油口时，高压燃油便会从溢油口流到分配泵油腔内。柱塞分配口的下方还制有均压槽，可使各个分配通路内的燃油压力在喷射前趋于一致，从而可使各缸供油量均匀。柱塞末端的缺口与端面凸轮盘上的传动销钉相连接，带动柱塞作旋转运动。

c. 控制套筒（泄油环）。控制套筒用作调节分配泵的供油量结构，如图 6－2－26 和图 6－2－27 所示。

d. 端面凸轮盘。如图 6－2－23 所示，在端面凸轮盘上有若干个分布均匀、间隔相等的端面凸轮。

⑤ 分配泵供油提前角自动调节装置。VE 型分配泵的供油提前角自动调节装置为液压式调节器，与常见的机械离心式调节器不同，它直接装在分配泵的下部，如图 6－2－28 所示。

调节器内装有活塞，活塞左端有弹簧压在活塞上，装弹簧的内腔中的油压与二级输油泵的进油压力相等。活塞右端与分配泵油腔相通，其油压为二级输油泵的出油泵压力。装弹簧的内腔与分配泵之间有一个阻尼小孔相通，使活塞能左右移动。活塞中部连接有拔销，拔销另一端与滚轮座相连。这种供油提前角调节器的调整特性，可以通过改变弹簧预压力和弹簧刚度来调整。

⑥ 工作原理及过程。

a. 工作原理。柴油经一级输油泵和滤清器后进入第二级输油泵内，压力控制阀将输油

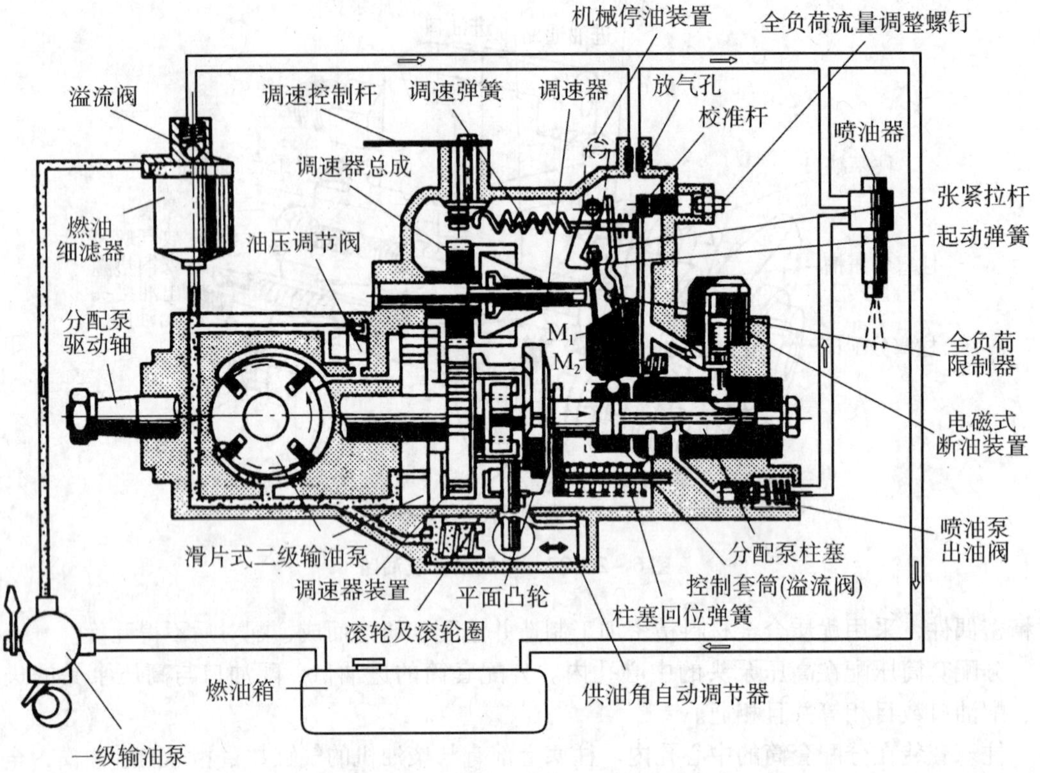

图 6－2－28　VE 型分配泵结构

泵的出油压力控制在一定的范围内，如油压超过规定值，则柴油从压力控制阀的入口一侧分流，重新流回输油泵的入口。因此，分配泵内始终充满具有一定压力的柴油。VE 分配泵的结构如图 6－2－28 所示。

由曲轴驱动的传动轴带动滑片式输油泵旋转，同时通过联轴节带动平面凸轮转动，平面凸轮通过传动销钉带动柱塞一起旋转，柱塞弹簧通过压板将柱塞压向平面凸轮的端面，平面凸轮的侧面则与滚轮紧密接触，当平面凸轮转到凸起部分与滚轮相接触时，凸轮即被顶起向右移动，同时推动柱塞压油；柱塞的轴向和径向油道起进油和配油作用。

b. 工作过程。VE 型泵使用一个泵油元件向多个气缸供油，柱塞的外形与油路如图 6－2－29 所示。右端为压油部分，柴油通过进油道和柱塞上的进油槽进入压油腔内，柱塞的中心有轴向油道，柱塞中部的配油槽有径向油孔与中心油道相通。中心油道的末端与泄油孔相连。其工作过程如下：

◇ 进油过程。滚轮由平面凸轮的凸起部分移到最低位置时，柱塞弹簧由右向左推移，在柱塞接近终点位置时柱塞上部的进油槽与柱塞套筒上的进油孔相通，柴油经电磁阀下部的油道流入柱塞右端的压油腔内，如图 6－2－30 所示。

◇ 压油与配油过程。随着滚轮由平面凸轮最低处向凸起的部分移动，柱塞在旋转的同时也自左向右运动；当进油孔关闭后，柱塞即开始挤压压油腔内的燃油，使压力升高；当柱塞上的配油孔与柱塞套上的某个进油孔相通时，高压油即经出油孔和出油阀流向喷油器，如

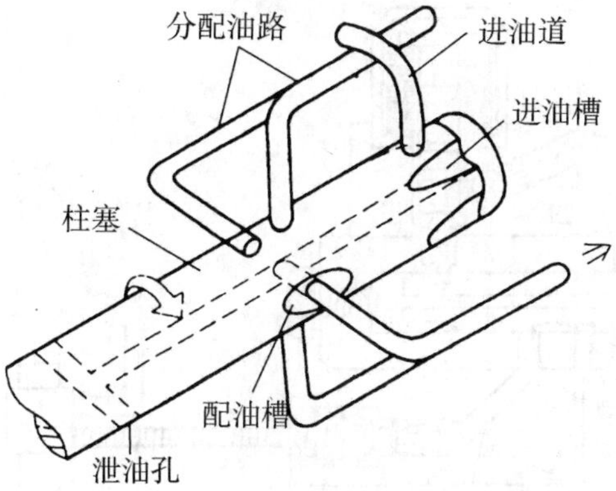

图6-2-29　柱塞的外形与油路

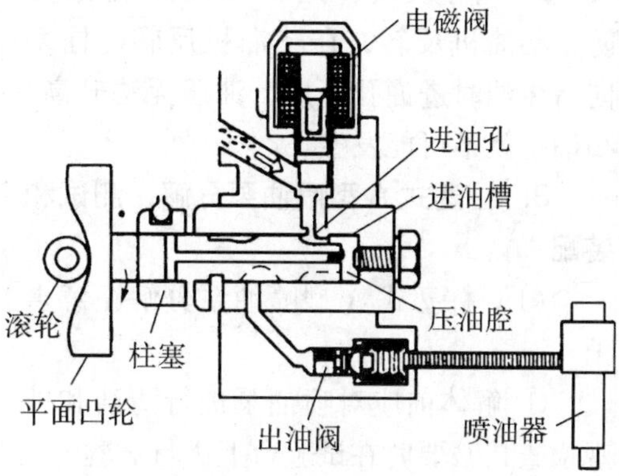

图6-2-30　进油过程

图6-2-31所示。由于平面凸轮上有4个凸面（与气缸数相等），柱塞套上有4个分配油路，因此平面凸轮每转一圈，配油槽与各缸分配油路接通，轮流向各缸供油1次。

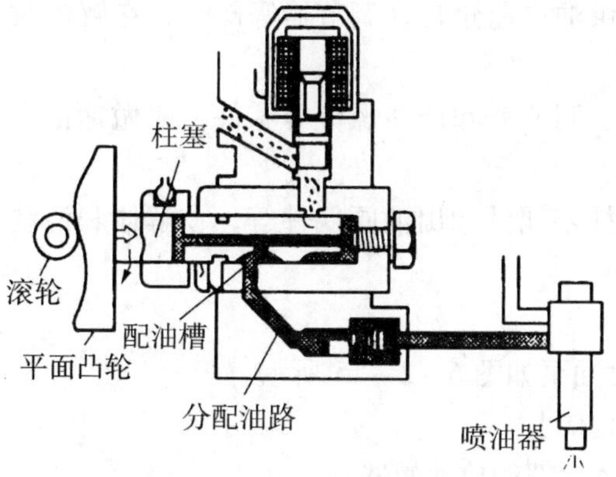

图6-2-31　压油和配油过程

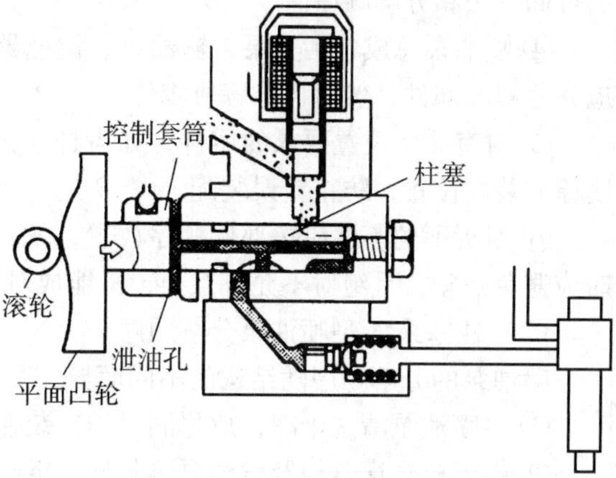

图6-2-32　供油结束

◆ 供油结束。柱塞在平面凸轮的推动下继续右移，柱塞左端的泄油孔与分配泵内腔相通时，高压油立即经泄油孔流入泵内腔中，柴油压力立即下降，使供油停止，如图6-2-32所示。从配油槽与油孔相通起，至泄油孔与分配泵内腔相通止的行程称为有效供油行程。

c. 供油量的调节原理。有效供油行程越长，供油量则越大。当通过调速器杠杆机构的支承杆使控制套筒移动时，即可改变供油量。控制套筒向左移动，供油行程缩短结束供油时刻提早，供油量减少；控制套筒向右移动则相反。可见，这种分配供油量的调节是靠调速器调节控制套筒的位置，从而控制断油时刻，即控制供油的有效行程来实现的，因此，这种调节方法称为断油计量。

d. 压力平衡过程。供油结束后柱塞继续旋转，当柱塞上的压力平衡槽与分配油路相通时，分配油路中的柴油与分配泵内腔油压相同，保证了各缸供油均匀性，如图6-2-33所示。

e. 防止反转作用。VE 型分配泵可防止柴油机反转，在柴油机反转、柱塞向右压油时进油孔开启，油压无法升高，喷油也就不可能发生。

3. 柱塞式 A 型喷油泵分解、测试和装配

(1) 柱塞式 A 型喷油泵分解注意事项

① 解体前应对喷油泵进行清洁和外观检查，必要时在试验台上进行试验。

② 正确使用工具，尽量使用专用工具，严禁乱敲乱撬。

③ 在拆卸前应充分掌握所拆泵的特点，根据喷油泵的不同结构，采用不同的拆卸方法和分解顺序。

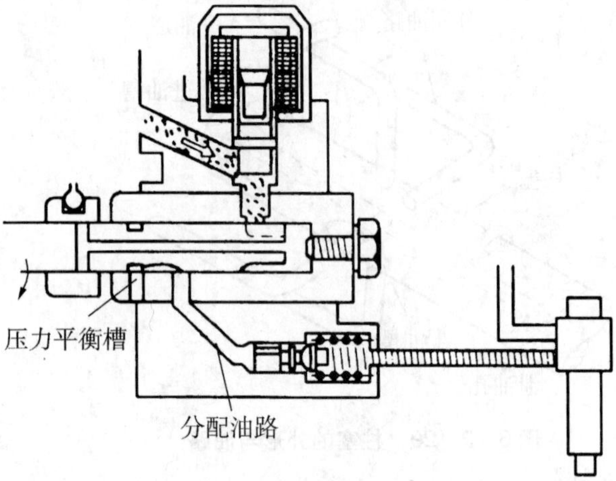

图 6-2-33　压力平衡过程

④ 喷油泵总成包括分泵、输油泵、调速器及供油提前角自动调节器等部件，在解体时应先分解成部件，然后再分解成零件。

⑤ 对有装配位置要求的零件，如齿杆、拉杆、调节臂和调整螺钉等零件，应做标记标明原来装配位置，防止错误装配。

⑥ 对拆下的零件应按部件顺序放置，尤其是柱塞偶件和出油阀偶件等，在解体和清洗时应避免磕碰，且绝对不允许互换，只能成对更换。

(2) 柱塞式 A 型喷油泵分解顺序

喷油泵的分解顺序随结构的不同而异，A 型喷油泵如图 6-2-15 所示。

① 将喷油泵清洗干净，放尽润滑油，装在拆装架上。

② 拆下检视窗盖板及输油泵等附件，拆除泵体底部的放油螺塞。

③ 转动凸轮轴使 1 缸的滚轮挺柱总成上升到最高位置，将滚轮挺柱体托板插在滚轮挺柱总成的正时调整螺钉与正时锁紧螺母之间，使滚轮挺柱总成与凸轮脱离接触，如图 6-2-34 所示，按上述方法支起各缸的滚轮挺柱总成。垫片结构的滚轮挺柱采用销钉支承，使滚轮与凸轮脱开，如图 6-2-35 所示。

④ 拧下怠速调整螺钉，拆下调速器后盖固定螺钉，将调速器后盖稍向后移并后倾适当角度后拨开连接杆上的锁夹，使供油调节齿杆与连接杆脱离，再用尖嘴钳取下起动弹簧，取下调速器后盖总成。

⑤ 用专用扳手拆下调速器飞锤支座固定螺母，如图 6-2-36 所示。用拉力器拉下飞锤支座总成，如图 6-2-37 所示。

⑥ 拆供油提前角自动调节器固定螺母，用拉力器拉下供油提前角自动调节器总成。

⑦ 拆下凸轮轴前轴承盖的紧固螺栓，如图 6-2-38 所示用螺丝刀撬下前轴承盖。然后拆下凸轮轴的中间支承，用木棒或铜棒从装调速器的一端轻轻敲击凸轮轴，将其连同轴承从泵体前端取出。若轴承损坏需要更换，可采用图 6-2-39 所示方法分别从凸轮轴及轴承座

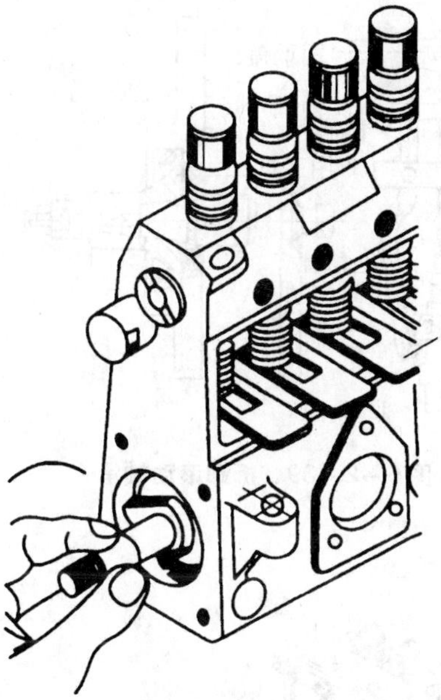

图6-2-34 挺柱总成与托板

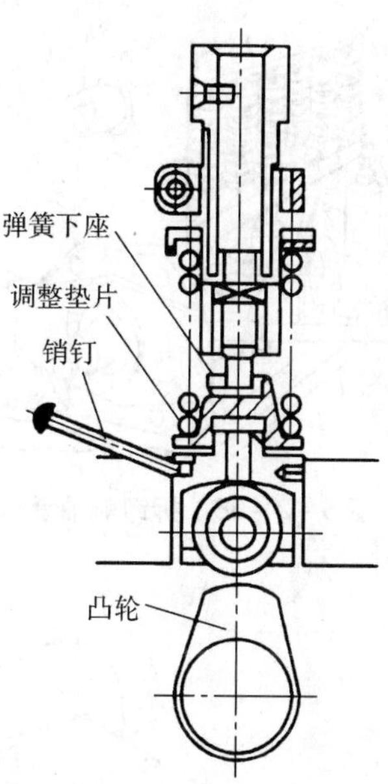

图6-2-35 垫片结构的滚轮挺柱拆卸凸轮轴

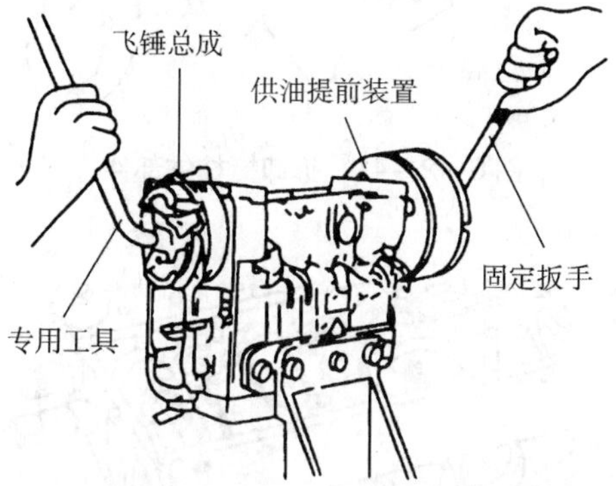

图6-2-36 飞锤螺母的拆卸

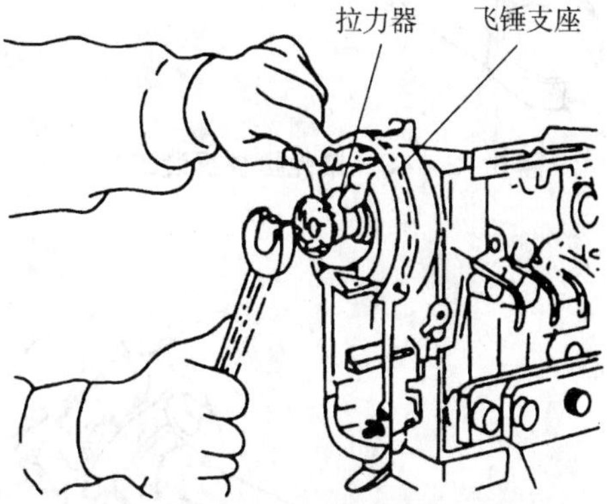

图6-2-37 飞锤支座总成的拆卸

内取下轴承内外圈。

⑧ 将泵体检视窗一侧朝上放置，如图6-2-40所示专用工具从泵体底部的螺塞孔插入泵体内，使其弹簧夹夹住滚轮，并用力推压滚轮挺柱总成以进一步压缩柱塞弹簧，然后抽出滚轮挺柱体托板或销钉，如图6-2-41所示从凸轮轴室内取出挺柱总成。

⑨ 用图6-2-42所示的专用工具从泵体底部的螺塞孔处伸入泵体内，使工具头部夹住柱塞尾部的凸起，用力拔出柱塞，如图6-2-43所示。柱塞拔出后应放置在专用支架上，各缸柱塞取出后按原有顺序摆齐。取下各缸柱塞弹簧及弹簧座并将各零件按顺序放好。

⑩ 拆下出油阀压紧螺母，依次取出减容器、出油阀弹簧及出油阀，用图6-2-44所示专用出油阀座拉器拉出出油阀座。所拆零件均应按原顺序摆放。

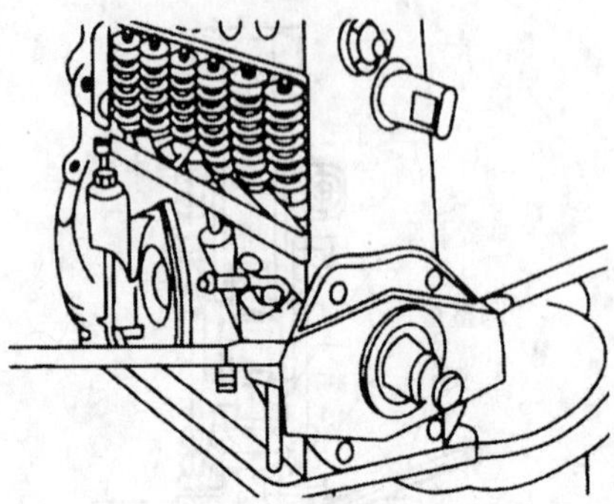

图6－2－38　拆卸前轴承盖

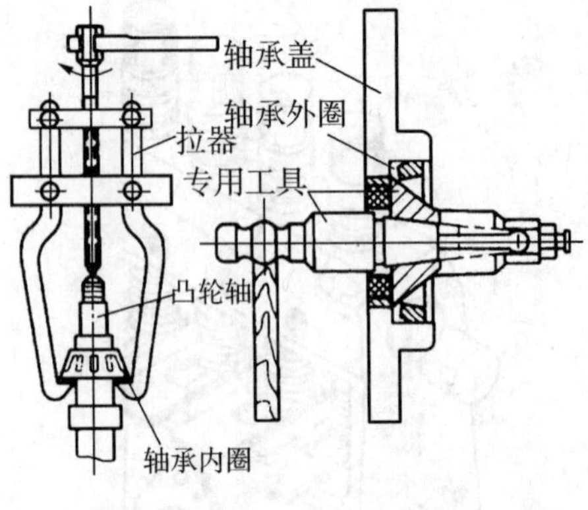

图6－2－39　拆卸滚动轴承

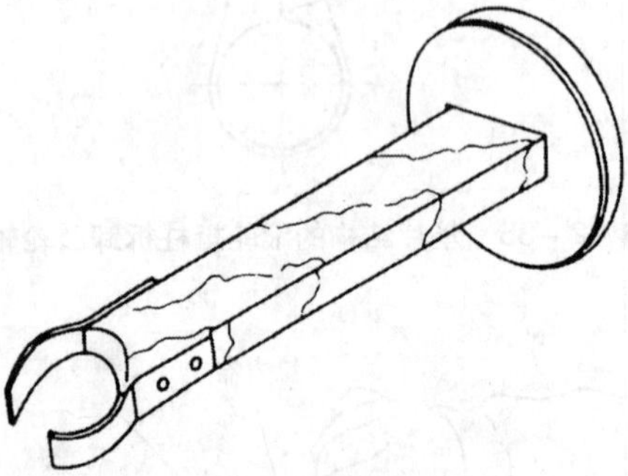

图6－2－40　滚轮挺柱拆装工具

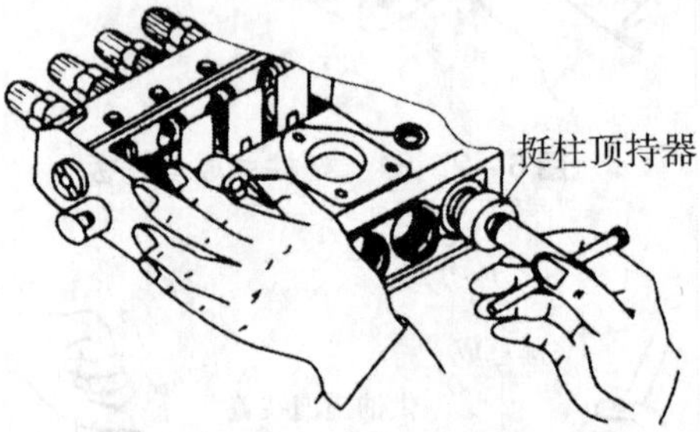

图6－2－41　拆卸挺柱体部件

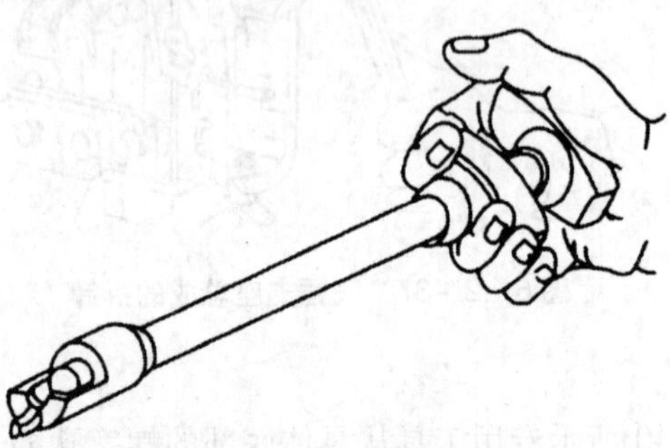

图6－2－42　柱塞拆装工具

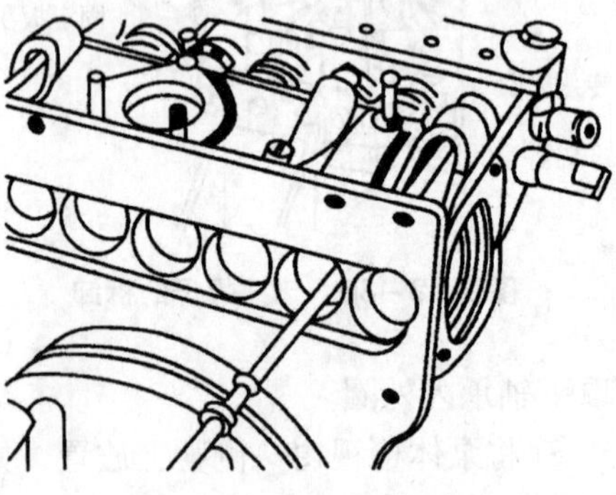

图6－2－43　柱塞的拆装

⑪ 拧松柱塞套筒固定螺钉，用手指托起柱塞套筒，将其从泵体上端取出，如图6－2－45所示，取下的柱塞套与原柱塞配对放置在一起，不得错乱。

⑫ 从泵体检视窗内取出调节齿圈及油量控制套筒并作好配合标记。拧下泵体背面供油齿杆定位螺钉，从装调速器的一端抽出供油调节齿杆。至此A型泵的分解完成。

（3）柱塞式A型喷油泵偶件测试

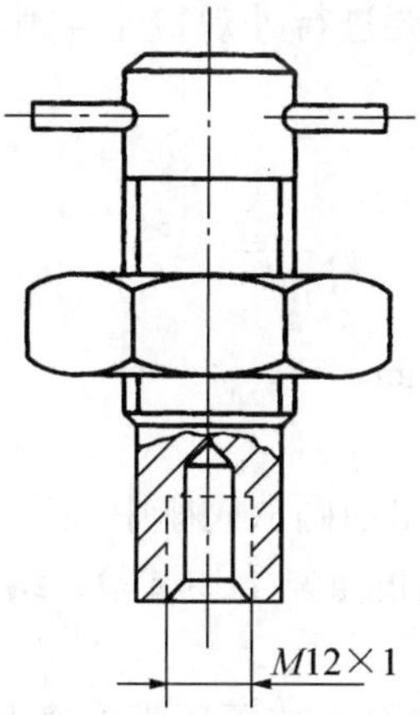

图6-2-44 出油阀座拉器

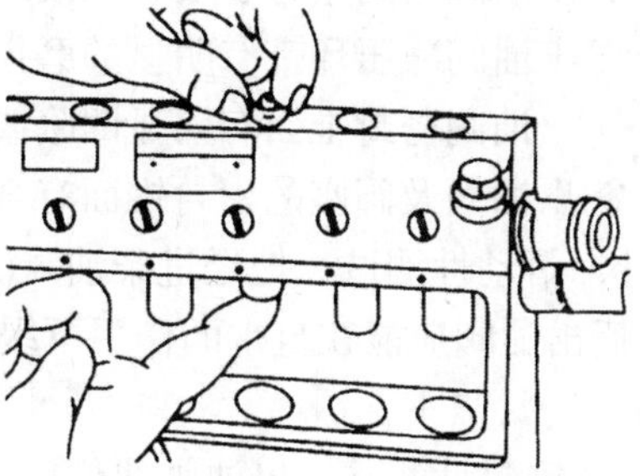

图6-2-45 拆装柱塞套

① 喷油泵柱塞偶件的测试。柱塞偶件检验的项目主要有外观检验、密封性检验及滑动性检验。

a. 外观测试。柱塞偶件经清洗后先进行目测检查，发现有以下情况时应更换：

◈ 柱塞与柱塞套筒有裂纹或变形，柱塞在柱塞套筒内不能平顺地移动。

◈ 柱塞与柱塞套筒工作表面有明显的摩擦滑痕及变色现象。

◈ 柱塞端面、直槽、斜槽导向部分台阶环槽边缘及柱塞套筒内表面有金属剥落及锈蚀斑痕现象。

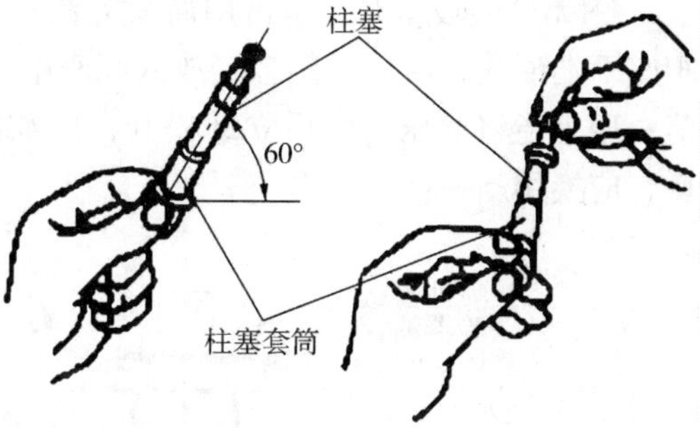

图6-2-46 柱塞偶件的滑动性检验

b. 滑动性测试。如图6-2-46所示，用清洁的柴油清洗后将柱塞插入柱塞套内，倾斜柱塞套60°左右；轻轻抽出柱塞约1/3，放手后柱塞应在自重的作用下缓慢下滑到底；然后转动柱塞，在其他位置重复上述试验，结果应相同。如下滑速度太快，说明偶件间隙配合过大；如有卡滞现象，则表明柱塞与柱塞套筒有毛刺或变形等损伤，应予以更换新件。

c. 密封性测试。可在喷油泵试验台或喷油器试验器上进行密封性检验。检验时将各分泵的出油阀取出，阀座及衬垫保留在孔内，拧紧出油阀压紧螺母；将喷油器试验器的油管与分泵相连并排出油管和泵中的空气；移动喷油泵供油齿杆使之处于最大供油位置，转动凸轮轴使被试柱塞上升到供油行程的中间位置（进、回油孔被封闭）；压动试验器泵油手柄使油压升到20MPa后停止供油，测定油压从20MPa下降到10MPa所需的时间应大于10s，同一喷油泵各柱塞偶件的密封性相差应小于15%。

也可用简便方法试验柱塞偶件的密封性：将柱塞偶件倒置并用手指分别将柱塞套筒顶及侧面的进、回油孔堵严，然后用另一只手将柱塞抽出1/3，此时应感到有明显的吸力，松手后柱塞应被上方的真空吸力吸回到原来的位置。否则表明柱塞偶件的密封性不符合要求。由于偶件的配合精度要求极高，所以一旦出现损伤，应更换新件。

② 出油阀偶件的测试。出油阀偶件检验与柱塞偶件相同，也要进行外观检验、滑动性检验及密封性检验。

a. 外观测试。出油阀偶件有下列情形之一者均应报废。

◆ 出油阀与阀座有裂纹、压痕或明显磨损。

◆ 出油阀减压环带有明显的磨损痕迹。

◆ 出油阀密封锥面有明显凹陷或密封锥面宽度大于0.4～0.5mm。

◆ 出油阀及阀座的密封锥面有金属剥落及锈蚀现象。

b. 滑动性测试：把经过柴油清洗的出油阀偶件垂直放置，将出油阀从阀座中抽出1/3，放手后出油阀应能在自重的作用下缓缓落座，将出油阀转过几个角度重复上述试验，结果应相同。

c. 密封性测试。出油阀偶件的密封性检验主要是试验密封锥面和减压环带的密封性。应使用专用工具进行检验，如图6－2－47（a）所示。检验时将出油阀偶件装入专用工具中，上方与喷油器试验器的油管相连，旋出底部顶杆螺钉，使出油阀落在阀座上。

◆ 锥形密封面的测试。压动喷油器试验器的手柄，使油压上升到25MPa时，测量出油阀偶件油压下降到10MPa所用的时间应大于出油阀阀座60s。

◆ 减压环带密封性的测试。旋进顶杆螺钉，顶起出油阀0.30～0.50mm，用同样的方法使油压从25MPa下降到10MPa的时间应>20s。

◆ 无试验设备时，也可用简易方法进行测试，如图6－2－47（b）所示。用手指堵住阀座下端油孔，将出油阀轻轻放入阀座中。当减压环带刚进入阀座时，出油阀应自行停止下落；用手指将其压到底后立即松开，出油阀应能迅速弹回。否则，表明出油阀偶件密封不良，应换用新件。

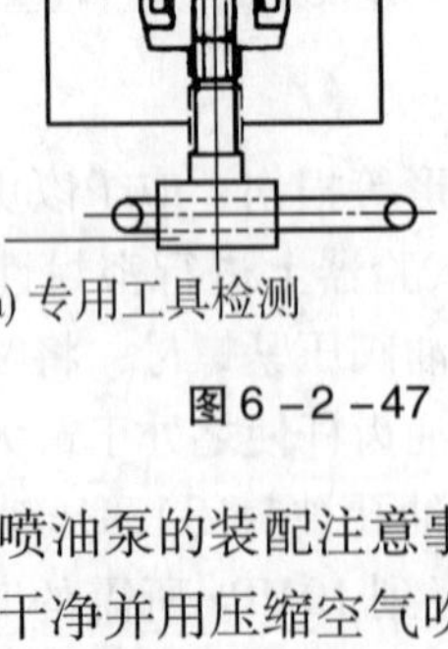

(a) 专用工具检测

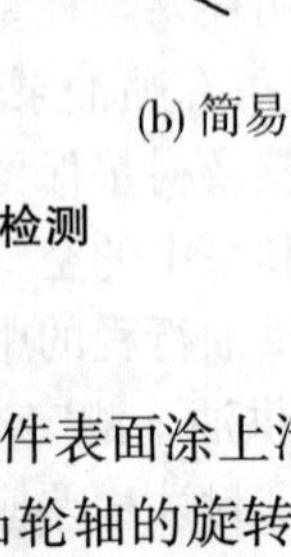

(b) 简易方法检测

图6－2－47　出油阀偶件密封性检测

（4）柱塞式A型喷油泵的装配注意事项

① 将各零件清洗干净并用压缩空气吹干，装配时在零件表面涂上清洁的润滑油。

② 安装凸轮轴前应确认发动机的工作顺序和喷油泵凸轮轴的旋转方向，凸轮轴装配后应转动灵活，凸轮轴轴向间隙不符合技术条件规定时通过增减两端的垫片进行调整。

③ 滚轮传动部件装合后转动凸轮轴时，滚轮架应能灵活上下运动；滚轮上的调整螺钉不得外露过多，以免挤伤柱塞等零件。

④ 柱塞套装入泵体后将柱塞套上的定位螺钉孔对正，然后拧紧螺钉；**注意：**不能使用过长的螺钉将套筒顶死；安装时应防止柱塞歪斜甚至将回油孔堵死。

⑤ 供油拉杆或齿杆装入泵体时要注意安装位置，如齿杆上有刻线，应使刻线对正泵体的端面；对于齿条上没有记号的零件应按照拆开时所作的标记装配。

⑥ 拆卸过程中损坏的垫片、铜垫等零件应换用新件。

（5）喷油泵装配顺序

① 零件清洗干净并用压缩空气吹干，装配时在零件配合表面涂上清洁的润滑油。

② 安装供油调节齿杆，使调节齿杆上的定位槽对准泵体侧面的螺孔；装复定位螺钉并检查调节齿杆的运动阻力，要求泵体倾斜45°时调节齿杆应能靠自重滑动。

③ 将柱塞套筒装入泵体座孔，定位槽卡在定位销上，确保柱塞套安装完全到位。

④ 安装出油阀偶件，将出油阀偶件、垫圈、出油阀弹簧、减容器、密封圈及出油阀接头等到依次装入泵体，然后用35～45N·m的力矩拧紧出油阀接头。各缸装配后，检查喷油泵的密封性。装配中注意保持出油阀座与柱塞套上端面之间清洁，并保证出油阀接头上的密封圈完好、出油阀接头不能拧得过紧。

⑤ 装复调节齿圈和油量控制套筒。

a. 将调节齿圈固定在油量控制套筒上，使齿圈的固定凸耳处于控制套筒两油孔之间居中位置，拧紧调节齿圈固定螺钉。

b. 确定供油齿杆的正确位置，即将供油齿杆上的标记（刻线或点）与泵体端面对齐，齿杆无标记时，应使齿杆伸出泵体端面17.5mm。

c. 装复调节齿圈和油量调节套筒，使齿圈凸耳所在平面与油量调节齿杆的轴线垂直。左右拉动调节齿杆到极限位置时，齿圈上的凸耳摆动角度应大致相等，如图6－2－48和图6－2－49所示。

⑥ 装入柱塞弹簧上弹簧座和柱塞弹簧，然后将柱塞卡装在专用工具上，装复下弹簧座，按图6－2－43所示的方法将柱塞装入对应的柱塞套。**注意：**柱塞十字凸缘块有记号“A”（或缺口）的一侧应朝向检视窗，弹簧座不得装反（上座平面朝上，下座有台阶的一面朝上）、柱塞与柱塞套必须是原配偶件。

⑦ 安装滚轮挺柱总成。调整滚轮挺柱的预装高度为32.5mm（无锡泵），用工具卡住滚轮，将滚轮挺柱装入座孔，此时滚轮挺柱的导向销必须嵌入座孔的导向槽内，用力推压滚轮挺柱，滚轮挺柱托板支起滚轮挺柱。每装复一个滚轮挺柱都应拉动油量调节齿杆，检查其运

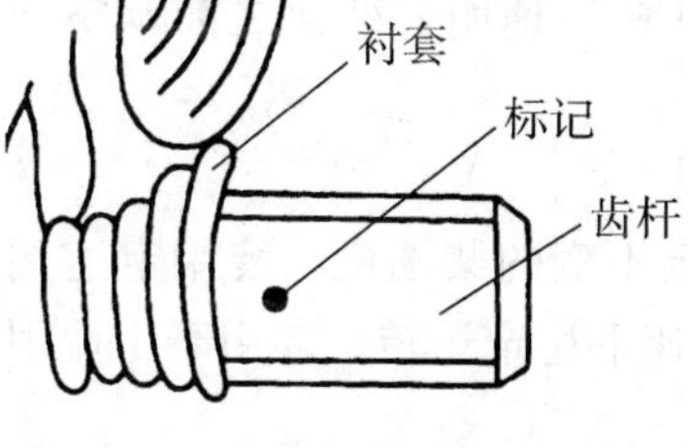

图6－2－48　供油齿杆安装位置

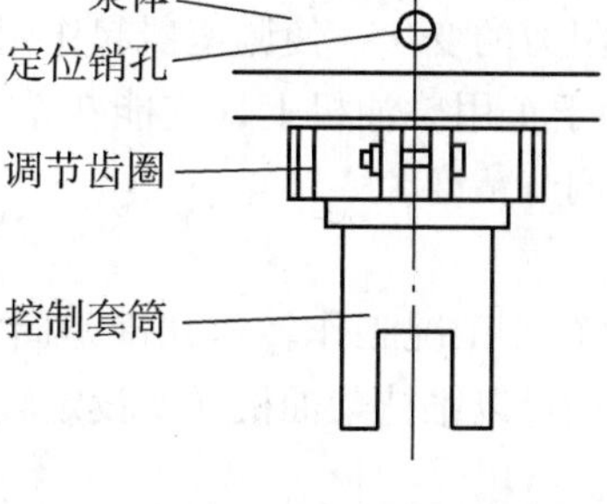

图6－2－49　调节齿圈安装位置

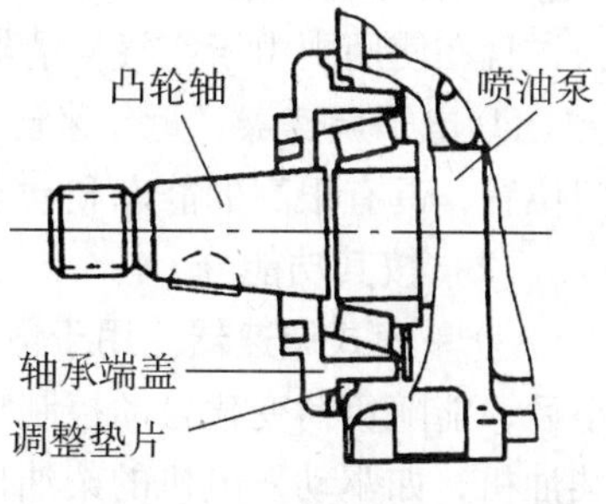

图6－2－50　凸轮轴轴向间隙调整

动阻力。如果阻力过大应查明原因并予以排除。

⑧ 装复凸轮轴和中间支承，装上调速器壳和前轴承盖，安装前轴承盖螺钉必须涂紧固胶。检查凸轮轴的轴向间隙应为0.05～0.1mm，若不符合要求，可通过前轴承盖与泵体之间的调整垫片进行调整，如图6－2－50所示。

⑨ 转动凸轮轴，取下各滚轮挺柱体托架板，拉动供油齿杆时阻力应<1.5N，否则应查明原因予以排除。

⑩ 装复放油螺塞，安装供油提前角自动调节装置、输油泵及调速器总成等附件。

五、调 速 器

1. 调速器功用

调速器的功用是根据柴油机负荷及转速变化对喷油泵的供油量进行自动调节，以维持柴油机的稳定运转。柴油机工作时外界负荷往往经常变化，使用时要求柴油机在负荷变化时能自动地维持较稳定的转速。但实际上喷油泵的速度特性（在油量调节拉杆位置不变时，供油量随转速变化的关系称为喷油泵的速度特性）无法满足这一要求。具体来说，车用柴油机在运行时由于路面等因素使运转负荷 *I* 临时增大，此时转速必然降低一些，要想维持原来的转速，就必须增大喷油泵的供油量，但喷油泵在转速降低时，由于柱塞套回油孔的节流作用减小和柱塞副漏油量的增大，使得供油量也减小，由此必然使转速进一步降低，甚至熄火；反之，当外界负荷突然减小（例如满载汽车从上坡行驶刚过渡到下坡行驶时），则转速随之提高，此时应当减小喷油泵的供油量来保持原来的转速，但是喷油泵本身随转速上升而使柱塞套进油孔的节流作用增强以及柱塞副的回油量减少，使喷油泵供油量反而上升，转速随之继续升高，发动机转速和供油量如此相互作用的结果，将加速导致发动机超速的现象；若负荷突然减至零，甚至有“飞车”的危险。因此要维持柴油机稳定运转，就必须采用调速器来保证在所要求的转速范围内，随着柴油机工作时负荷的变化而自动调节供油量。

2. 调速器类型

调速器通常按工作原理和起作用的转速范围进行分类。

（1）按工作原理分

① 机械式调速器。结构简单、工作可靠，应用于小功率及部分中等功率柴油机上。

② 液压式调速器。结构比较复杂，制造精度要求比较高，但具有良好的稳定性和较高的静态调节精度，特别适用于电站和低速大功率柴油机。

③ 气动式调速器。适用于小功率柴油机，由于在进气管中装有节流阀，增加了进气阻力，且在使用中由于空气滤清器阻力的变化，使调速器起作用转速发生改变。

④ 电子调速器。近年来已用于车用柴油机上，它能在柴油机转速明显变化之前调整油门位置，具有很高的静态和动态调节精度。

（2）按其功能分

① 单速式调速器。用于恒定转速工况工作转速几乎是固定不变的柴油机。装用定速调整后，能随负荷变化自动控制喷油量以维持柴油机在所设定转速下稳定运转。多用于工业用柴油机，如驱动发电机的柴油机。

② 全程式调速器。用于负荷变化较大，能控制从怠速到最高限制转速范围内任何转速

下的喷油量的柴油机上，如拖拉机、工程机械、大型载重车、矿用车、船舶和机车等。

③ 两极式调速器。用于转速变化较频繁的柴油机，只稳定和限制柴油机的最低和最高转速，其中间转速工况由人工直接操纵，主要用于车用柴油机上。

④ 极限式调速器。用于限制柴油机最高转速，它实际上是一种超速保护装置，用于船舶主机和重要的中大功率柴油机等。

目前车用柴油机应用最广泛的是机械式调速器中的两极式和全程式调速器。

3. 两极式调速器的基本结构和工作原理

（1）基本结构

两极式调速器适用于一般条件下使用的车用柴油机，一般具有两个基本部分——感应元件和执行机构。感应元件用于感应外界负荷的变化。当柴油机负荷变化时，由于供油量与负荷不相适应而引起转速的变化，负荷增大则转速下降，负荷减小则转速上升，因而感应元件必须能灵敏地感受到转速的波动并将信号传递给执行机构。执行机构用于根据感应元件的信号相应地调节供油量。当负荷增大而转速下降时，执行机构应使供油量增加，以使转速回升到原有水平；当负荷减小而转速上升时，则执行机构应减小供油量，使转速降回到原值。机械式调速器感应元件和执行机构是做成一体的。

（2）两极式调速器工作原理

两极式调速器的工作原理如图 6－2－51 所示，支承盘由喷油泵的凸轮轴带动旋转，其轴向位置是固定的；飞球铰接在支承盘上并随支承盘一起旋转，飞球在旋转时受离心力作用而张开，飞球臂给滑动盘一个向右的轴向力；滑动盘可沿轴向滑动，其轴与杠杆相连，轴的右端与一球面顶块接触。调速弹簧有两根，外弹簧又称高速弹簧，刚性较大，内弹簧又称低速弹簧，刚性小；不工作时，球面顶块与弹簧滑块之间有一定的间隙。供油齿杆不仅由操纵杆通过拉杆操纵，也受滑动盘的轴向位置控制，因此工作时齿杆的位置是由操纵杆和滑动盘共同决定的。

调速器的飞球为感应元件，滑动盘为执行机构。当柴油机负荷发生改变时转速发生变化，飞球的离心力即刻发生改变。飞球的离心力通过飞球臂作用到滑盘上，产生一轴向分力 F_a，迫使滑动盘向右移动，滑动盘右端又受到调速弹簧弹力 F_p 的作用，因此滑动盘的位置取决于上述两力是否平衡。

两极式调速器的工作过程是当柴油机不工作时，滑动盘受低压弹簧的作用靠向最左端，若操纵杆处于自由状态，齿杆就处在供油量最大的位置。柴油机启动后转速上升，飞球离心力的轴向分力 F_a 克服调速弹簧的弹力 F_p 使滑动盘右移，带动齿杆右移减油。当转速升到某一定转速 n_d 时，滑动盘推动球面顶块与弹簧滑套（实际上高速弹簧座）接触，由于高速弹簧刚性大、预压力也大，因此即使转速继续上升，飞球的离心力也不足以推动高速弹簧座右移。因此在转速大于 n_d 后的一段范围内滑动盘的位置将保持不变，这时油门齿杆就完全由人工操纵操纵杆来控制。如果此时外界负荷变化使转速下降（操纵杆仍呈自由状态），飞球离心力下降，低速弹簧的弹力 F_p 就会推动滑动盘左移，带动齿杆向左移加油以保证转速回升至 n_d 稳定运转。n_d 就是最低空转转速，又称怠速。要注意的是，此时操纵杆处于自由位置，即不必由人工操纵，这对于驾驶人临时停车而不熄火是十分便利的。

4. 全程式调速器基本结构和工作原理

全程式调速器不仅能稳定怠速和限制超速，而且能控制柴油机在允许转速范围内的任何

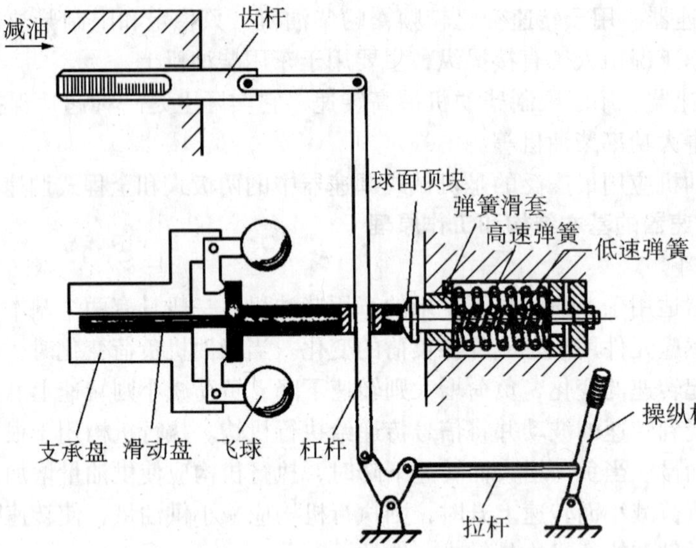

图 6－2－51　两极式调速器工作原理

转速下稳定地工作。

（1）全程式调速器工作原理

图 6－2－52 是全程式调速器工作原理简图，它与两极式调速器不同，供油拉杆只由推力斜盘的轴向位置决定。调速叉作用在调速弹簧座上，改变调速弹簧的预压力可改变弹簧作用到推力斜盘上的弹力，使其增大或减小，从而使推力斜盘移动来改变供油量。

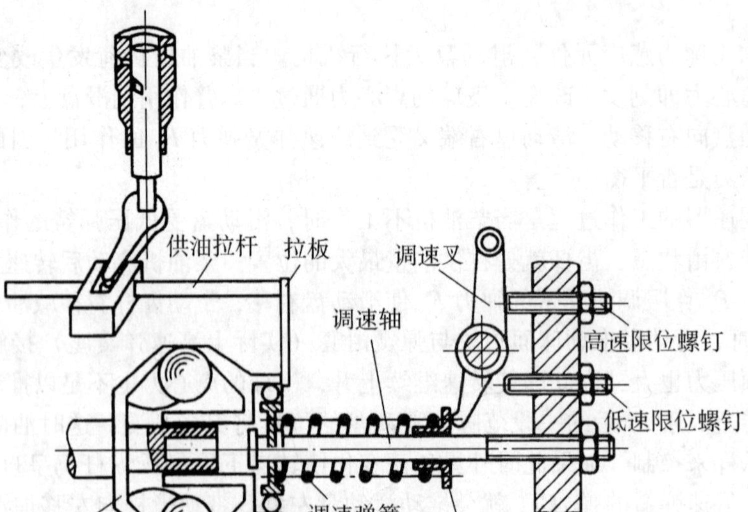

图 6－2－52　全程式调速器工作原理

柴油机不工作时，推力斜盘在调速弹簧的弹力作用下位于最左端，此时供油量最大。调速弹簧被调速叉和调速轴左端凸缘压紧，具有一定的预压力，大小由调速叉决定。当柴油机工作转速升到某一值时，飞锤的离心力轴向分力可与调速弹簧的预压力相等，保持预压力不变（即调速叉不动），若负荷减小使发动机转速升高时飞锤离心力增大，轴向分力超过预压力，推力斜盘就压缩调速弹簧右移减油；相反，若转速降低则轴向分力小于预压力，推力斜盘就被弹簧推动左移加油。改变调速叉的位置，则调速器起作用的转速也随之改变，因此对应调速叉各个位置，柴油机都有相应稳定工作转速。故这种调速器称为全程式调速器。

从图6－2－52中还可看到，调速叉的转动范围受两个螺钉限制。当调速叉顺时针转动时调速弹簧被压紧，预压力增大，因此调速器起作用转速增高；当调速叉与螺钉相碰时起作用的转速最大，因此称该螺钉为最高转速限位螺钉（通常该转速为标定转速）。如将螺钉向外退出，则调速器起作用转速升高，拧入则降低。同样，将调速叉逆时针转动，调速弹簧被放松，调速器起作用，转速降低。当调速叉与螺钉相碰时，起作用转速最低（通常称此转速为怠速），该螺钉称为怠速限位螺钉。该螺钉拧入或退出同样可提高或降低柴油机的怠速转速。

由以上介绍可知，装有全程式调速器的柴油机，驾驶人扳动操纵臂通过调速叉只是改变调速弹簧的预压力，也即改变了柴油机的工作转速，而柴油机的供油量则由调速器根据外界负荷的变化自动地进行调节，这就大大减轻了驾驶人在负荷变化频繁时的紧张劳动，同时也提高了工作效率。全程式调速器也可采用两根或多根调速弹簧，以适应不同转速范围调速器性能对弹簧刚性的不同要求。

（2）典型全程式调速器结构和工作过程

RSV调速器是德国博世公司S系列中的一种全程式调速器，可用于M、A、AD、P型等喷油泵。6BTA5.9发动机配用无锡A型泵的调速器即为该种型号调速器。它与两极调速器的结构大体相同，不同之处有3个：

① 取消了两极式调速器的支持杠杆和控制杠杆，浮动杠杆的下端不再与支持杠杆用销轴连接，而是与调速器壳直接铰接。

② 在原两极式调速器的怠速弹簧处改设油量校正加浓装置，在支撑杆的中部右侧的调速器壳体上加设怠速稳定弹簧并顶在支撑杆上。

③ 将调速弹簧从固定在速度调定杠杆上改为可调的，并用调速手柄随时加以调整。

5. RSV型全程式调整器分解

① 拆下正时器盖帽，取出正时锁。

② 拆下封闭盖上的4个螺栓，取下封闭盖与密封圈。

③ 用专用工具拧松校正器紧固用扁螺母，拧出校正器。

④ 拆调速器盖上两只盖形螺母，拧松紧固螺母，拆下稳定器，退出怠速限位螺钉。

⑤ 拆下紧固调速器盖的6个螺钉，分开调速器体和调速器盖；当两者粘连较紧时可用木槌轻敲调速器盖，但切勿损坏两者之间的石棉垫片。

⑥ 用螺丝刀将齿杆连接杆上的弹簧片移下，从齿杆孔脱出齿杆连接销，再用尖嘴钳取下起动弹簧（**注意**：切勿过度拉扯弹簧），取下调速器盖部件。

⑦ 拆下调速器盖上部两侧的闷头螺钉，抽出支撑杆销子和抽出支架，并从支架上拆下

调节部件和齿杆连接杆部件。

⑧ 抽出支撑杆，取下调速弹簧。

⑨ 拆下调速手柄和衬套，取出开口挡圈，取出摇臂轴承，取出弹簧摇臂部件。

⑩ 拧出六角螺栓和支承螺钉，拆下停车手柄扭簧，从里面抽出拨叉部件。

⑪ 拆下增压补偿器，拧出螺塞，拆下增压补偿器盖，抽出膜片轴和补偿弹簧。

⑫ 用专用工具拆下圆螺母，吊出飞锤部件。

⑬ 拆下调速器体。

6. RSV 全程式调速器检测与装复

（1）调速器零件测试

① 发现弹簧的弹力和自由长度应符合规定，如弹簧弹力减弱、变形、裂纹或折断时，应更换新件。

② 各连接部位要灵活，间隙要适当，在油量操纵手柄不动的情况下，供油齿杆的移动量不能超过1mm，如局部间隙过大应换用新件。

③ 调速滑套大端面不允许有损伤，如发现有损伤痕迹应换用滑套和飞锤总成，否则调速滑块工作一段时间后仍会出现损伤。

④ 调速器壳体应无裂纹、承孔磨损不超限，否则换用新件。

（2）RSV 型全程调速器装复

RSV 型全程调速器的装配顺序大致与拆卸相反，调速器零件必须先清洗干净，刮干净结合面上的干胶（**注意**：不损坏机件表面）。主要技术要求如下：

① 凸轮轴上紧固飞锤的紧固螺母的拧紧力矩为60～80N·m。

② 各密封面上涂密封胶。

③ 安装增压补偿器盖时注意膜片轴横槽方向：槽口朝向调速器一侧，槽底与启动轴平行。

④ 与喷油泵体合拢后，齿杆应灵活无阻。

六、喷油泵总成调试

喷油泵（附调速器）总成的调试应在喷油泵和调速器装成一体后在喷油泵试验台上进行。

（1）6BTA5.9 柴油机 A 型喷油泵总成调试

测试条件：在进口或国产的专用喷油泵试验台进行。

试验油：校泵油（GB 8029—87）。

油温：T＝（40±2）℃。

油压：P＝1MPa。

标准高压油管：BOSCHP/Nl 688 901 017（或性能相似的国产标准高压油管）ϕ6×ϕ2×620

标准喷油器：BOSCHP/Nl 688 750 017（或性能相似的国产标准高压油管）

开启压力：17.2～17.5MPa。

直流电流：DC24V。

可调增压力源：0 ~ 2MPa。

喷油泵总成的调试：衡量喷油泵及调速器性能的标准主要 4 个方面：

◆ 基准缸供油起始点及各缸供油间隔。

◆ 调速器在各种转速下对应的供油齿杆的位置，即调速器的调速特性。

◆ 规定的供油齿杆位置，规定转速下的供油量及各缸供油量的均匀性。

◆ 增压补偿在不同增压压力，不同转速下的特性。

主要技术参数见表 6 - 2 - 1 和表 6 - 2 - 2 所示。

表 6 - 2 - 1　喷油泵总成主要技术参数

油泵型号	6A106 - 9.5 右 1300	供油次序	1—5—3—6—2—4
配套机型	康明斯 6BT	调整器形式	全程 RSV
安装方式	整体法兰 + 中间支承	凸轮升程	8mm
柱塞直径及旋向	φ9.5 右旋	缸心距	32mm
电磁阀电压	DC24V	正时器定位	第 1 缸供油点 + 10°
润滑方式	强制润滑	出油阀接头螺纹	M12 × 1.5
旋转方向	面向驱动端、顺时针	进、回油管螺纹	M14 × 1.5

表 6 - 2 - 2　6A106 喷油泵总成供油量参数

内容 / 工况	转速 (r/min)	压力 (kPa)	供油量参数 (cm^3/400 次)
标定点	1300		35.6 ± 1.2
最大转矩	750		37.2 ± 1.0
低速	500	+ 100	23.2 ± 1.0
	700	+ 100	33.6 ± 1.4
怠速	375	0	4.8 ± 1.2
起动	100	50	≥400
	1400	0	28.4 ± 2.4
高速空载	1560		≤6

（2）喷油泵总成调试步骤

① 在喷油泵和调速器内加注 50 ~ 100mL 清洁的润滑油（泵体在窗口盖板处缓慢加注，调速器在封闭盖处加注）。

② 拧下正时器盖帽，拔出正时销，拧上盖帽。将油泵固定在试验台上，拆下窗口盖板，在第 1 缸装上预行程表按正转方向（从驱动端看顺时针）慢慢转动试验台刻度盘，在第 1 缸挺柱从下止点开始上升处倒退刻度盘 10°，然后使预行程表对零。继续按正向转动刻度盘，至挺柱上升 2.5mm 处（预行程），将刻度盘上标尺对零。调整试验台压力到 2.5 ~ 2.7MPa，打开第 1 缸喷油器上的挡油螺钉，如图 6 - 2 - 53 所示。调整正时螺钉，如图 6 - 2 -

54 所示，使弯管内的油滴为每秒 1 滴；若油滴太快时可将正时螺钉下调。

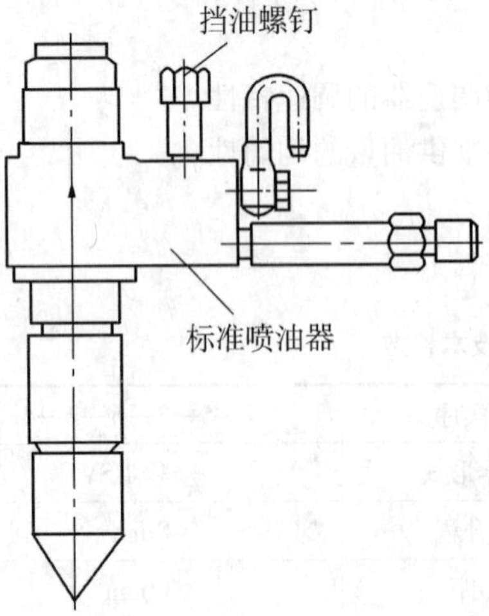

图 6－2－53　标准喷油器

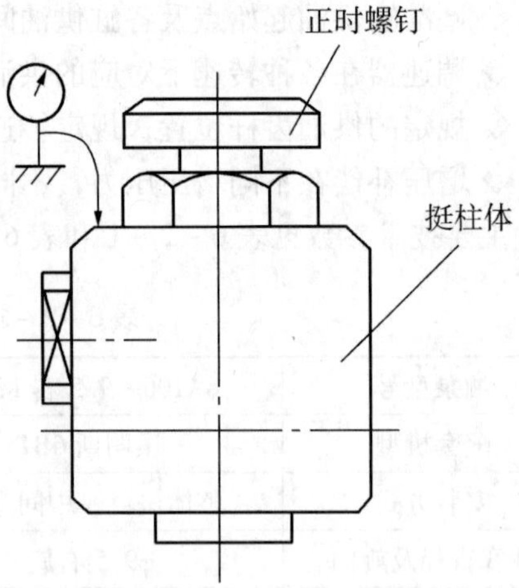

图 6－2－54　滚轮挺柱体

③ 按供油顺序 1—5—3—6—2—4 依次调整其余各缸的正时螺钉，使各缸与第 1 缸的供油始点夹角分别为 60° ±0.5°，120° ±0.5°。

④ 检查各缸的安全空隙。从窗口用螺丝刀撬起正时螺钉，应有 >0.2mm 的空隙。

⑤ 拆除调速器盖上的封闭盖、校正器和稳定器，拆除泵体前端的齿杆护帽，装上齿杆行程表。

⑥ 调整调速手柄。起作用转速为 800r/min，上升转速至飞锤全张时将齿杆向停油方向推到底，此时定为齿杆的零位。齿杆在该位置不能发卡，否则应查找原因并予以排除。

⑦ 调整停车限位螺钉使齿杆位置为 0.5，用专用扳手紧固调整螺母。

⑧ 喷油泵转速升至 1 400r/min，调整调速手柄位置，使齿杆位置为 11.6，紧固高速限位螺钉。

⑨ 喷油泵转速调为 1 300r/min，调整行程螺钉，使齿杆行程为 13.0，调整第 1 缸油量控制部件的齿圈，使油量为 35.6cm³/400 次。

⑩ 转速调为 750r/min，装入校正器（校正弹簧须有足够预紧力，使拧入后降低转速时齿杆行程不再增加），使第 1 缸油量为 37.2cm³/400 次，用专用工具紧固校正器紧固螺母。逐渐放松调整螺塞，使校正器在 800r/min 起作用。

⑪ 调整其余各缸齿圈，使各缸供油量与第 1 缸供油量一致。

⑫ 检查 1 300r/min 时各缸供油量应与第 1 缸一致。

⑬ 装上增压补偿器，接通增压压力源装置，转速为 500r/min，气压表读数为零，调整增压补偿器盖上面的限位螺钉，使油量为 23.2cm³/400 次。

⑭ 转速为 700r/min，压力调为 50kPa，拧出增压补偿器体上的螺塞，从孔中用螺丝刀拨动调整螺套的齿圈，使供油量为 33.6cm³/400 次（调整螺套的齿圈向右转供油量减小；反之供油量增加）。

⑮ 转速 750r/min，增压压力 75kPa，检查油量为 37.2cm³/400 次。

⑯ 转速降至375r/mm，放松调速手柄，使之靠住怠速限位螺钉，调整怠速螺钉1 560r/min，供油量小于6m³/400次，拧出稳定器至齿杆行程上升约0.5。

⑰ 调速手柄靠住高速限位螺钉，检查高速空转工况：增压压力为75kPa，转速1 560r/min，供油量小于6m³/400次，若不合格调整其调整螺钉，并从第⑧开始重调。

⑱ 拆下齿杆行程表，装上齿杆护帽。接通电磁阀的24V电源，转速为100r/min，供油量应大于10cm³/100次，否则应减少齿杆挡钉下的垫圈。

⑲ 调整正时器。从第1缸供油起始点刻度盘顺时针旋转10°，放松正时器座的2个固定螺钉，从正时器座向里看飞锤支架尖状突起在孔中央，将正时销的长端向里，槽口水平装入，轻轻转动正时销，拧上盖帽，然后紧固正时器螺钉。挂上标牌，拧紧力矩为3～7N·m。然后松开盖帽，检查正时角度是否为10°±0.5°，若超差则需重新调整。

⑳ 拧紧各螺纹件，装完各未装零件，从试验台上拆下喷油泵。

七、联轴器及供油提前角调节装置

1．联轴器功用、结构和原理

（1）联轴器功用

联轴器不仅可用作联接两轴、传递动力、补偿因安装而造成的两轴间的同轴度偏差，而且还可利用两轴在安装时调整其少量的相对角位置来调节喷油泵的供油正时。

（2）联轴器的结构和原理

常见的联轴器有刚性十字胶木盘式和挠性钢片式两种。

玉柴YC6105QC柴油机喷油泵联轴器结构如图6－2－55所示。锁紧螺栓将主动盘固定在驱动轴上，两个螺钉穿过主动盘上的弧形孔A将主动盘和中间凸缘盘连接在一起，中间凸缘盘和从动盘上两个矩形凸块B、C分别插入十字胶木盘的矩形切口中，从动盘用键和喷油泵凸轮轴连接，从而将动力传到凸轮轴。若旋松螺钉，沿弧形孔A转动主动盘即可调节主动盘和中间凸缘盘之间的角度，从而调节供油正时。十字胶木盘切口径向长度大于中间凸缘盘和从动盘上两个矩形凸块的径向长度，传动时可以对主、从动盘的同轴度误差起补偿作用。

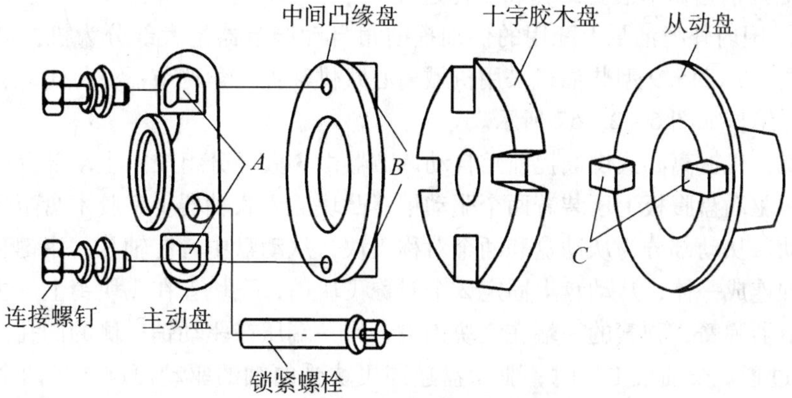

图6－2－55　YC6105QC型柴油机喷油泵联轴器

CA6102 型柴油机的联轴器采用挠性钢片式结构，如图 6-2-56 所示。原理和上述基本相同，只是将凸圆盘改为两组传动钢片，即主动传动钢片组和从动传动钢片组，利用其圆形弹性钢片的挠性来补偿主、从动轴间少量的同轴度偏差。

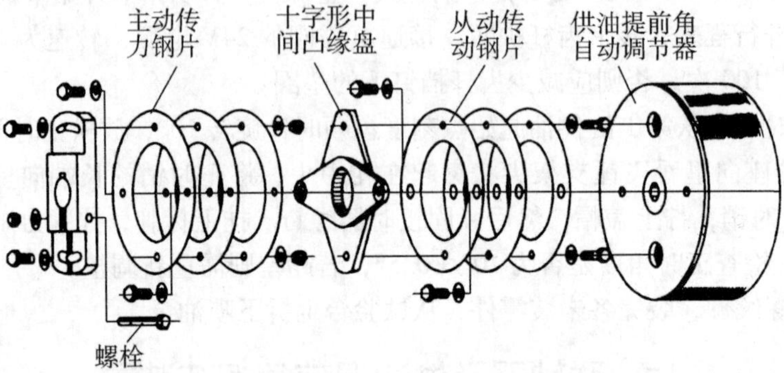

图 6-2-56　CA6102 型柴油机喷油泵联轴器

2. 供油提前角调节装置功用、结构和工作过程

（1）供油提前角调节装置功用

柴油发动机为了获得良好的燃烧和保证正常工作，取得较为经济的燃料消耗及较好的排放指标，每一工况都应有一个最佳的喷油提前角。

喷油提前角是指柴油开始喷入气缸的时刻对应曲轴上止点前的曲轴转角。最佳喷油提前角是指转速和供油量在一定的条件能获得最大功率和最低油耗率的喷油提前角。由于喷油提前角不便于检查，因而在实际使用中都采用供油提前角——即喷油泵开始向气缸供油时的曲轴转角来代替，通过调整供油提前角来控制喷油提前角。最佳喷油提前角是在调试过程中由试验确定的，而且一般来说它随柴油机转速上升而相应增大。

供油提前角调节装置的功用是在柴油机整个工作转速范围内使供油提前角（或喷油提前角）自动随柴油机转速改变而相应变化，使柴油机始终在最佳或接近最佳喷油提前角情况下工作。

（2）供油提前角调节装置结构和工作过程

① 结构。国内外喷油泵上配用的供油提前角自动调节器绝大部分为机械离心式，工作原理基本相同。6BTA5.9 型柴油机采用机械离心式供油提前角调节器，位于联轴器与喷油泵凸轮轴之间，结构如图 6-2-57 所示。

一般来说，机械离心式供油提前角自动调节器由 3 大部分组成。主动部分有两个矩形凸块的驱动盘，驱动盘腹板上压装着两个驱动销，凸块插入联轴器十字胶木盘矩形孔中，随联轴器一起转动。从动部分为从动盘和两个对称飞块，从动盘中心有轴孔，用键和紧固螺母与喷油泵凸轮轴连成一体，从动盘上固定 2 个对称飞块销，飞块套在飞块销上。主、从动部分之间装有调节器弹簧，弹簧的一端在飞块销上，另一端压在驱动销一侧的凹孔内。

② 工作过程。柴油机工作时，驱动盘连同飞块受曲轴的驱动而旋转，两个飞块的活动端向外甩出，迫使从动盘也沿旋转方向转动一个角度，直到调速器的弹力与飞块离心力平衡为止，供油提前角便进一步向外甩出，从动盘被迫再相对于驱动盘前进一个角度，到弹簧弹

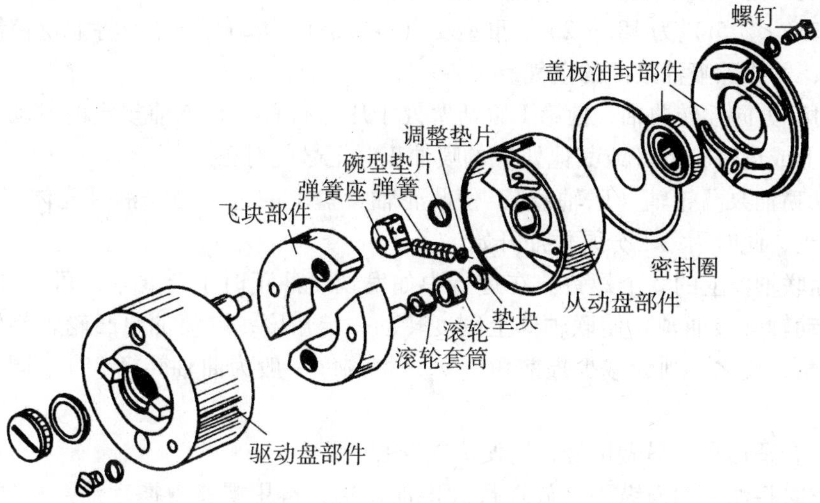

图 6－2－57　6BTA5.9 型柴油机供油提前角调节器零件分解

力足以平衡新的离心力为止，供油提前角便相应地增大。反之，当柴油机转速降低时供油提前角则相应减小。

3. 供油提前角调节器拆装

图 6－2－57 所示为供油提前角调节器零件分解图。

① 解体前旋下放油螺塞，放净调节器内润滑油。

② 将供油调节器固定在夹具上，用带状扳手夹住壳体，拧下调节器壳，分解时必须注意辨清旋向。

③ 撬起驱动盘，用螺丝刀拔出弹簧，取下弹簧及调整垫片，依次取下飞块等零件。

④ 对零部件进行检验。

⑤ 按拆卸相反顺序装配，装备完毕后，向放油孔内加注 35～40mL 的柴油机润滑油。

4. 供油提前角调整

供油提前角的调整有两种：一为静态调整，即在静态时把供油提前角调到合适值；二为动态自动调整，即在柴油机运转时随转速变化自动修正提前角。

（1）静态供油提前角调整

柴油机出厂前及工作一段时间或拆装后，都需要进行供油提前角的检查与调整。供油提前角实际上就是喷油泵凸轮轴与柴油机曲轴间的相对角位置，因此供油提前角的调整就是改变两轴间的相对角位置关系。

供油提前角的检查性调试，在没有测试工具时可以用经验方法进行应急调整，当有条件时必须按规定调整。喷油泵在柴油机上的联接方法分固定板联接和十字形联轴器联接。前者为柴油机曲轴正时齿轮，是通过中间惰轮接合喷油泵正时齿轮带动喷油泵凸轮轴转动的；后者是由驱动轴通过十字形联轴器带动喷油泵轮轴转动。所以，根据其联接方法和传动结构、喷油泵的拆装方法和喷油提前角的调整有所区别。

喷油时刻提前至活塞压缩行程上行结束之前的一段行程，即当时曲柄位置与气缸中心线之间的转（夹）角叫喷油提前角。一般直接喷射式燃烧室为25°~35°，分隔式燃烧室为15°~30°。轻型车（<2.5t）为18°~25°，重型车（>2.5t）为25°~33°。将油量控制杆推至最大供油位置，并排除喷油泵内的空气。

a. 顺时针方向摇转曲轴，使第1缸活塞处于压缩行程上止点前规定的发动机喷油开始位置。飞轮上或皮带轮上（或其他处）的喷油正时记号应对正。

b. 转动喷油泵凸轮轴（联轴器），使凸轮轴接盘上的记号与喷油泵壳体（或轴承盖）上的记号对正，此时为第1分泵供油开始。

c. 紧固联轴器上的2个螺钉。在运行中如发现喷油正时不合要求，可松开紧固螺钉，慢慢转动驱动轴（或曲轴）使联轴器上刻度转动一定角度，顺喷油泵凸轮轴旋转方向转动为增大提前角；反之，则为减少提前角（每一格刻度一般为曲轴转角3°）。调泵外壳则相反。

d. 调整合适后也可另做记号，以便下次安装。

e. 检查时将油泵的操纵手柄放在最大供油位置，再用螺丝刀撬动油泵柱塞使其泵油。油面上升到出油口平面可以观察到的位置时（即停止泵油），再慢慢转动曲轴待油面开始上升时即停止转动，此时为该单泵的供油始点（提前角）。观察曲轴皮带轮刻度是否在第1缸的压缩行程上止点前20°。

f. 喷油过早。启动时发动机怠速不稳定，突然加速时气缸内发出有节奏清脆金属敲击声。

g. 喷油过迟。发动机启动后发闷，突然加速时发动机转速不能随之提高，造成气缸内产生低沉不清晰的敲击声。

首先按柴油机工作旋向旋转曲轴，使皮带轮上供油提前角位置刻线准确对准机体上的标记。**注意：**此时应保证是在第1缸压缩上止点附近。对标记时必须保证按柴油机工作旋向旋转曲轴，防止由于反向旋转时齿轮等传动间隙的影响。如果转动间隙超标，必须反向旋转一定角度后再重新正向旋转对正。

标记对正后，观察喷油泵的供油提前角自动调节器壳体上的刻线与喷油泵泵体上刻线是否对齐，没有对齐时则需进行调整。

（2）拆装后调试

将在试验台上调试好的喷油泵总成安装到发动机上时，应按下列程序和方法校准喷油正时：

① 检查发动机正时齿轮的啮合记号是否对正。

② 按曲轴旋转方向摇动曲轴，使第1缸活塞处于压缩行程上止点前规定的喷油开始位置，即飞轮上或带轮上（或其他处）的喷油正时记号应对正。

③ 转动喷油泵凸轮轴，使凸轮轴接盘上的记号与泵壳体上的记号对正，此时为第1缸供油开始。

④ 由于主动盘上开有周向槽孔，安装联轴节可转动一定角度使联轴节上的记号对准（或校正后重新做出的刻线记号对齐），这样可保证发动机的喷油提前角符合要求，紧固联接螺钉即可完成供油提前角的调整。

⑤ 最后进行发动机试车，如果喷油提前角未达到理想的数值时可在停机后对联轴节或

喷油泵体进行调整，调整完毕后重新刻印记号以利于下次调整。

(3) 供油提前角自动调节

当柴油机工作转速范围较宽（车用柴油机）或高压油管较长时，使用喷油自动提前器可以使喷油提前角自动随柴油机转速改变而变化，使柴油机在整个工作转速范围内可以在最佳提前角或接近最佳提前角的情况下工作，只要其结构和技术性能良好，一般无须进行调整。

八、输 油 泵

1. 输油泵功用

输油泵的功用是使柴油产生一定压力，克服滤清器及管路的阻力，将柴油从燃油箱吸出，并以一定压力经过滤清器送至喷油泵。保证连续不断地向喷油泵输送足够的柴油。输油泵能保证有足够数量的柴油自燃油箱输送到喷油泵，保证低压油路的循环，输油压力为150~300kPa，其输油量一般为发动机全负荷最大喷油量的3~4倍。

2. 输油泵结构类型

① 活塞式。

② 膜片式。

③ 齿轮式。

④ 叶片式。

活塞式输油泵由于工作可靠而应用广泛，YC6110Q型、YC6105型柴油机和6BTA5.9使用A型泵的柴油机都采用这种形式。其分解图如图6-2-58所示。活塞式输油泵结构如图

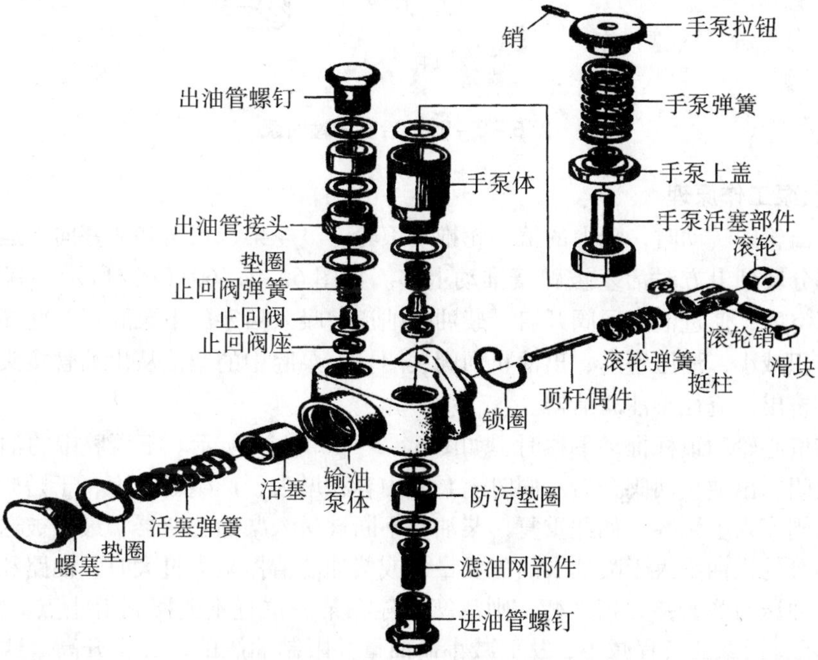

图6-2-58 活塞式输油泵分解

6－2－59 所示，由泵体、机械油泵总成、手油泵总成、止回阀和油道等组成。它安装在喷油泵的一侧，由喷油泵凸轮轴上的偏心轮驱动。机械油泵总成由滚轮部件（滚轮、滚轮轴和滚轮架）、顶杆、活塞和弹簧等组成。手油泵总成由手油泵总成、活塞、手柄和弹簧等组成。止回阀由进油止回阀、出油止回阀和止回阀弹簧等组成。

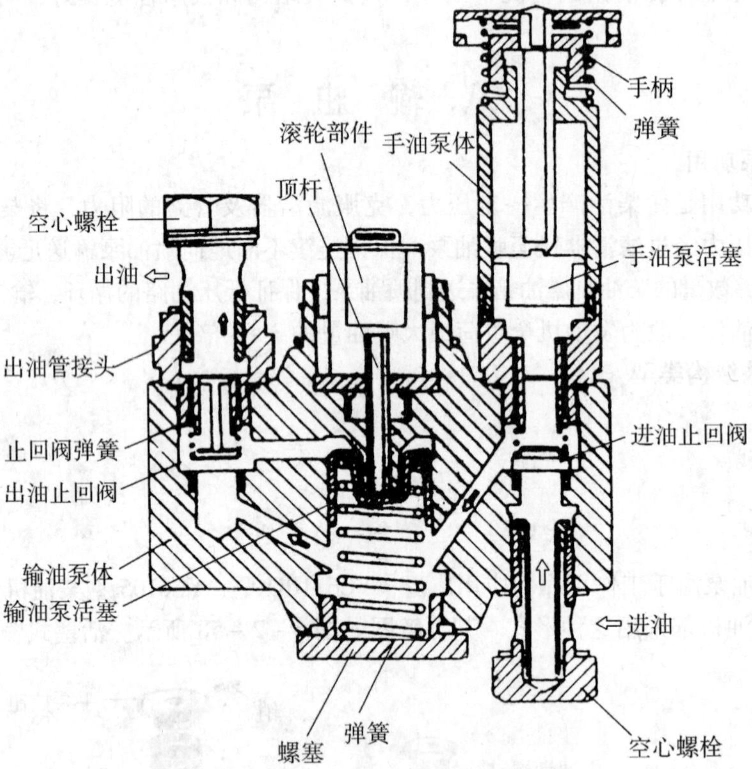

图 6－2－59　活塞式输油泵

3．输油泵工作原理

喷油泵凸轮轴转动时，轴上的偏心轮推动滚轮、滚轮架、顶架和活塞向下运动。当偏心轮的凸起部分转到上方时活塞被弹簧推动上移。如图 6－2－60（a）所示，其下方容积增大，产生真空度，使进油止回阀开启，柴油经油道被吸入活塞的下泵腔。与此同时，活塞上方的泵腔容积减小，油压增高，出油止回阀关闭，上泵腔中的柴油从出油管接头上的孔道经空心螺栓被挤出，流往柴油滤清器。

当活塞偏心轮和顶杆推动下移时，如图 6－2－60（b）所示。下泵腔中的油压升高，进油止回阀关闭，出油止回阀开启。同时上泵腔中容积增大，产生真空度，于是柴油自下泵腔经出油止回阀流入上泵腔。如此重复，柴油便不断被送入柴油滤清器，最后被送入喷油泵。

当输油泵的供油量大于喷油泵的需要量，或柴油滤清器阻力过大时，油路和上泵腔油压升高。若此油压与弹簧弹力相平衡，则活塞便停在某一位置不能回到上止点。如图 6－2－60（c）所示，活塞的行程减小，从而减小输油量并限制油压的进一步升高。这样就实现了输油量的供油压力的自动调节。

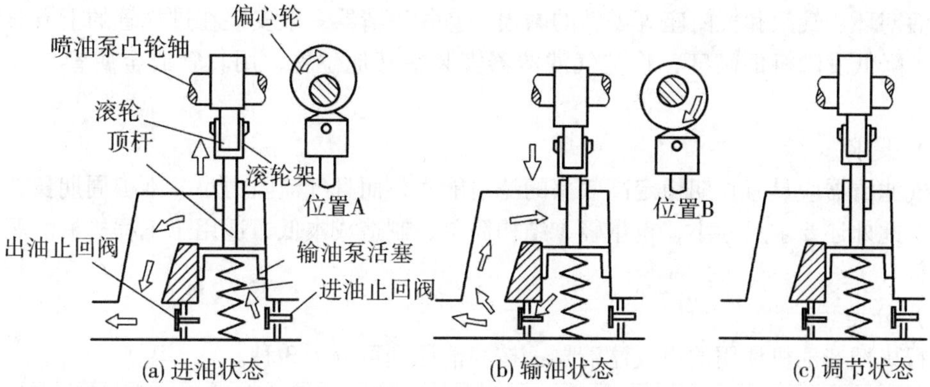

图 6－2－60　输油泵工作原理

当柴油机长时间停机后再启动时，应先将柴油滤清器和喷油泵的放气螺钉拧开，再将手油泵的手柄旋开，往复抽按手油泵的活塞。活塞上行时，将柴油经进油止回阀吸入手油泵泵腔；活塞下行时进油止回阀关闭，柴油从手油泵泵腔经机械油泵下腔和出油止回阀流入并充满柴油滤清器和喷油泵低压腔，并将其中的空气驱除干净。最后拧紧放气螺钉，旋紧手油泵手柄，再启动发动机。

机械油泵的活塞与泵体、手油泵的活塞与泵体以及顶杆与配合孔等偶件都是经过选配和研磨而达到高精度配合的，故无互换性。

4．输油泵的拆装

① 拆卸前用手推压滚轮做往复运动，检查滚轮（及挺杆、顶杆偶件）和活塞的运动有无卡滞和行程过小现象，从活塞回弹能力强弱可判别活塞弹簧工作是否正常。

② 拔出挺柱、顶杆。

③ 拆下手泵部件和出油管接头，取出进出油口回止阀弹簧及止回阀。

④ 旋下输油泵螺塞，取出活塞弹簧及活塞。

⑤ 拆卸手油泵部件。

⑥ 按拆卸相反的顺序装配输油泵，在装配过程中注意保持清洁。活塞、顶杆、滚轮体装配时，零件表面应涂抹适量润滑油；起密封作用的垫圈安装时应保证端面均匀。

5．输油泵零件的测试

输油泵解体后，检查进、出油阀和阀座的磨损情况，如有破裂或严重磨损时应更换新件；如磨损轻微可研磨修复，输油泵活塞与壳体由于磨损出现配合松旷或运动不平稳时应更换新泵。

第 3 节　空气供给装置

一、空气滤清器

1．空气滤清器的功用和分类

（1）功用

把进入发动机空气中的灰尘和砂土等滤掉，从而保证进入气缸的空气清洁，减少气缸、活塞、活塞环、气门和气门座等零件的磨损。空气滤清器一般安装在进气管的上方。有些发动机为了降低发动机的高度，将空气滤清器安装在其他位置，用软管或金属管与进气管相连。

（2）要求

空气滤清器应具有长期稳定高效率的滤清能力，而且气流阻力小，维护周期长，维护操作方便。此外还要求尺寸小、重量轻、结构简单、制造成本低、适用于工程机械的恶劣工作环境。

（3）分类

工程机械柴油机使用的空气滤清器，按滤清原理可分为 3 种。

① 惯性式。利用气流在急速改变流动方向时，因尘土具有较大的惯性而被清除，空气在通过滤芯之前先进行分离处理，可将绝大部分的粗颗粒尘土清除掉。

② 油浴式。空气进入滤芯前，在气流转向处流过润滑油表面时使大颗粒的杂质因惯性甩向油面而被黏附。

③ 过滤式。引导气流流过滤芯，使尘土和杂质被隔离并黏附在滤芯上。经过油浴的空气再过滤称为湿过滤；不经过油浴的空气过滤称为干过滤。

现在使用的空气滤清器为采用上述几种滤清方法的多级滤清器。工程机械柴油机使用的空滤器常见的有：旋流管干式滤清器、叶片环干式滤清器和油浴式复合滤清器等。

2. 空气滤清器结构和工作原理

空气滤清器结构如图 6－3－1 所示。

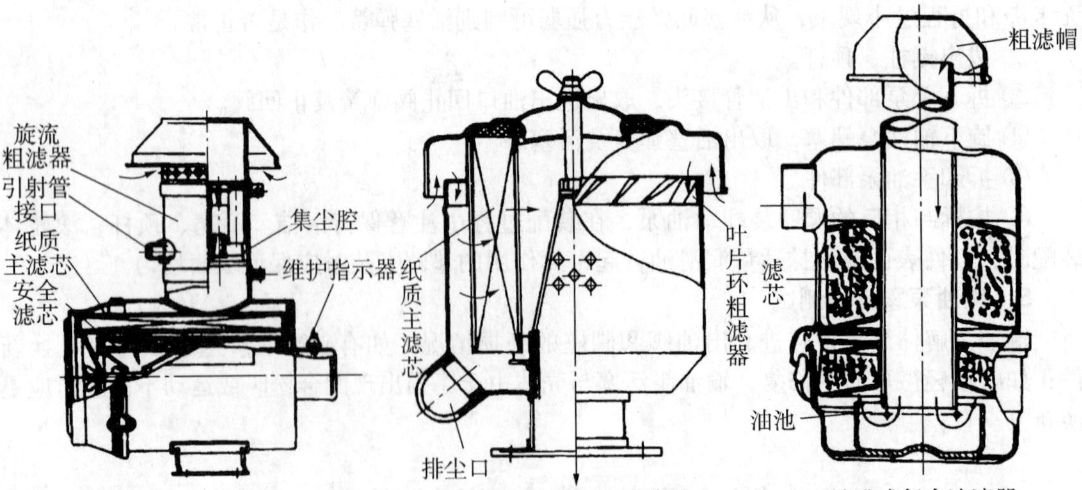

(a) 旋流管干式滤清器　(b) 带叶片环干式滤清器　(c) 油浴式复合滤清器

图 6－3－1　常见空气滤清器结构

（1）带有旋流管干式滤清器

图 6－3－1（a）为旋流管干式滤清器（附有安全滤芯），其滤清效果最好，滤清效率可达 99.5% 以上，使用也最广泛。它主要由旋流粗滤器（竖置旋流管）、纸质主芯（卧置纸滤芯）及安全滤芯等 3 部分组成。空气经竖置旋流管离心力的作用，使空气中约 99% 的砂尘

落入旋流管下端集尘腔，经过粗滤后，较清洁的空气通过纸质滤芯滤清及安全滤芯后进入进气管。纸质滤芯是由树脂处理的微孔滤纸制成的，具有质量小、高度低、成本低廉及滤清效率高等优点；缺点是使用寿命短，对油类污染敏感。

为了使集尘腔内的砂尘随时排出，在消声器排气尾管上接一段拉瓦尔形管，如图6－3－2所示。在拉瓦尔形管缩径低压区的垂直方向，用引射管接通空气滤清器的集尘腔内。当柴油机工作时，利用拉瓦尔形管产生的真空度将砂尘随排气排出。

在空气滤清器出口端装有维护指示器，可根据进气阻力的变化发出警报信号，即当滤芯受阻，真空度达到一定数值时，提醒及时维护滤芯。

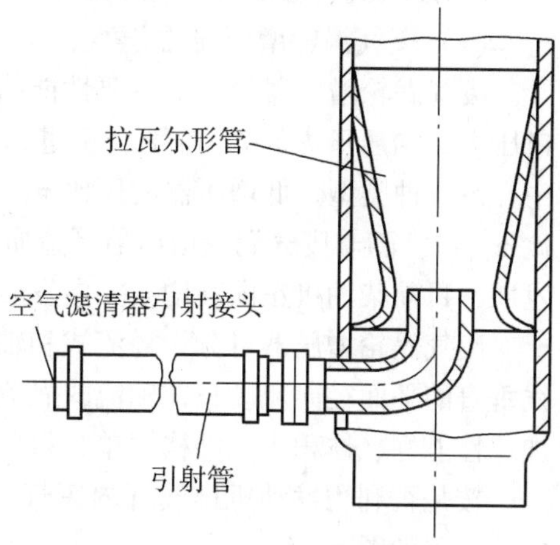

图6－3－2 排气引出拉瓦尔形管

（2）带叶片环干式滤清器

图6－3－1（b）为带叶片环干式滤清器。叶片环粗滤器外面有很多叶片，空气进入后通过叶片产生旋转运动，在离心力作用下将质量大的尘土甩向外壁，并经由排尘口排出，经过粗滤后的空气再经过纸质主滤芯过滤后，经进气管进入气缸。

（3）油浴式复合滤清器

图6－3－1（c）为油浴式复合滤清器。发动机工作时，空气以很高的速度经粗滤帽后流入并下行，然后又上行。较大颗粒的尘土具有较大的惯性，冲向油池上被油所黏附，较轻的尘土随空气转向滤芯流去，被滤芯黏附，已滤清的空气再进入气缸。

对于少数作业环境条件较好的工程机械及运输机械，由于空气比较清洁，一般采用单级油浴式空气滤清器或干式空气滤清器。

对采用纸质的干式空气滤清器，维护时切忌让纸质滤芯接触油质，否则将增大过滤阻力。纸质滤芯清除尘土时，可放在平板上轻轻拍打或从滤芯的内侧向外吹气，也可用软毛刷将尘土去除。当达到规定的更换周期时应更换滤芯，滤芯若有破损也应更换。

二、涡轮增压系统

1. 涡轮增压功用

涡轮增压系统是利用发动机工作时曲轴的动力或燃烧的废气驱动增压器工作，从而增加发动机的充气量，使过量空气系数提高，进气温度上升，降低排放污染，提高发动机的动力性和经济性。柴油机目前大多均采用废气涡轮增压系统。

在非增压柴油机中，废气所带走的能量相当于燃油所发出能量的35%～40%，将这部分能量加以利用，将显著提高柴油机的动力性和经济性。

利用增压器提高进气压力以增加柴油机充气量的方法称为增压。根据驱动增压器所用能量来源的不同，增压方法可分为3类：一是机械增压，增压器由柴油机曲轴驱动；二是废气涡轮增压，增压器由柴油机排出的废气驱动；三是复合增压，由上述两种方式组合而成。由于废气涡轮增压结构紧凑、体积小、效率高和匹配后的柴油机特性好，因此在柴油机上获得了广泛的应用，目前中等功率以上柴油机大多数采用废气涡轮增压。

柴油机采用废气涡轮增压不仅可提高功率，还可减小单位功率质量、缩小外形尺寸、节约原材料和降低燃料消耗。

2. 废气涡轮增压器构造和工作原理

（1）废气涡轮增压器的分类

废气涡轮增压器的一个主要性能指标是压力升高比，简称压比 π_k。它是指压气机的出口压力（增压压力）P_k 与压气机进口压力 P_o 之比值。废气涡轮增压器按压比可分为低、中、高 3 种类型，低增压器的压比 $\pi_k < 1.4$；中增压器的压比 $\pi_k = 1.4 \sim 2.0$；高增压器的压比 $\pi_k > 2$。随着废气涡轮增压器制造质量的提高，以及废气涡轮增压器与柴油机匹配技术的发展，目前柴油机正向高增压方向发展。

废气涡轮增压器可分为径流式和轴流式两种。在径流式涡流中，废气沿着与涡轮旋转轴线垂直的平面径向流动；在轴流式涡流中，废气沿着涡轮旋转轴线方向流动。前者效率高、加速性能好、体积小、结构简单，目前应用较广。

按是否利用发动机排气管内废气的脉冲能量分，废气涡轮增压器可分为恒压式和脉冲式，布置如图 6-3-3 所示。

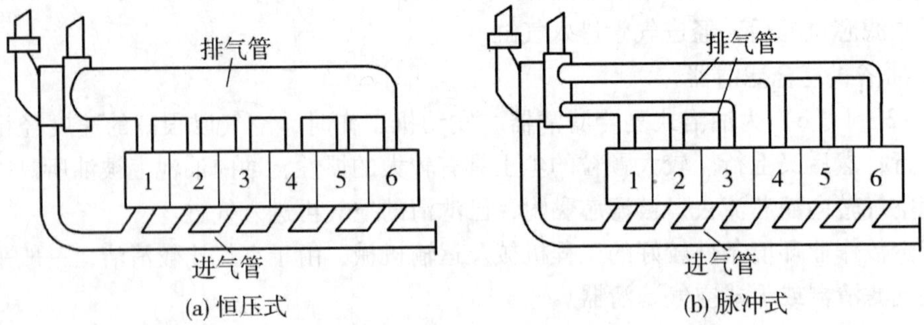

图 6-3-3 废气涡轮增压器

恒压式是把柴油机全部气缸的排气歧管接到一根排气总管内，再与增压器涡轮壳相连接。由于排气总管容积较大，起稳压作用，因而管内的压力波动较小，废气以某一压力沿着单一的涡轮壳进气道通向整个喷嘴环。这种结构形式常用于大型高增压柴油机。对脉冲式，就六缸柴油机而言，如其发火顺序为 1—5—3—6—2—4，一般将 1、2、3 缸的排气道连接到一根排气歧管上，4、5、6 缸连另一根排气歧管。同时，把涡轮的喷嘴环根据排气管的数目分组隔开使之互不干扰。这样可使排气管中的压力造成尽可能大的压力波动，充分利用废气的脉冲能量。

因脉冲式涡轮增压系统直接利用废气中的脉冲动能，故效率比恒压式涡轮增压系统要高。一般在增压压力大于 300kPa 时，常采用恒压式增压系统，目前在工程机械所用的柴油机上，普遍采用低、中增压径流脉冲式涡轮增压器。

（2）废气涡轮增压器的构造

图 6-3-4 为径流式涡轮增压器的结构。它由压气机、涡轮机和中间壳体 3 部分组成，压气机部分由压气机叶轮、压气机壳和扩压器等组成单级离心式压气机；涡轮机部分由涡轮

壳、涡轮叶轮、喷嘴环和涡轮端盖板等组成单级径流式涡轮机。压气机叶轮与涡轮机叶轮装在同一根轴上构成转子组，并支承在中间支承体两端的浮动轴承上。中间支承体左端装有压气机壳，右端装有涡轮壳。

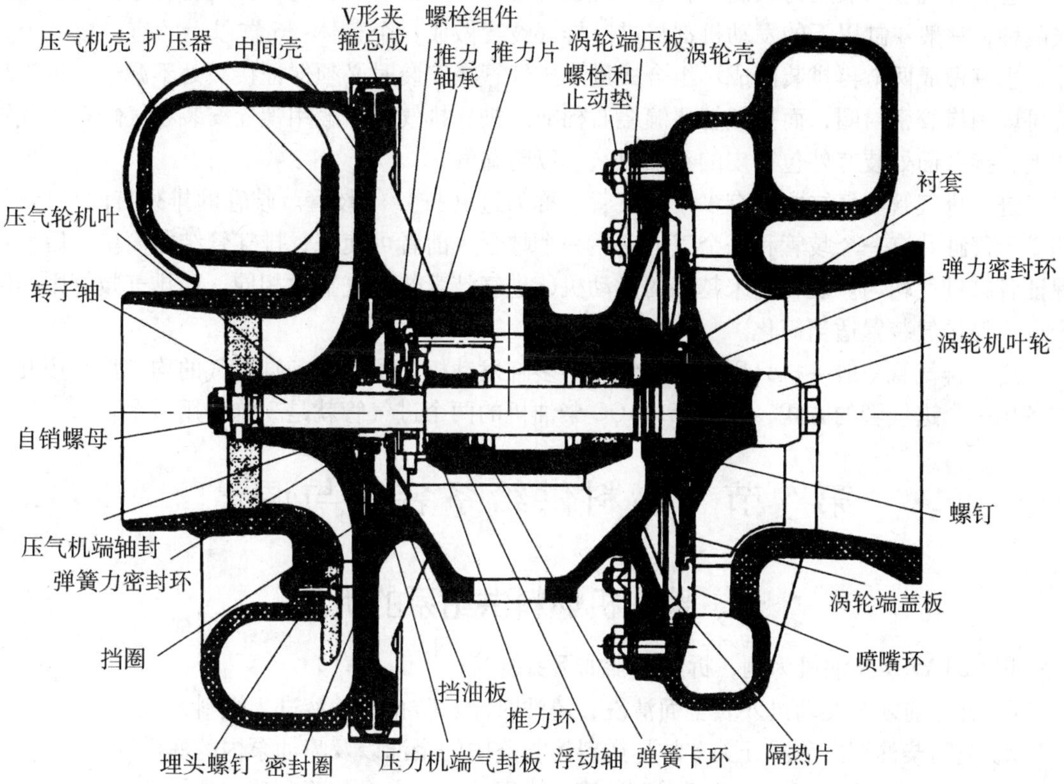

图6－3－4　径流式涡轮增压器

密封装置部分由压气机端轴封、弹力密封环、压气机端气封、挡油板、涡轮端密封环和隔热板等组成。压气机端密封装置的作用是密封压气机内的高压空气，以防止中间壳体油腔内的润滑油进入压气机。涡轮端密封装置的作用是阻止涡轮内的高温废气进入润滑油腔，并起隔热作用，以保证润滑油的质量，维持增压器正常工作。

第4节　废气排出装置

一、进、排气管功用

（1）进气管的功用

将空气均匀地分配到各个气缸。

（2）排气管的功用

汇集各气缸的废气，通过排气消声器排出。

柴油机的进、排气管大多数在柴油机的两侧，以免排气管高温对进气管的烘烤而影响冲气效率（而对汽油机，为了便于对进气管加热，通常安装在气缸的同一侧）。

二、进、排气管结构和类型

进、排气管一般用铸铁制成，进气管也有用铝合金铸造的。进、排气管有整体式和组合式两种，一般4缸以下的发动机都将进、排气歧管做成一个整体；6缸以上的有做成一个整体，也有做成两节再拼装而成。组合式进、排气管在安装时必须保证接头处不漏气，进气歧管可以用橡胶密封圈，而排气管要缠绕石棉绳。进、排气管一般用螺栓安装在气缸盖或气缸体上，接合面处装有外包铜皮的石棉衬垫，以防漏气。

进、排气管与气缸之间有多个分支管，称为进（排）气歧管。歧管的排列有两种形式，即2个气缸共有一个歧管和一个气缸独用一个歧管。前者可使进、排气管结构简单，后者可保证各缸进气均匀。现在越来越多的发动机，进气歧管数与气缸数相同，而排气歧管则两缸合用，使排气装置适当简化。

进、排气管一般一机只用一个，但有的多缸发动机为了提高各缸进气的均匀性采用几个缸各用一个进气管的方式，如YC6105QC柴油机的两个进气管就是3缸各用一个。

第5节　燃料供给系装配与调试

一、柴油机燃料供给系的拆卸

以6BTA5.9柴油机为例，拆卸步骤如下：

① 拆卸前须对发动机外表全面清洗，清洗时注意防止清洗液进入燃料系统。

② 关闭柴油箱出油阀开关并放尽燃料系管路中的余油以及喷油泵内的润滑油。

③ 拆除油门操纵机构，拆下高压油管、进回油管、润滑油管和喷油泵托架。

④ 拆除油水分离器、柴油滤清器。

⑤ 拆卸输油泵进、出油管接头和输油泵的固定螺栓，取下输油泵总成。

⑥ 拆卸喷油泵。

a. A型喷油泵的拆卸。打开齿轮室盖上的接近孔盖，拧下喷油泵凸轮轴上的传动齿轮（正时齿轮）紧固螺母，用专用工具从喷油泵凸轮轴上拔下传动齿轮，用专用工具拆下喷油泵前端法兰上的4个固定螺母，将A型喷油泵取下。

从车上拆下喷油泵总成时应注意装配记号。拆卸前，在将喷油泵操纵臂向断油方向推到底的同时，按曲轴旋转方向转动曲轴至喷油泵传动凸缘上的标记与喷油泵外壳上的记号对正后，再拆卸喷油泵。在拆卸喷油泵期间不得转动曲轴，否则在装复时，应重新对准第1缸喷油时的活塞位置和喷油正时记号后，再装复喷油泵。

b. VE分配泵的拆卸。按住柴油机上的正时销（正时齿轮室靠近分配泵处），缓慢转动曲轴，以确定第1缸压缩冲程上止点的位置。当正时销插入凸轮轴齿轮上的孔时第1缸处于压缩行程的上止点；拆卸分配泵驱动轴盖并将分配泵传动轴齿轮螺母拧松数圈，用齿轮拉出器拉出齿轮直到端面与螺母相靠，然后卸下拉出器和螺母。拆下分配泵进油接头和回油接头并用塑料保护罩罩住；拆下排气制动和速度控制杆拉索以及电磁式停油阀导线；拆下分配泵法兰盘上紧固螺母，从柴油机上取下分配泵。

⑦ 拆卸喷油器压紧螺帽和进油口接头，取出喷油器总成。

⑧ 拆卸增压器进油软管、回油管及增压器与中冷器的连接管道，分别拆卸增压器和中冷器的固定螺栓，取下增压器和中冷器总成。

对拆卸的总成或部件进行外部清洗后，应检查其工作性能，必要时按要求进行拆检、维修和调试。

二、柴油机燃料供给系的装配

装配前应彻底清洗燃料供给系的部件、总成并确认其性能良好和工作可靠，然后按一定的程序进行装配。

1. 6BTA5.9 柴油机配装 A 型喷油泵燃料系统装配步骤

① 确认并固定发动机处于第 1 缸压缩上止点位置，发动机正时齿轮室侧面的尼龙正时销正好插入正时齿轮上的小孔内。

② 确认喷油泵的正时锁止位置，此时正时器盖帽不能松动，否则应重新调整喷油泵正时，并用 4 ~ 7N · m 的拧紧力矩紧固正时器盖帽。

③ 检查喷油泵前端轴承盖上的 O 形圈应完好无损且安装正确。

④ 在安装喷油泵前，泵的凸轮轴前端锥面和正时齿轮的锥孔必须清洗干燥，防止传动过程中打滑，这是保证喷油泵正常工作的重要措施。如果喷油泵带键，还应检查键在泵轴上的松紧度。如系新泵，还必须做好以下准备工作：

a．擦净外表面的防锈油脂；

b．放净调速器内腔、喷油泵内腔的防锈油，换上规定牌号的润滑油；

c．燃油通路里防锈油也应以规定牌号的清洁柴油换入。更换方法可将柴油接入喷油泵管路，用手不断转动喷油泵或将喷油泵装上试验台运转，直至出油阀接头喷出柴油为止。

⑤ 将泵的凸轮轴插入正时齿轮中，并将齿轮室后端的 4 根安装螺柱插于泵前端法兰的 4 个长孔中。装上并拧紧固定泵的 4 根 M15 的固定螺母，拧紧力矩为 43N · m。

⑥ 装上固定传动齿轮的螺母和弹簧垫圈，先拧紧螺母至力矩 12N · m（注意这不是传动齿轮固定螺母的最终拧紧力矩，过大的力矩将损坏 A 型泵的正时销）。

⑦ 松开泵的正时器的盖帽，拔出正时销，将正时销掉头，大头朝外装回座内，拧紧正时器盖帽，拧紧力矩为 25N · m。注意正时销孔内有一个密封铜垫不得脱落，密封铜垫应在正时销之前装入座孔内。

⑧ 退出第 1 缸上止点正时定位销，拧紧泵的传动齿轮的固定螺母至力矩 92N · m。

⑨ 供油提前角自动调节装置与喷油泵的联接。转动喷油泵凸轮轴，对准供油提前角自动调节装置壳体上的刻线与喷油泵泵体上的箭头，安装联轴节。若此时联轴节的装配角度不正，可松开前接盘与连接盘之间的固定螺栓，适当转过一定角度，调好后锁紧。

⑩ 检查发动机的静态供油提前角应为 18° ~ 22°。

⑪ 装上进、回油管接头（拧紧力矩为 15N · m）、高压油管（拧紧力矩为 24 N · m）、润滑油管（拧紧力矩为 15N · m）和燃油泵托架。

⑫ 装复柴油滤清器、油水分离器和油门操纵系统等其他部件。

2. 6BTA5. 9 柴油机配装 VE 型燃油泵燃料系装配步骤

（1）安装 VE 型燃油泵总成

转动曲轴使第 1 缸活塞处于压缩行程上止点，用正时销插入正时孔中进行正时定位；将油泵半圆键装入轴的键槽内；将油泵传动齿轮放入齿轮室中，使油泵传动齿轮的记号（字母 C）对准凸轮轴齿轮的记号“O”后，装入油泵座孔；拧上固定螺母（不拧紧），转动泵体对齐泵体上出厂时打印的刻线与齿轮室上的打印刻线，然后拧紧固定螺母（拧紧力矩为 24N · m）和齿轮锁紧螺母；松开泵轴的正时锁紧螺栓，拔下正时销，然后用 13N · m 的力矩拧紧锁紧螺栓；逆时针方向按供油次序 1—5—3—6—2—4 接上供油管。分配泵第 1 缸出油口在油泵端面上相当于 7 点钟位置，符号为 D。按逆时针方向 D、E、F、A、B、C 分别为第 1、5、3、6、2、4 缸出油口。

（2）安装输油泵总成

装配前检视输油泵与喷油泵接合面是否平整，有无密封铜垫圈；装配时适当涂抹少许密封胶，拧紧输油泵的固定螺母。

（3）安装喷油器总成

喷油器应装有一个铜垫圈，且只能装一个。安装时，将喷油器的定位钢球对准座孔相应的孔中，拧紧螺母，力矩为 60N · m。

（4）安装增压器

增压器安装前应在进油口注入 50 ~ 60mL 干净润滑油，同时旋转叶轮轴，然后拧紧固定螺栓及进油软管和回油管。

（5）安装高压油管

高压油管应无裂缝、凹瘪等现象，拧紧高压油管两端的接头。高压供油时应无渗漏，否则应更换。

（6）安装柴油滤清器

检视柴油滤清器总成进出油口两端应平整无凹痕，紧固柴油滤清器总成固定螺栓。柴油滤清器总成进出油管接头空心螺塞应无堵塞、裂纹现象，内外铜垫圈应齐全、完好。拧紧连接柴油滤清器、输油泵的进出油口接头确保无渗油现象。

三、柴油机燃料供给系装配后调试

柴油机燃料供给系所有零、部件装配齐全后，必须进行检查和调试。

（1）排放燃油管路中空气

① 低压油路排气。首先注入足量的柴油并打开出油阀开关，转子泵应松开柴油滤清器放气螺塞，柱塞泵应松开喷油泵放气螺钉或回油管接头；用输油泵的泵油手柄泵油，同时观察放气螺钉处的出油情况，直到从放气螺钉处流出的柴油不含气泡，在溢油状态下旋紧放气螺钉。

② 高压油路排气。拧松喷油器端的高压油管接头后用起动机带动发动机旋转，直到油管接头处不再有气泡产生，在溢油状态下，旋紧油管接头。依次排除各缸高压油路中的空气。排气后，发动机应运转稳定。

（2）供油提前角的就机调整

① 将柴油机第1缸调整至压缩行程上止点位置（TDC）。

② 将调整手柄处于最大供油位置。

③ 松开喷油泵紧固螺钉，使喷油泵处于可摆动状态。

④ 根据喷油泵与柴油机的连接方式进行供油提前角的调整，调整范围应符合柴油机的要求。松开喷油泵固定螺母（或螺栓），向喷油泵凸轮轴旋转的相反方向转动泵体，供油提前角增加；反之，则供油提前角减小。调整时严禁通过改变正时螺钉的高低位置或增减调整垫片来满足提前角的要求，防止各缸凸轮工作段不一致，而偏离凸轮轴最佳工作区域，从而影响发动机工作。

⑤ 调整完毕后紧固喷油泵总成固定螺栓。

（3）调速器就机调试

① 怠速调整。松开调速手柄上怠速调整螺钉的锁紧螺母，将怠速调整螺钉向里旋则怠速升高；反之则怠速降低。调整完毕后拧紧锁紧螺母。

② 最高速度的调整。喷油泵上装有高速限位器以限制柴油机的最高转速，保证柴油机正常运转不至于造成“飞车”事故。调整方法是启动柴油机，怠速运转几分钟后逐渐加大油门，注意观察柴油机的转速（观察发动机转速表或用转速表进行测试），柴油机转速达到额定转速时锁死高速限位器。向齿条方向旋转高速限位器，发动机转速降低，反之则升高。

第 7 章　汽油机燃料供给系结构与装调

汽油机是将汽油与空气按一定比例、一定数量混合成混合气供入气缸，燃烧产生热能并转变成机械能而对外做功的发动机，燃料供给系是它的重要组成部分。汽油机燃料供给系主要有两大类型——化油器式燃料供给系和采用电子控制喷射燃料供给系。

化油器式的燃料供给系无论在废气排放和能源利用方面都不及电子控制喷射燃料供给系。现代汽油发动机汽车的燃料供给系都是采用电子控制喷射燃油供给系。

电子控制燃油喷射发动机主要是利用电子计算机和相应的传感器、执行器控制发动机的供油、点火和排放等，从而提高发动机的性能并减少对大气的污染。因此本教材取消了化油器燃料供给系的教学内容，同时也将发动机的点火系也包括在电子控制系统里。

电子控制喷射燃料发动机供给系的电控部分主要由空气供给系、燃油供给系、电子控制系这 3 大部分所组成。结构如下所示。

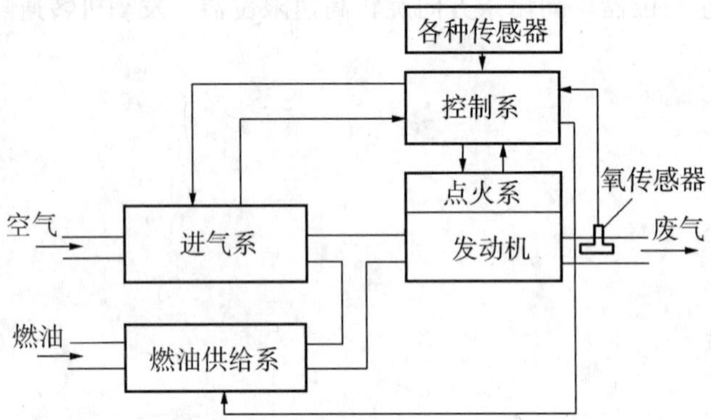

第 1 节　燃油喷射系组成与基本原理

一、电子控制燃油喷射系基本类型

电子控制汽油喷射系是以一个微电脑为控制中心，利用安装在发动机不同部位上的各种传感器，监测得发动机的各种运行状态参数，按照汽车制造厂在电脑中设定的控制程序，去精确控制喷油量、进气量、点火提前角等，使发动机在各种工况下均能获得与发动机各种工况相匹配的最佳空燃比、点火提前角和最佳的运行状态。同时适时调整发动机怠速。

1．按燃油喷射部位不同分

① 缸内喷射。汽油直接从高压喷射装置喷入气缸内（较少采用）。

② 缸外喷射。汽油通过喷油器喷在进气门附近（多点）或节气门（原化油器处）附近

的进气歧管内（单点）。

2. 按执行机构的形式不同分

① 单点喷射。喷油器安装在化油器所在的节气门段，形成混合气后才进入歧管再分配到各缸（喷射质量稍差，喷油器装在节流阀体上，燃油喷入节气门附近的空气中）。

② 多点喷射。在每缸进气口处装有一个喷油器（早期电喷车还另有2个冷起动喷油器）。燃油喷在每一缸的进气门附近，这种形式结构复杂，成本高，但性能好。各结构形式如图7－1－1所示。

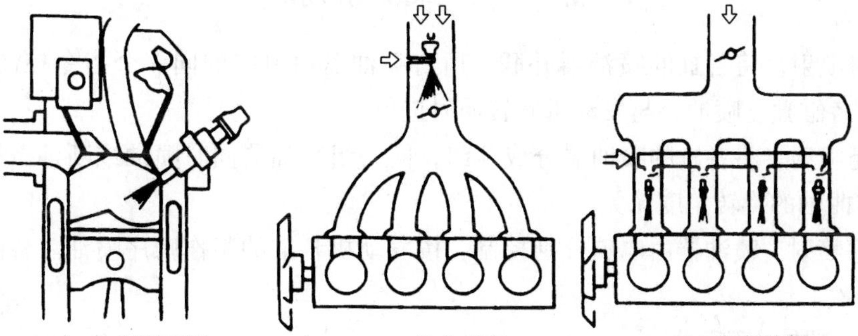

(a) 缸内直接喷射　　(b) 单点喷射　　(c) 多点喷射

图7－1－1　喷油器安装位置示意

3. 按喷射控制装置的形式不同分

① 机械式。燃油的计量是通过机械传动与液体传动来实现的。

② 电子控制式。燃油的计量是由电控单元及电磁喷油器实现的。

③ 机电一体混合式。和机械喷射系统一样，它也是通过机械、液体喷射装置实现控制的，同时它还设有一个电控单元、多个传感器和电液混合气调节器来调节混合气成分，从而提高控制灵活性，扩展了控制功能。

4. 按喷射方式不同分

① 连续喷射。稳定喷射（机械喷射、KE机电喷射）。

② 间歇喷射。脉冲喷射（同步喷射、异步喷射）。

③ 交叉使用。同步喷射与气门开启同步进行（正常行驶使用）；异步喷射曲轴转一圈进行一次（冷起动时用）。

5. 按空气流量计测量方式不同分

① 直接检测（L型——质量流量控制型）。根据进气流量和发动机转速计算出每个工作循环中吸入气缸的空气量。

② 间接检测（D型——速度密度控制型）。一种是根据进气管压力和发动机转速，来推算吸入的空气量，称速度密度方式。

后者与前者的区别仅在于用进气管压力传感器代替空气流量传感器。

6. 按喷油顺序不同分

多点间歇喷射系统，如图 7－1－2 所示。

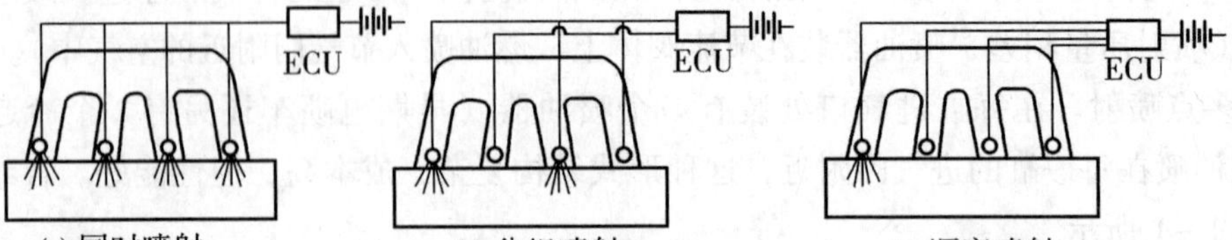

(a) 同时喷射　(b) 分组喷射　(c) 顺序喷射

图 7－1－2　间歇喷射的分类

① 同时喷射。将各缸的喷油器并联，所有喷油器由电脑的同一个指令控制同时喷油，同时断油。各缸独立喷油，与发动机旋转同时进行。

② 分组喷射。将各缸的喷油器分成几组，同一组喷油器同时喷油或断油。根据传感器要求控制与曲轴的旋转角度无关。

③ 顺序喷射。喷油器由电脑分别控制，按发动机各缸的工作顺序喷油。各缸喷油器都轮流喷射一次。

7. 按控制方式不同分

① 开环控制。电控单元将信号输入被控系统后，被控系统不会将执行结果反馈回电控单元。

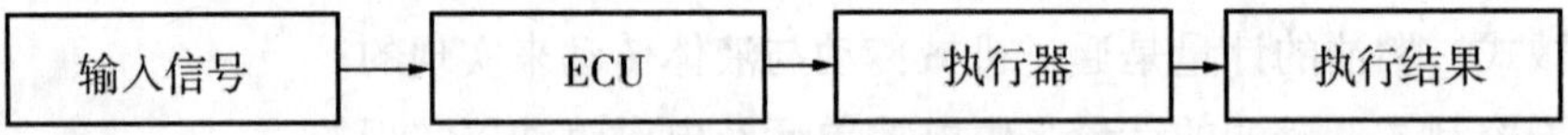

图 7－1－3　开环控制

② 闭环控制。把被控系统的执行结果和当时的状态反馈给电控单元，使电控单元修正其输出，调整被控系统下一步的动作。

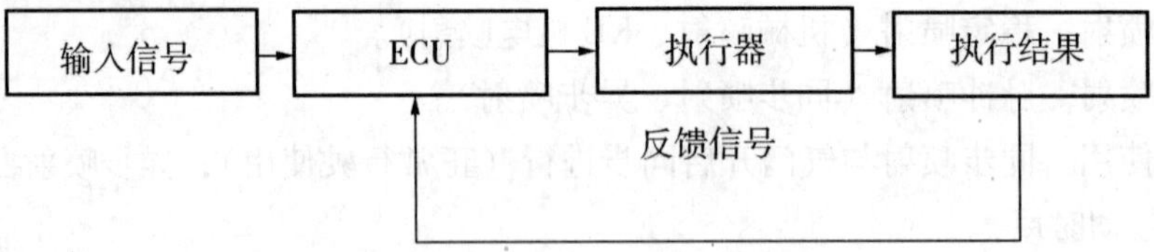

图 7－1－4　闭环控制

二、电喷发动机

① 良好的使用性能。由于燃油的雾化好，低温起动性能好，启动容易，暖机性能提高。加速性能好，加速反应灵敏高。

② 动力性（功率）可进一步提高。进气管道内没有狭窄的喉管，吸入空气的惯性增压

作用，令进气压力损失小，增大充气量。

③ 经济性（油耗下降）较好。由电脑控制喷油器代替化油器，混合气空燃比控制更合理，雾化好分配均匀性好。

④ 污染减少。最佳的空燃比可以确保可燃混合气能完全燃烧。进行适量的空燃比修正，有效降低排放，节省燃油。因此具有减速断油功能，也能降低有害物的排放。

由于采用 EGR 控制（废气再循环）燃烧更充分，废气中 HC、CO 的排放小。

⑤ 整个装置体积小，反应快，而且无机械驱动，安装灵活方便，便于总体布置。

三、可燃混合气浓度对发动机性能的影响

1. 可燃混合气浓度表示方法

可燃混合气是指燃料与空气的混合物，可燃混合气中燃油占混合气的比例被称为可燃混合气浓度。可燃混合气浓度表示方法有过量空气系数（中国采用）和空燃比（欧美一些国家采用）。

（1）过量空气系数

过量空气系数是指燃烧 1kg 燃料实际供给的空气质量与理论上 1kg 燃料完全燃烧所需的空气质量之比，用 α 表示。$\alpha=1$ 的可燃混合气定义为理论混合气（又称之为标准混合气）；$\alpha<1$ 为浓混合气；$\alpha>1$ 为稀混合气。

（2）空燃比

空燃比是指实际吸入发动机中空气的质量与燃料质量的比值，用 $A/F>14.7$ 为稀混合气；$A/F<14.7$ 为浓混合气。

2. 可燃混合气浓度对发动机性能的影响

可燃混合气浓度对发动机的性能影响很大。发动机的功率和燃油消耗率都是随着可燃混合气浓度的变化而变化的。理论上，$\alpha=1$ 的混合气，气缸内空气与燃料正好完全燃烧。但实际上，由于气缸内还存在废气、混合气混合不均匀等因素，使气缸内理论混合气并不能完全燃烧。对于 $\alpha>1$ 的稀混合气，气缸内有足够的空气使燃料完全燃烧。通常，当 $\alpha=1.05\sim1.15$ 时，燃料消耗率最低，经济性最好，称燃料消耗率最低时对应的可燃混合气为经济混合气。当 α 更大时，由于空气过量，燃烧速度减少，热损失增加，发动机动力性，经济性均下降。对于 $\alpha<1$ 的混合气，汽缸内汽油分子较多，使燃烧速度加快，发动机功率增大，称发动机输出最大功率时的可燃混合气为功率混合气，其值一般在 $\alpha=0.85\sim0.95$。如果混合气太浓，将使燃烧不完全，产生大量 CO，同时在燃烧室内产生积碳，并发生排气管放炮和冒黑烟现象，导致发动机功率下降，燃油消耗率显著增加。

一般为了兼顾发动机的动力性和经济性，混合气浓度应在 $\alpha=0.88\sim1.11$。过浓或过稀（$\alpha\leqslant0.4$ 或 $\alpha\geqslant1.4$）的混合气，都将导致火焰无法传播，发动机运转不稳直至熄火。

3. 发动机各工况对可燃混合气浓度的要求

发动机在实际运行过程中，其工况在工作范围内是不断变化的，而且在工况变化时，发动机对可燃混合气浓度的要求也是不同的。

（1）稳定工况对混合气的要求

发动机的稳定工况是指发动机已经完全预热，进入正常运转。

① 怠速和小负荷工况。怠速是指发动机对外无功率输出且以最低稳定转速运转。在怠速工况下，节气门处于关闭状态，此时，吸入气缸内可燃混合气少，气缸内残余废气较大。又因转速低、空气流速慢、汽油雾化蒸发不良，使混合气燃烧不良，甚至熄火，因此要求供给少量的浓混合气（$\alpha=0.6\sim0.8$）。

发动机负荷在25%以下称为小负荷。在小负荷工况时，节气门略开，混合气的品质与数量有所增加，废气对混合气的稀释作用有所减弱，因而，混合气的浓度略为减少（$\alpha=0.7\sim0.9$）。

② 中等负荷工况。汽车发动机的大部分工作时间都处于中等负荷状态，是指负荷在25%～28%。此时节气门开度较大，进入气缸内的可燃混合气数量多，燃烧条件好，可供给发动机较稀的混合气（$\alpha=0.9\sim1.1$，主要是$\alpha>1$的稀混合气），以获得最佳的燃油经济性。

③ 大负荷和全负荷工况。在大负荷时，节气门开度已超过85%，此时应随着节气门开度的增大而逐渐地加浓混合气以满足发动机功率的要求（$\alpha=0.85\sim0.9$）。

（2）过渡工况对混合气的要求

汽车在运行中的主要过度工况可分为冷起动、暖机、加速和减速工况。

① 冷启动。冷机启动时，发动机要求供给很浓的混合气，以保证混合气中有足够的汽油蒸气，使发动机能够顺利起动。但在冷起动时燃料和空气的温度很低，汽油蒸发率很小，为了保证冷起动顺利，要求混合气的浓度达到$\alpha=0.2\sim0.6$，才能在气缸内形成可燃混合气。

② 暖机。发动机冷机启动后，各气缸开始依次点火而做工，发动机温度逐渐上升。发动机在暖机过程中，由于温度较低燃油雾化较差，因此也需要α较小的浓混合气，而且随着发动机温度升高而α逐渐增大，直至达到正常工作温度时为止，发动机进入怠速工况。

③ 加速和减速。发动机的加速是指发动机的转速突然增加的过程。此时，节气门开度突然加大，进气管压力随之增加，由于汽油的流动惯性和进气管压力增大后汽油蒸发量减少，大量的汽油颗粒被沉积在进气管壁上，形成较厚油膜，而进入气缸内的实际混合气则瞬时被稀释，严重时会出现过稀，使发动机转速下降。为了避免这一现象发生，在发动机加速时，应向进气管喷入一些附加汽油以弥补加速时的暂时稀释，以获得良好的加速性能。当汽车减速时，驾驶人迅速松开加速踏板，节气门随即关闭。此时由于惯性作用发动机仍保持很高的转速，因此进气管真空度急剧增高，促使附着在进气管壁上的汽油蒸发汽化，并在空气量不足的情况下进入气缸内，造成混合气过浓，严重时甚至熄灭。因此，在发动机减速时，应供给较稀的混合气，以避免这一现象发生。

第2节　电控燃油喷射系组成与工作原理

一、电控系统的基本组成

1. 按系统的功能（控制电路）分

结构如图7-2-1所示。

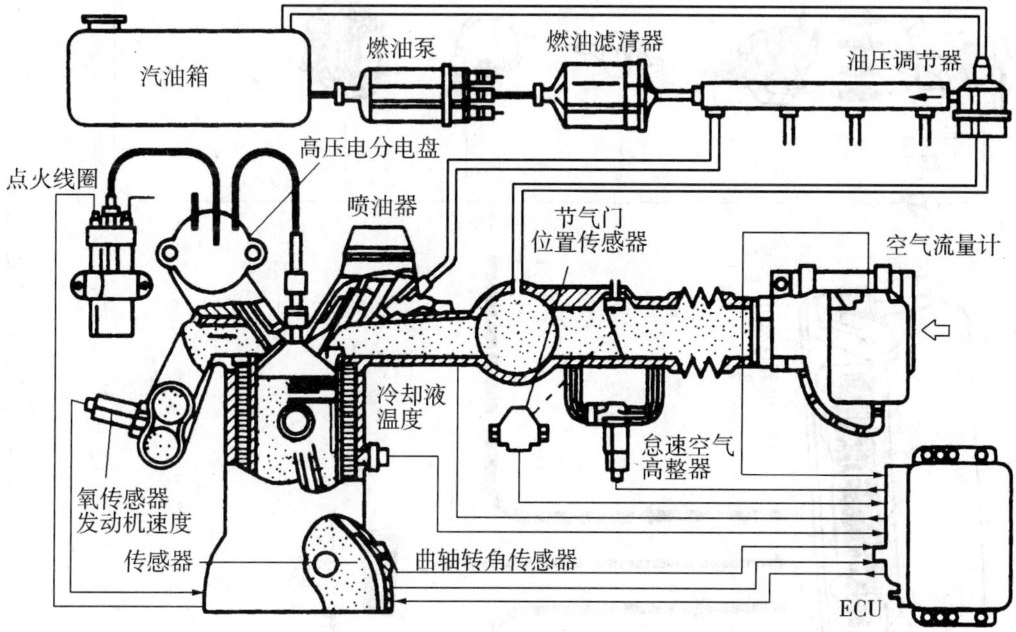

图7-2-1　电控汽油喷射系

（1）燃油供给系

功用是汽油泵向喷油器提供足够压力的汽油，喷油器根据来自电控单元的控制信号，向进气歧管内或进气门上方喷射定量的燃油。

（2）空气供给系

功用是为发动机可燃混合气形成提供必要的空气，并测量和控制燃油燃烧时所需要的空气量。

（3）电子控制系

功用是根据发动机运转状况和车辆行驶状况确定燃油的最佳喷射量和最佳的点火时刻。

（4）故障诊断及故障保险系

功用是在发动机运转工作时，将发动机电控系统内存在的故障及时地以警告灯闪烁的形式显示出来，提醒驾驶人及时进行修理；并能自动采用预先存储的正常参数值来继续控制发动机运转。

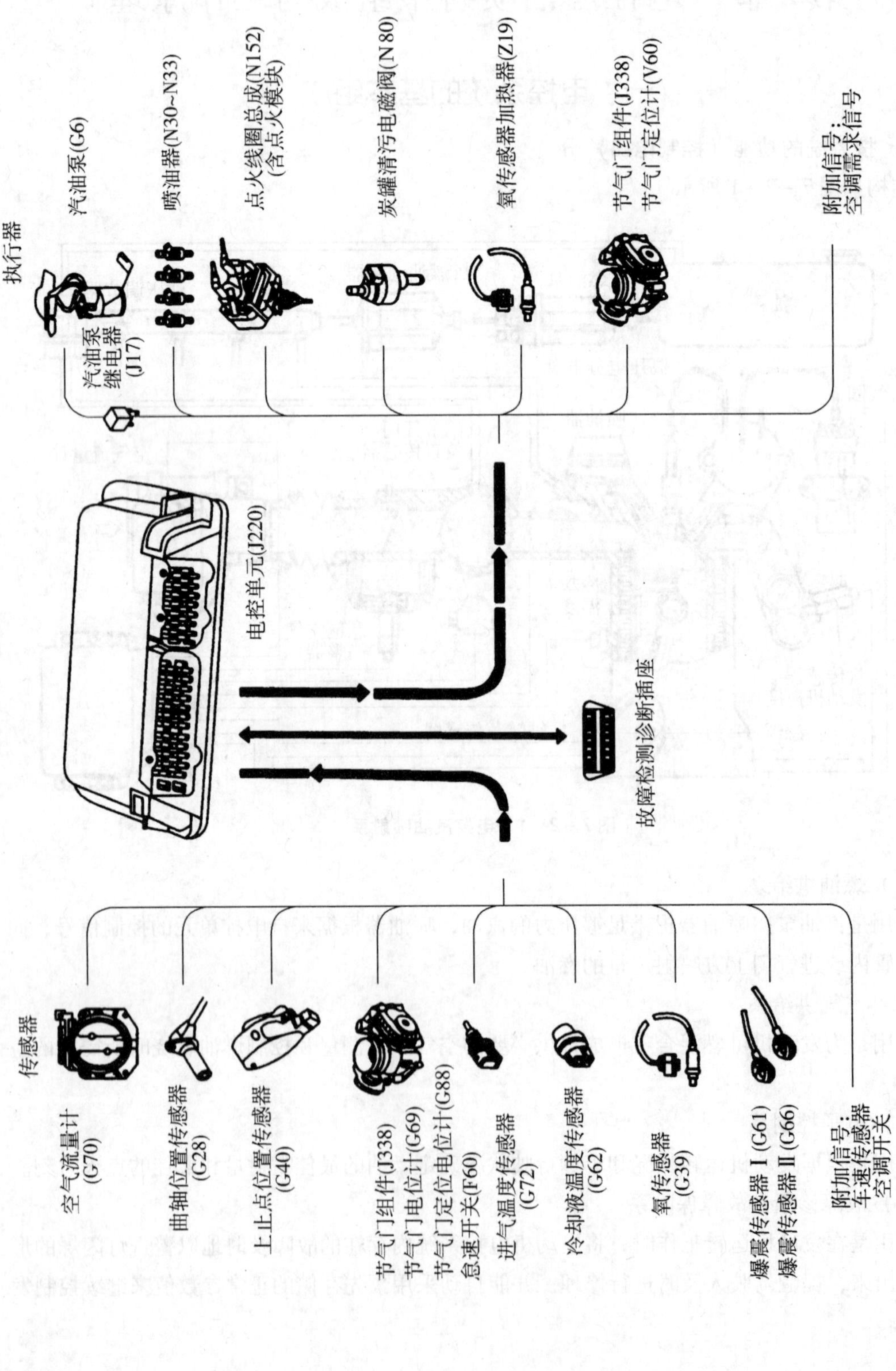

图 7－2－2　AJR 发动机电控系统的组成

2. 按控制原理分（3 种基本构件）

结构如图 7－2－2 所示。

（1）传感器（信号输入装置）

电喷发动机的触角，将检测到的各种非电量信号转换成相应的模拟或数字电信号的元件，负责向电脑提供汽车行驶状况和发动机工作情况的各种参数（提供操作信号）。随着控制功能的增加，传感器的数量和功能也将相应增加。

（2）电子控制单元（ECU、单板机程序固化）

电喷发动机的核心，电子控制元件实际上是一台微型计算机，它接收来自各传感器的信号，并对这些信息进行处理，发出相应的指令来控制执行器的动作。

（3）执行器（执行装置）

电喷发动机的手脚，是执行元件，负责执行电脑发出的各项指令，用于完成某项控制功能，调控发动机在最佳状态下工作。在电子控制单元的指令下连通或切断线路和发出一定的动作。

二、电控燃油喷射系工作原理

如图 7－2－3 所示。由电脑根据各传感器的信号，经计算后按照设定的控制程序，通过各执行器控制喷油量、进气量、点火提前角等，从而控制发动机在最佳状态下运行。

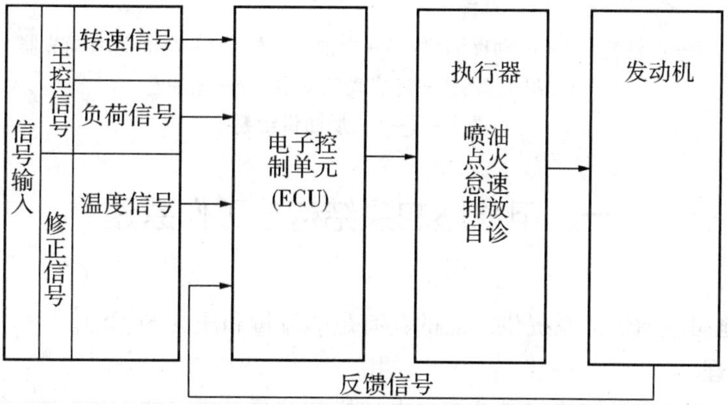

图 7－2－3　电控燃油喷射系的基本组成

不同车型主要区别于电脑的控制方式、控制范围及内部控制程序不完全相同，各种传感器、执行器的配置和构造也各不相同。

第 3 节　燃油供给系主要部件结构与工作原理

燃油供给系的功用是提供发动机各种不同工况下燃油喷射所需的稳定压力燃油，并在电脑的控制下将适量燃油喷入进气歧管。

燃油泵从燃油箱吸来的燃油，通过燃油滤清器后，经压力调节器加压，将压力调整到比进气管压力高出约250～350kPa的压力，然后经输油管配送给各个喷油器，喷油器根据ECU发来的喷射指令，把适量的燃油喷射到进气歧管中。燃油压力缓冲器用以减小喷油时油压产生的微小波动，保持喷油压力稳定。

喷油器喷油开始时刻和持续时间，由电控单元（ECU）控制，以使喷油器能根据工作需要适时地适量地喷射出所需燃油。

燃油供给系如图7－3－1所示，由燃油箱、电动燃油泵、燃油滤清器、输油管、回油管、燃油压力调节器、燃油压力脉动衰减（阻尼）器（有发动机已不采用）、喷油器、冷起动喷油器等元件组成。

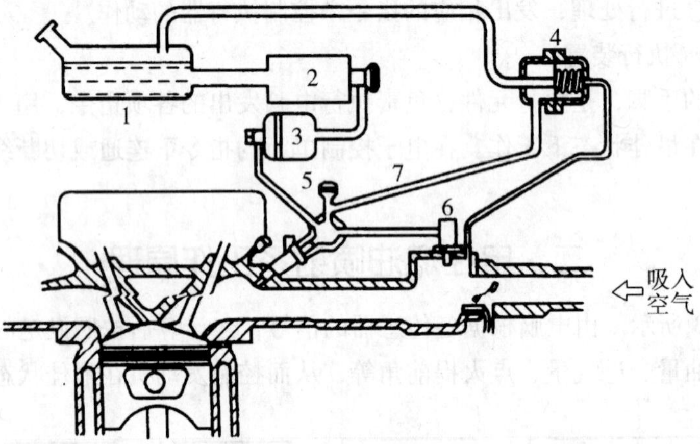

1—燃油箱　2—电动燃油泵　3—燃油滤清器　4—燃油压力调节器
5—喷油器　6—冷启动喷油器　7—输油管

图7－3－1　燃油供给系

一、电动燃油泵结构与工作原理

1．功用

连续不断地向燃油供给系提供所需的具有足够流量和压力的燃油。

2．工作原理

常见的有触点式和晶体管式燃油泵。电动机和油泵做成一体，密封在一个泵壳内。有安装在油箱内（内置式）或油箱外两种，由电控单元控制（也有的由单独的电控模块控制）。当接通点火开关燃油泵即开始工作，当工作1～2s后，仍未启动发动机，则燃油泵在电控单元指令下停止工作。出油压力为500kPa；正常喷射压力为215～300kPa。

3．特点

① 放在燃油箱内降温。

② 利用燃油润滑油泵轴承。

③ 防止气阻。

④ 防止水及泥沙损坏油泵。

4．结构组成

燃油泵如图 7－3－2 所示，由油泵、永磁电动机、安全阀、单向阀、外壳和进出油口等组成。燃油泵进油口通过滤网与油箱相通，出油口与出油管相连。电动机通电后带动泵体旋转，与油泵电机轴一体的燃油泵将燃油从进油口中吸入，使燃油流经燃油泵内部，再从出油口压出向燃油系供油。单向阀的作用主要用于防止燃油倒流，并可保持管路残余压力，让发动机下次容易启动，并可防止由于温度较高时，油路产生气阻现象，影响发动机热启动性能。若油泵输出压力超过 400kPa，安全阀会自动打开，高压燃油可流回至油泵的进油室，并在油泵和发动机内循环，这样可避免由于油路堵塞而引起管路油压过高，造成管路破裂或燃油泵损坏等现象。

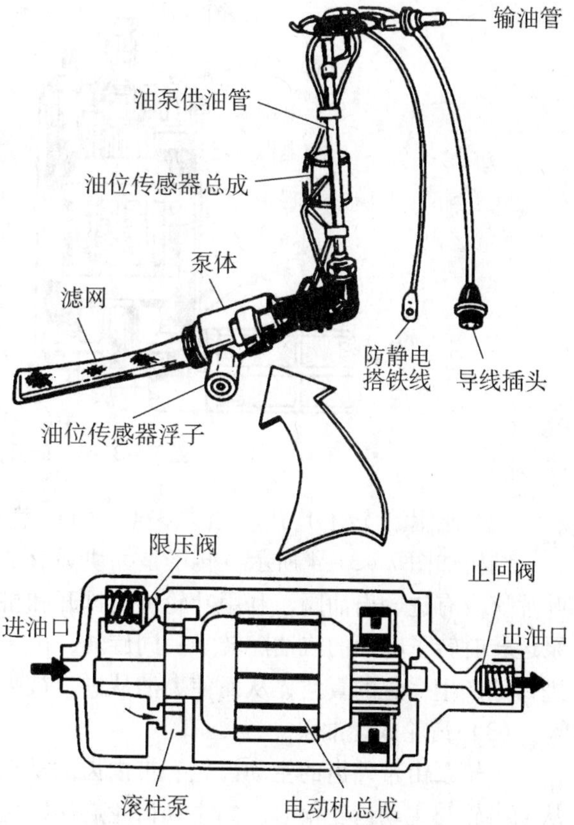

图 7－3－2　内装式电动燃油泵

5．类型

（1）滚柱式（压力＞400kPa）燃油泵

装有滚柱的转子呈偏心状，置于泵壳内，由直流电动机驱动。结构如图 7－3－3 所示。当油泵旋转工作时由于离心力的作用，转子槽内的滚子向外移动，紧靠在偏心的泵体壁面上，滚柱随转子一同旋转时泵腔容积产生变化，燃油进口处容积越来越大，出口处容积越来越小，使燃油经过入口的滤网被吸入油泵，加压后经过电动机周围的空间由出口泵出。

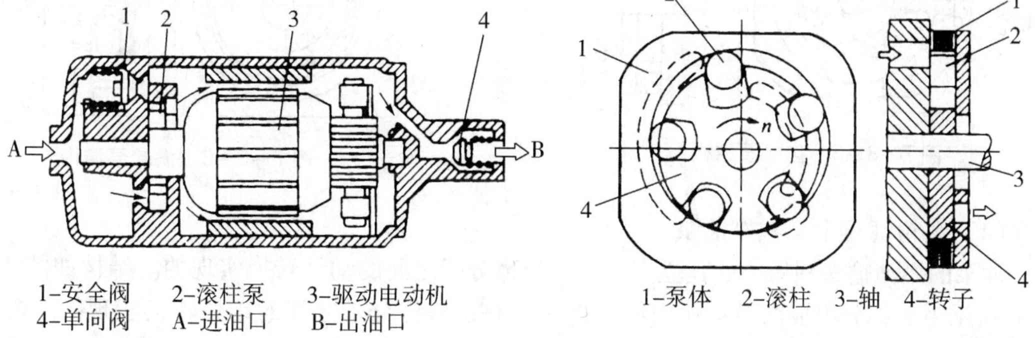

图 7－3－3　滚柱式电动汽油泵结构

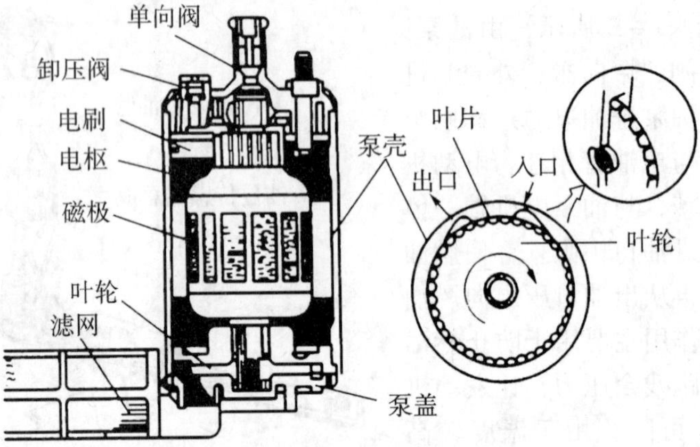

图 7－3－4　叶片式燃油泵结构

（2）叶片（转子）式（压力 >600kPa）燃油泵

结构如图 7－3－4 所示。转子是一块圆形平板，平板圆周有许多半圆形小槽，形成泵油叶片。设有进、出油阀，利用叶轮旋转排开和挤压空间达到吸入燃油和推出燃油的作用。油泵运转时转子叶片的汽油随转子一同旋转，由于离心力的作用汽油出口处油压升高，同时在进口处产生一定的真空，从而使燃油从进口被吸入并被转子叶片泵向出口。

（3）齿轮式燃油泵

齿轮泵由带外齿的主动齿轮、带内齿的从动齿轮和泵壳组成，结构如图 7－3－5 所示。从动齿轮与主动齿轮偏心。当主动齿轮旋转时由于齿轮的啮合，带动从动齿轮一起旋转。在从动齿轮与主动齿轮内外啮合过程中，由于偏心使得内外齿轮所围成的腔室的容积发生变化。当某一工作腔从进油口转过时容积增大，产生真空吸入汽油。齿轮继续转至工作腔与出油口相通时腔内容积减少，汽油压力升高，这样汽油便以一定的压力从油泵中泵出。

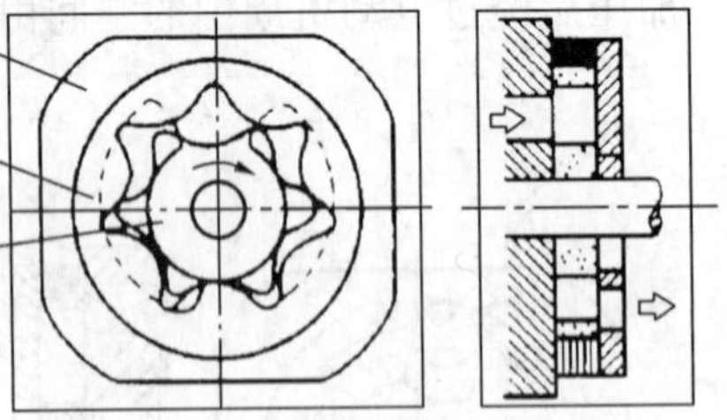

图 7－3－5　齿轮泵结构

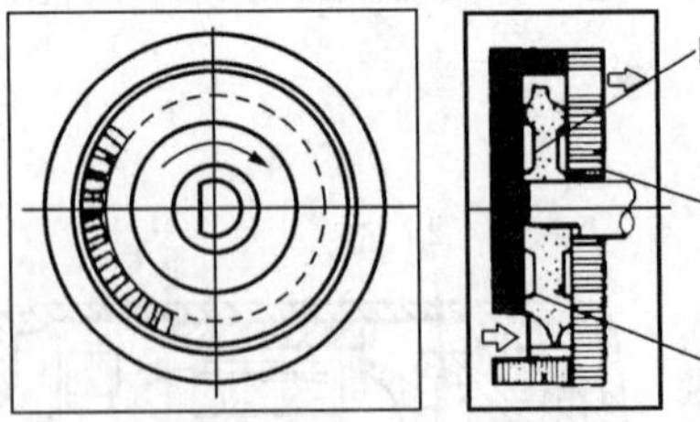

图 7－3－6　涡轮泵结构

（4）涡轮（再生）式燃油泵

油泵的燃油输送和压力的建立完全是由液体分子之间的动量转换实现的。结构如图 7－3－6 所示由 3 部分组成。燃油压力的升高完全是由液体分子之间的动量转换实现的。电动机旋转时带动叶轮旋转，位于叶轮沟槽前后的液体因摩擦作用产生压力差，由于许多叶片沟槽产生压力差循环往复而使燃油升压。升压后的燃油，通过电动机内部经单向阀从出口排出。这种形式的燃油泵压力波动小，外形小、重量轻和工作可靠，可直接装入燃油箱中，故采用这种燃油泵的汽车不断增加。

6. 电动燃油泵测试

（1）电动燃油泵的静态测试

测量电动燃油泵电源端子和搭铁端子间的电阻，即为电动燃油泵直流电动机线圈的电阻，阻值应为0.2～3Ω，否则应更换电动燃油泵。

（2）电动燃油泵工作状态测试

将电动燃油泵与蓄电池相连（正负极不得反接），并使燃油泵尽量远离蓄电池，每次通电时间不得超过10s（时间过长会烧坏电动燃油泵电动机的线圈）。如果电动燃油泵不转动，则应予以更换。

（3）电动燃油泵供油量测试

电动燃油泵供油量一般是发动机工作时所需汽油量的6～7倍，多余的汽油经回油管流回至燃油箱。这是因为汽油在流经发动机时吸收了热量，快速流动的汽油可以把这些热量带入汽油箱中，由汽油箱壁散发到外界大气中（车辆高速行驶时的气流有明显的冷却作用）。电动燃油泵供油量达不到技术要求时，故障原因可能是进油管变形或阻塞、汽油滤清器阻塞、电动燃油泵滤网脏污，以及电动燃油泵内部故障等。当电动燃油泵老化后，由于油泵电动机线圈老化引起的故障（例如匝间短路）导致油泵转速下降，或是由于油泵内部磨损过度后导致内漏，或是由于电动燃油泵限压阀限压弹簧变软后导致限压阀提早开启泄压等原因，会导致油泵供油量不足，使得燃油供给系统汽油流量减少、流速下降，降低了汽油的冷却作用，造成燃油供给系气温较高时易出现高温气阻。因此在装配调校时应测试电动燃油泵的供油量。测试方法如下：

① 关闭点火开关，拆除油泵熔断丝、油泵继电器或电动燃油泵导线插头（具体依据车型而定），断开电动燃油泵的电源。

② 启动发动机直至自行熄火后，再次启动发动机5～6次，利用启动喷射卸除燃油管路中的高压。

③ 拆除燃油分配管上的进油管，**注意：**<u>应在操作点处垫上抹布吸收溢出的汽油</u>。

④ 把拆开的进油管放入一个大号量杯中。

⑤ 用跨接线将电动燃油泵与蓄电池相连，此时电动燃油泵工作，泵送出高压汽油。

⑥ 记录电动燃油泵工作时间和供油体积，供油量应符合车型技术要求。一般经汽油滤清器过滤后的供油量为0.6～1L/30s；AJR发动机电动燃油泵供油量应>0.58L/30s。

二、燃油滤清器结构与工作原理

1. 功用

过滤燃油中的氧化铁、粉尘等固体夹杂物，减少机械磨损，防止污物堵塞喷油器等精密零件。

2. 结构与工作原理

燃油滤清器安装在电动燃油泵供油管和发动机上的燃油分配管之间，许多汽车的汽油滤清器都布置在汽车底盘下方。汽油滤清器由外壳和滤芯组成，结构如图7-3-7所示。滤清器的滤芯可以滤去直径>0.01mm的杂质。汽油滤清器外壳上一般标有指示汽油流向的箭

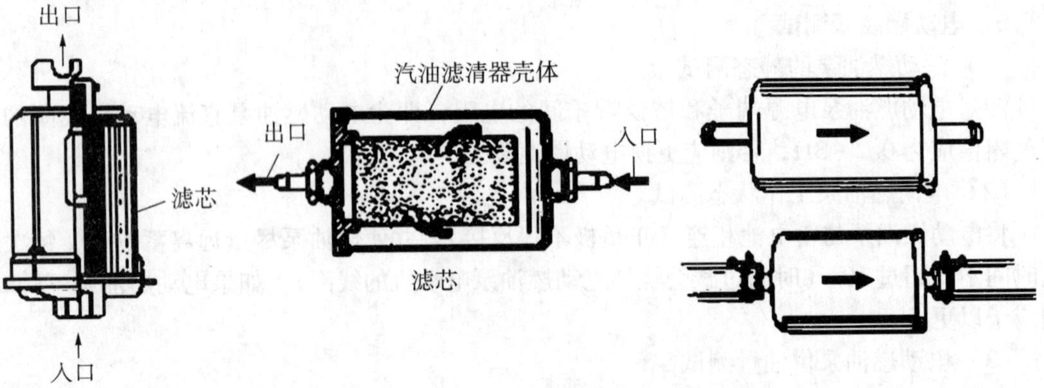

图 7－3－7　汽油滤清器的结构与安装方向

头。安装时箭头应朝向燃油分配管一侧，有些汽车的汽油滤清器上的两个管口分别标有 IN 和 OUT，装配时 IN 管口应与电动燃油泵一侧连接，OUT 管口应与燃油分配管一侧相连。错误安装后会导致系统油压低并损坏汽油滤清器和喷油器。

三、燃油压力调节器结构原理与检测

1．功用

根据进气歧管真空度的变化来调节进入喷油器的燃油压力，使燃油压力与进气歧管压力之差保持不变（一般为 250～300kPa 的范围内）。让喷油压力在不同的节气门开度下保持定值（可使喷油器喷油量只受通电时间的控制）。

2．结构与工作原理

燃油压力调节器一般安装在燃油分配管上，结构如图 7－3－8 所示。当燃油压力高于弹簧力与进气歧管压力之和时，回油阀打开，燃油流回油箱使油路中油压降低。当燃油压力低于弹簧力与进气歧管压力之和时，回油阀关闭，油压升高。其喷油压力随进气歧管的压力变化而变化，从而使喷油压力与进气歧管压力之差值保持不变。差值主要取决于弹簧力，大小可由下式表示：

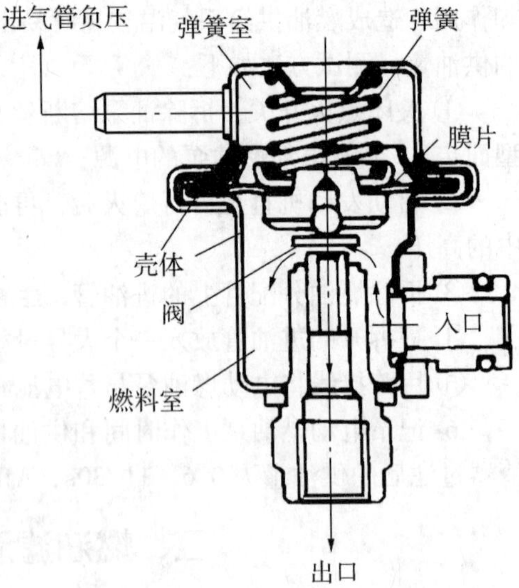

图 7－3－8　压力调节器

喷油绝对压力＝燃油系统压力－进气歧管绝对压力

＝（弹簧压力＋进气歧管绝对压力）－进气歧管绝对压力

＝弹簧压力

四、喷油器结构与工作原理（电磁式喷油器）

1. 功用

根据电控单元发出的脉冲式电控制信号，将准确计量和一定压力的燃油以雾状喷入进气管。

2. 结构与工作原理

多点喷射的喷油器安装在各缸进气歧管或进气道附近的缸盖上，并用燃油分配管固定。电磁式喷油器实际上是一个电磁阀，阀针与铁芯制成一体随铁芯一起移动。结构如图7－3－9所示。内部有一个电磁线圈，通电时产生吸力，将衔铁与针阀吸起，打开喷孔使燃油以雾状喷出。当电磁线圈断电时磁力消失，弹簧将衔铁与针阀下压，关闭喷孔停止喷油。

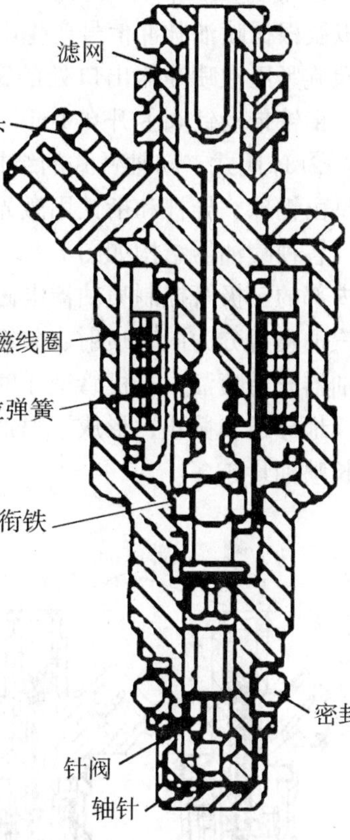

图7－3－9 喷油器结构

3. 特点

安装在各缸进气歧管上，喷嘴向着进气门，它是一种电磁阀，由电脑发出的脉冲式电信号控制，每次打开时间约2～10ms，由电控单元根据温度和起动信号控制。

主喷油器安装在各缸进气管。由喷油信号的持续时间控制喷油量，由于针阀的行程是固定的，只要针阀打开，燃油就以一定的压力连续喷出。

4. 类型

（1）按喷射系统类型不同分

① 单点式。安装在节气门体空气入口处。

② 多点式。通过绝缘垫圈安装在各缸进气歧管或进气道附近的缸盖上，并用输油管路固定。

（2）按进油口的方向不同分

① 上方供油式。在发动机热车启动时，喷油器内的燃油在发动机高温的影响下易产生气泡，造成气阻（单点）。

② 侧方供油式。回流的燃油不断穿过喷油器内部，带走了因高温而产生的燃油气泡，因此大大提高了发动机热车时喷油量的稳定性，也改善了热起动性能。

（3）按驱动方式不同分

① 电压驱动式（按线圈电阻分）。

◆ 高阻值 12～17Ω 12V。

◆ 低阻值 3～4Ω 5～6V（带有附加电阻）。

② 电流驱动式。

◆ 高阻值 11～16Ω 12V。

◆ 低阻值 2～3Ω 5～6V。

由于工作电流恒定，低阻值电流驱动控制精度高，因减小了线圈自感电流而增大了电流通过，使磁阀反应提高，所以比高阻好。

（4）按喷油嘴形状不同分

① 针阀型。喷口不易堵塞，但喷射压力低，喷油雾化欠佳。

② 孔型。喷油雾化较好。喷孔有 1～2 个，阀门一般为锥形或球形。

（5）按结构不同分

① 轴针式。轴针式喷油器主要由喷油器外壳、喷油嘴、针阀和与针阀连接在一起的衔铁以及根据喷油脉冲信号产生电磁吸力的电磁线圈组成。电磁线圈不通电时喷油器内的针阀被螺旋紧压在喷油器出口处的密封锥形座上。电磁线圈通电后产生电磁吸力，吸动衔铁上移，衔铁带动针阀上升 0.1mm。

② 球阀式。与轴针式的结构大致相同，主要区别在于针阀的结构。球阀式喷油器的针阀是由钢球、导杆和衔铁用激光束焊接成整体制成，特点是重量轻和密封性能好。

各种喷油器结构如图 7－3－10 所示。喷油器电磁线圈的电源由点火开关提供，ECU 通过内部的三极管控制喷油器电磁线圈的搭铁端。根据 ECU 内部控制三极管数量，多缸发动机汽油喷射分为同时喷射、分组喷射和顺序喷射。三极管导通时电流流过喷油器电磁线圈，喷油器开始喷油；三极管截止时喷油器电磁线圈内的电流被切断，喷油器停止喷油。三极管快速地导通和截止，形成了喷油脉冲，三极管一次导通时间一般为 2～10ms，一次导通时间越长喷油量越多。

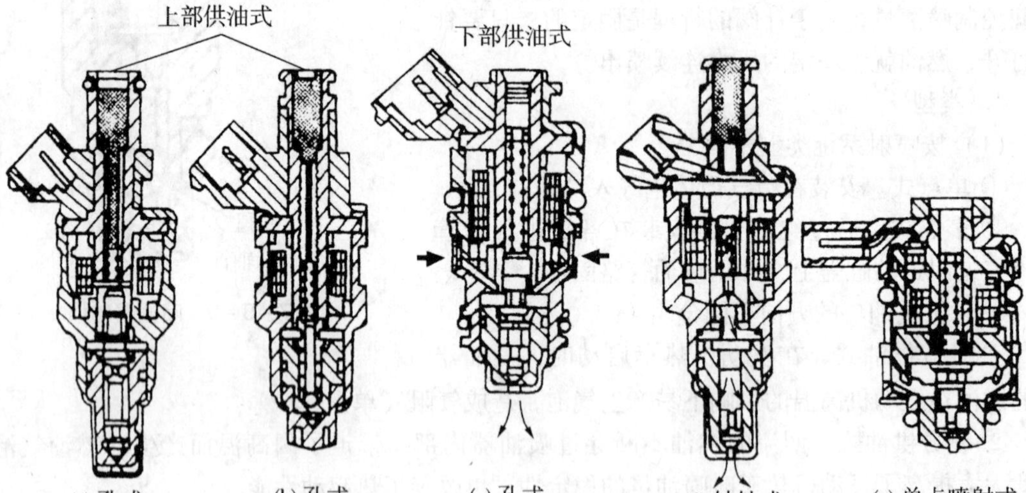

图 7－3－10　各形式的电磁式喷油器

ECU 的控制程序使喷油器在进气门实际打开前很早就开始喷油了，这样进气门打开时进气道中已充满了可燃混合气，喷油开始时刻至活塞运行到进气行程上止点时所对应的曲轴角度称为“喷油提前角”，又称“喷射正时”。发动机各工况所需的不同浓度的混合气均需 ECU 通过输出正确的喷射脉冲，使喷油器定时和定量喷油来实现。

5. 喷油器的测试

（1）测试喷油器工作情况

发动机热机后怠速运转时，可用螺丝刀或触杆式听诊器接触喷油器测听各缸喷油器工作的声音，发动机运转时应能听到有节奏的“嗒嗒”声，发动机加速时节奏加快——这是针阀启/闭时的工作声。若各缸喷油器工作声音清脆均匀则说明各喷油器工作正常；若某缸喷油器工作声音很小则可能是针阀卡滞，应做进一步的检查；若听不见某缸喷油器的工作声音则说明该缸喷油器不工作，应检查喷油器及控制线路。

（2）喷油器电磁线圈电阻的测试

关闭点火开关，拔下喷油器的导线插头，测量喷油器两个接线端子间（电磁线圈）的电阻值。AJR 发动机喷油器 20℃电阻值为 13～18Ω（达到发动机工作温度时电阻值会增加 4～6Ω）。

（3）喷油器喷油质量的测试

喷油器喷油质量的检查主要包括喷油量、雾化质量和针阀密封性检查。喷油器在正常工作压力下 15s 常开喷油量一般为 45～75mL 各缸喷油量误差不得超过平均喷油量的 5%；喷油器关闭后在正常工作压力下 1min 内喷油器不得滴漏 2 滴以上油滴。

第4节　空气供给系主要部件结构与工作原理

空气供给系的作用是对流入发动机气缸的空气质量进行直接或间接计量，向发动机提供适量的新鲜空气，使它们在系统中与喷油器喷出的燃油形成符合要求的可燃混合气，从空气滤清器吸入的空气，通过流量计测定流量后，经过节气门室从进气歧管流向各缸供气。

车辆行驶中的空气流量由节气门室内的节气门控制，怠速时，由于节气门关闭，空气经旁通口进入进气歧管，怠速时的转速可使用怠速调整螺钉来调整旁通口的空气流量。当气温低进行预热运转的时候，空气调节器的通路打开，可以向进气歧管内供给预热运转所需要的空气。空气供给系如图 7－4－1 所示，它由空气滤清器、空气流量计（或进气压力传感器）、节气门体、附加空气阀或怠速控制阀、进气总管和歧管等组成。

1. 质量流量方式空气供给系工作原理

在气缸内进气行程真空吸力的作用下，经空气滤清器过滤的空气，流经空气流量计、节气门体与怠速控制阀、进气总管，再分配到各进气歧管。在进气歧管内，空气与喷油器喷出的汽油混合后被吸入气缸内燃烧。空气流量计测量进气量，ECU 根据进气质量流量和发动机工况所需的空燃比计算汽油的基本喷射量。工作过程如图 7－4－2 所示。在 L 型 EFI 系统中，发动机进气量通过空气流量计来计量；而在 D 型 EFI 系统中，进气量则由进气歧管绝对压力传感器来计量。

2. 速度密度方式空气供给系工作原理

进气歧管压力传感器测量进气歧管内的气压压力，然后 ECU 根据该压力和发动机转速计算出发动机每一工作循环吸入的空气质量，并根据进气质量和发动机工况所需的空燃比计算出汽油的基本喷射量。

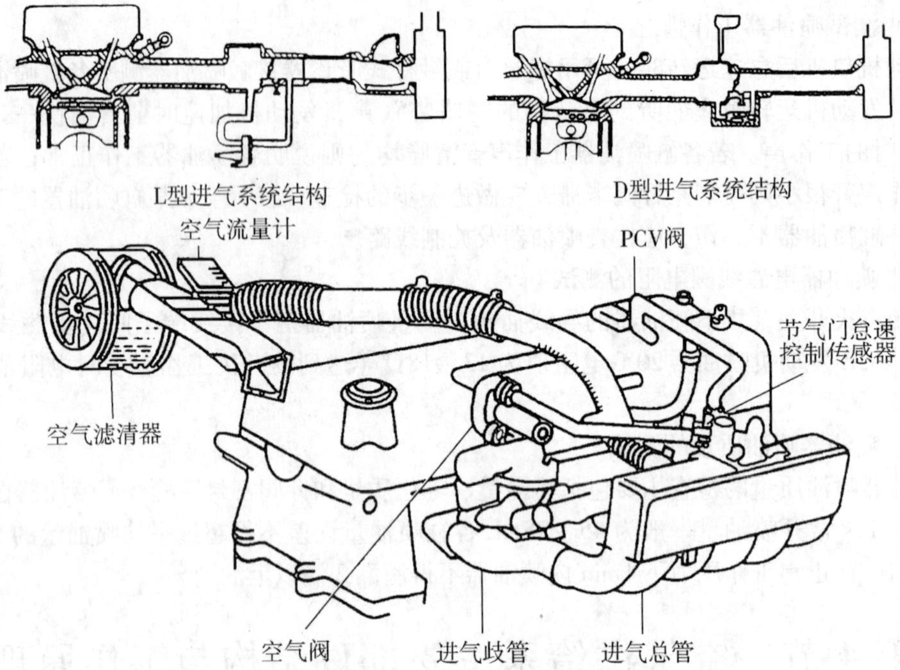

图 7-4-1　空气供给系统

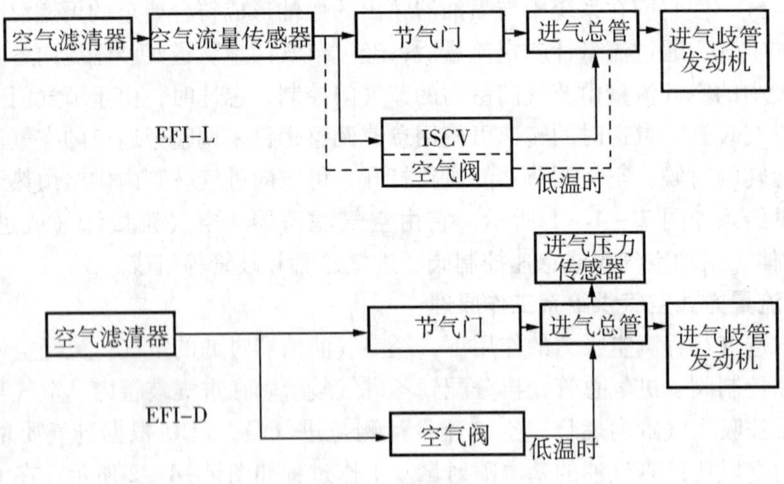

图 7-4-2　空气供给系统框图

一、空气流量计（空气传感器 MAF）结构与工作原理

空气流量计设置在空气滤清器与节气门体之间，也有的安装在空气滤清器上，还有的将空气流量计与节气门体做成一体安装在发动机上。

1. 功用

用于直接测量发动机运转时吸入的空气流量。将吸入的空气量转换成电信号送至 ECU，作为决定喷油量的基本信号之一（主喷油量就是根据测得的空气量来精确控制的）。对于汽油发动机，输出功率是通过增减混合气的数量来控制。混合气中的空气量取决于节气门开度的大小，而喷油量则由电脑按进入的空气量来控制。

2. 类型

（1）翼板式（叶片式）空气流量计

主要由测量板（翼片）、电位计和接线插头等组成，如图7-4-3所示。翼板由测量翼板和缓冲翼板组成，两者制成一体。翼板转轴安装在空气流量计的壳体上，转轴一端装有螺旋回位弹簧（安装在电位计部分内）。当吸入空气推开翼板的力与弹簧变形的弹力相平衡时，翼板停止转动。发动机工作时进气气流经过空气流量计并推动翼板偏转，使其开启。进气量愈大，气流对翼板的推力愈大，翼板的开启角度也愈大（叶板转角反映进气量，叶板转轴上装有滑线电阻）。在翼板轴上连着一个电位计，它把翼板开启角度的变化，转换为电阻大小的变化。

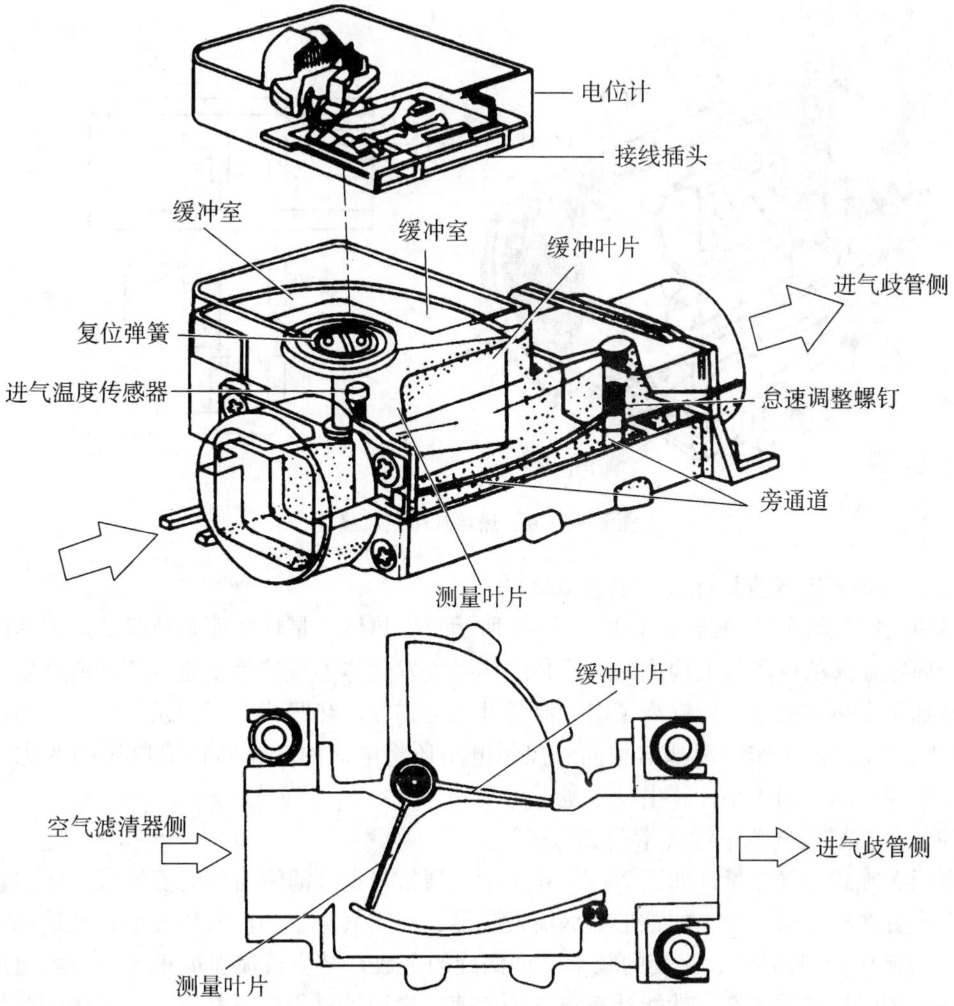

图7-4-3　翼片式空气流量计

在进气通道旁边还有一个旁通气道，经此气道进入发动机的气流，不对翼板产生推力，只有在怠速主空气道内的翼板处于关闭时，少量空气才可以通过气道，旁通气道上的怠速调整螺钉，用于调整怠速混合气的浓度。空气流量计上还有电动汽油泵开关，当发动机启动后，计量板偏转时触点闭合；当发动机熄火时触点分开。这样可避免车辆出现意外事故时汽油泵仍在工作，使汽油外溢而引起火灾。

（2）热线式空气流量计（日产、千里马）

分为主流测量和旁通测量两种形式。主流测量方式的流量计如图 7－4－4 所示。主要由取样管、白金热线、温度补偿电阻、控制线路板、连接器和防护网等组成。热丝为线径 70μm 的白金丝，安置在取样管中。取样管安装在主进气管道中央，两端有金属防护网，防护网用卡箍固定在壳体上。当空气流经热线时就带走热量，温度下降电阻随之减少，为了维持金属丝的温度，就要补充一定量的电流，功率放大器所增加的电流大小取决于热线被冷却的程度，也就是取决于通过流量计的空气流速。

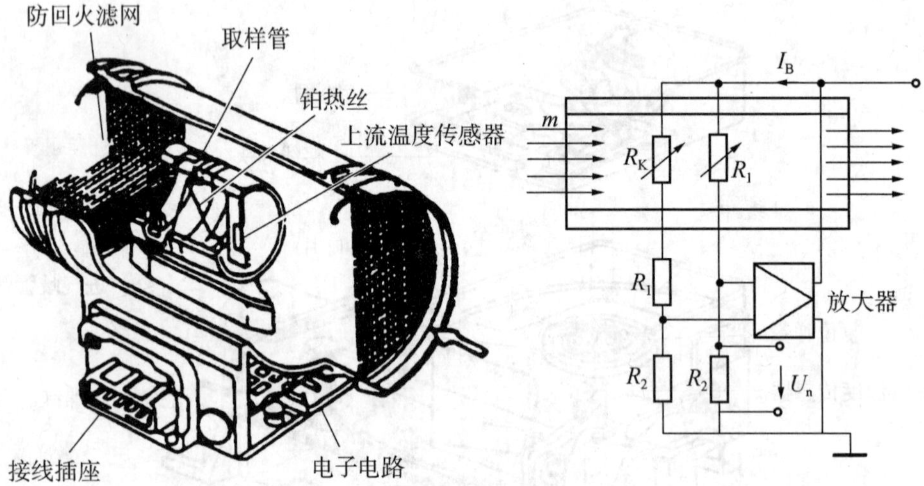

图 7－4－4　热丝式空气流量计

（3）热膜式空气流量计（马自达 626）

热膜式空气流量计的结构如图 7－4－5 所示，发热体不是热线而是热膜。热膜是由发热金属铂固定在薄的树脂膜上构成的。这种结构可使发热体不直接承受空气流动所产生的作用力，增加了发热体的强度，提高了空气流量计的可靠性。热膜式空气流量计的工作原理与热丝式空气流量计的工作原理基本相同。控制电路还将电流的变化转换成电压的变化输入电脑，电脑根据电压的大小计算出进气量。

（4）涡流式空气流量计（卡门旋涡式）

卡门涡旋式空气流量计如图 7－4－6 所示。通常与空气滤清器外壳安装成一体，它主要有一个设置在空气通道中央的锥形状涡流发生器，当空气穿过涡流发生器后，其后部将会不断产生涡旋（卡门涡旋），涡旋的频率（即涡旋的个数）与空气流速成正比。因此通过检测装置测得卡门涡旋的频率，就能计算空气的流速，进而计算得到空气流量。采用的测量方法如下：

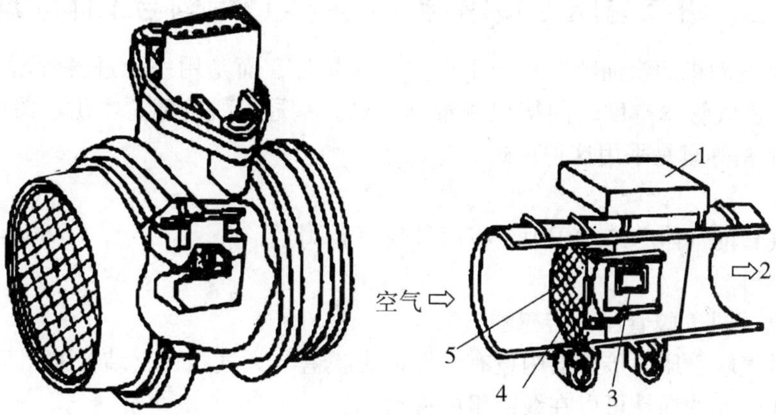

1—控制电路 2—进气 3—热膜 4—温度补偿电阻 5—金属网

图7-4-5 热膜式空气流量计结构

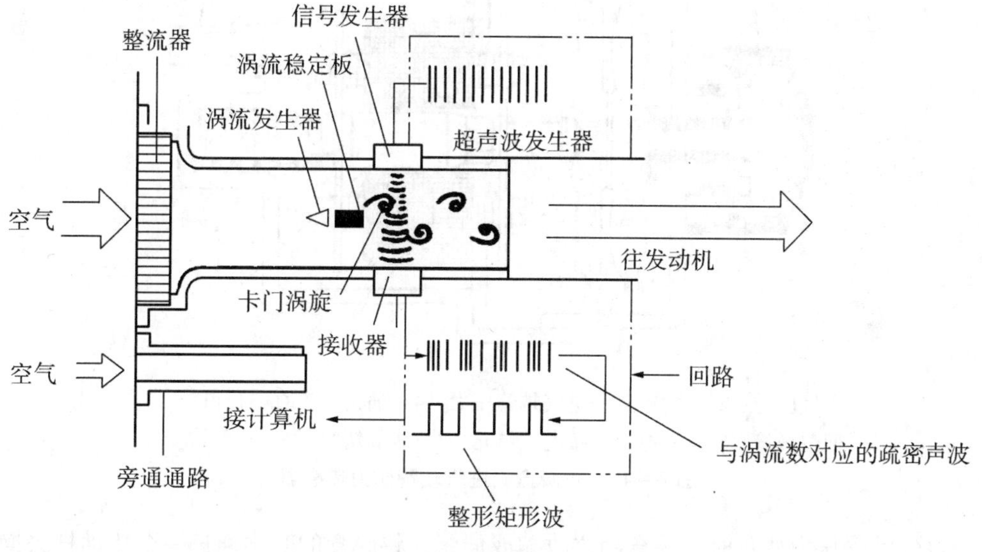

图7-4-6 卡门旋涡式空气流量计（超声波检测方式）

① 在涡流式空气流量计的后半部的两侧设置一对超声波发生器和接收器。

② 在流量计内设置一对发光二极管和光敏三极管。

使用超声波检测方式的卡门涡旋式空气流量计，是利用卡门涡旋引起的空气密度变化进行测量的。在空气流动的垂直方向安装超声波信号发生器，在其对面安装超声波接收器。

在卡门涡旋式空气流量计的空气通道内，还设有进气温度传感器。通过将信号传递到ECU中，可补偿因进气温度变化而产生的空气密度变化。卡门涡旋式流量计价格较高，但空气通道的通气阻力小，而且由于输出信号为数字式，便于ECU的信号处理。

二、进气管压力传感器（IMAPS）结构与工作原理

博世 D 型发动机的汽油喷射系统不设空气流量计，而是用一个进气管压力传感器测量节气门之后的进气管真空度，间接地测量进气量。皇冠、凯美瑞、本田、桑塔纳 2000GLI、捷达 GI、切诺基等车是采用这种形式。

1. 功用

测量进气管内气体的绝对压力，将信号输入 ECU。

2. 类型

(1) 膜盒式进气歧管压力传感器

膜片式进气歧管压力传感器内设有弹性金属膜盒与大气相通，结构如图 7－4－7 所示。与膜盒连接在一起的衔铁可以在线圈组中移动。

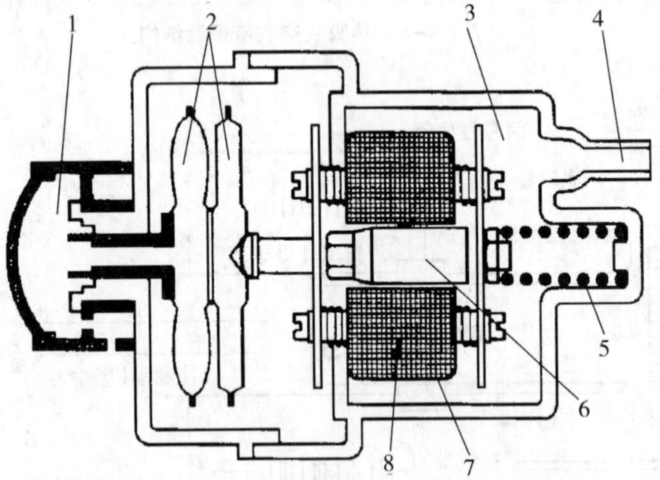

1—大气压力　2—膜盒　3—进气歧管压力　4—通进气管真空接口
5—回位弹簧　6—衔铁　7—接电控单元　8—线圈绕组

图 7－4－7　膜盒式进气歧管压力传感器

当进气歧管压力变化时，膜盒随之收缩或伸张，将膜盒的变化通过一个传动杆去操纵可变电阻的滑动触点，就可将进气歧管压力的变化转变为电阻或电压的变化。

(2) 应变仪式进气管压力传感器

应变仪式进气歧管压力传感器的主要元件是一个很薄的硅片，外围较厚，中间最薄，如图 7－4－9 所示。硅片上下两面各有一层二氧化硅膜。在膜层中沿硅片四边有 4 个传感电阻。在硅片四角各有一个金属块，通过导线与电阻相连。硅片下部有一真空腔与进气相通。硅片上 4 个电阻连接成桥式电路。当进气歧管压力变化时，硅膜片随之发生变形。这时传感电阻的阻值即随之发生相应的变化，使桥式电路输出正比于进气压力的电压信号。电控单元根据该信号即可测出进气歧管的压力。

(3) 电容膜盒式进气歧管压力传感器

电容膜盒式进气歧管压力传感器如图 7－4－9 所示。由两片用绝缘垫圈隔开的氧化铝片

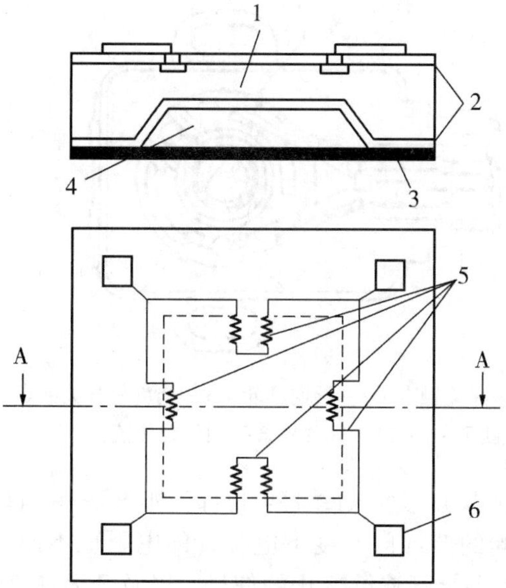

1—硅片　2—二氧化硅膜　3—硼硅酸玻璃片
4—真空腔　5—传感电阻　6—金属块

图7-4-8　应变仪式进气歧管压力传感器

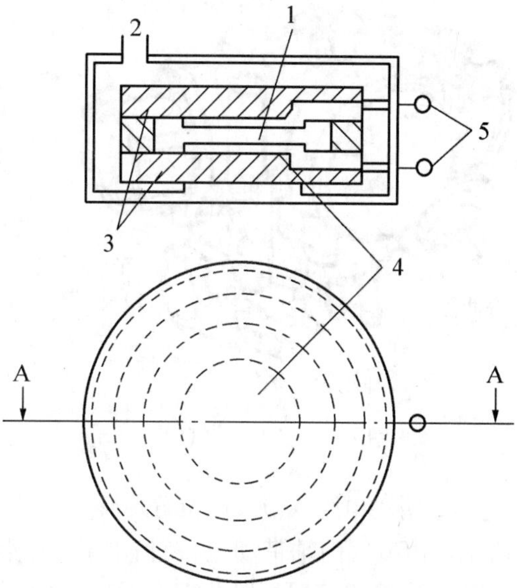

1—真空腔　2—通进气歧管　3—氧化铝片
4—硅片　5—引线

图7-4-9　电容膜盒式进气歧管压力传感器

组成。在铝片的内表面贴有两片极薄的硅片，分别与一根引线相连。铝片和绝缘垫圈构成中部有个真空腔的膜盒。该盒装在与进气管相通的容器内。当进气歧管压力发生变化时氧化铝片弯曲变形，使硅片间的距离随之改变，从而引起电容的变化。这时，通过电控单元便可测得进气歧管的压力。

三、节气门结构与工作原理

节气门用于控制发动机正常工况下的进气量。安装在空气流量计和发动机进气总管之间的进气管上，它由节气门位置传感器、怠速旁通气道、怠速调整螺钉、辅助空气阀和缓冲器等组成。结构如图7-4-10所示。

1. 节气门位置传感器（TPS）

（1）功用

用于检测节气门的开度，并将其转换为电压信号输送给ECU，并向ECU提供节气门打开和关闭的速度及怠速等信息，作为判断修正基本的喷油量和基本点火角的依据。

（2）类型

① 开关式节气门位置传感器。内部有两对触点，怠速开关触点和全负荷开关触点，如图7-4-11所示。发动机在怠速或强制怠速时怠速开关触点闭合，ECU据此信号对怠速时的混合气进行微调，并修正点火提前角，切断废气再循环系统；强制怠速时暂时切断供油。当节气门打开时，怠速开关触点张开。节气门由全闭到中小开度范围内一直处于张开状态，当节气门打开至接近全开（>50%）的位置时，全负荷开关的触点闭合，ECU据此信号加浓混合气，提高发动机输出功率。

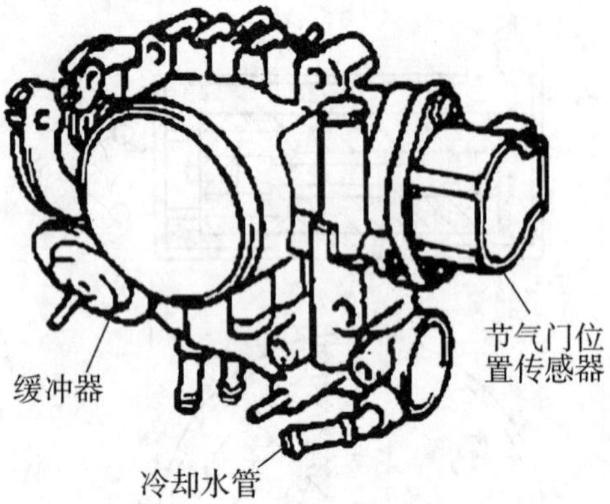

图 7-4-10　节气门

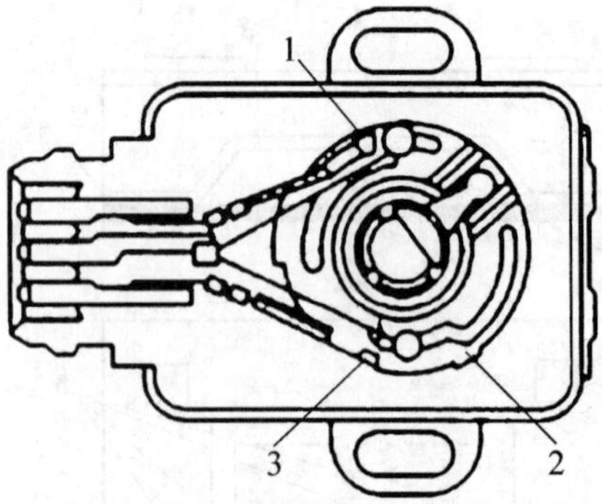

1—怠速开关触点　2—导向凸轮　3—全负荷开关触点

图 7-4-11　开关式节气门位置传感器

② 滑动电阻式节气门位置传感器（线性可变电阻型）。是一种线性电位计，如图 7-4-12 所示。由节气门轴带动电位计的滑动触点，在不同的节气门开度下电位计的电阻也不同。ECU 通过该传感器可以获得表示节气门开度从全闭到全开连续变化的信号，以及开闭速度的信号，从而精确判断发动机的运行工况，以提高控制精度和效果。

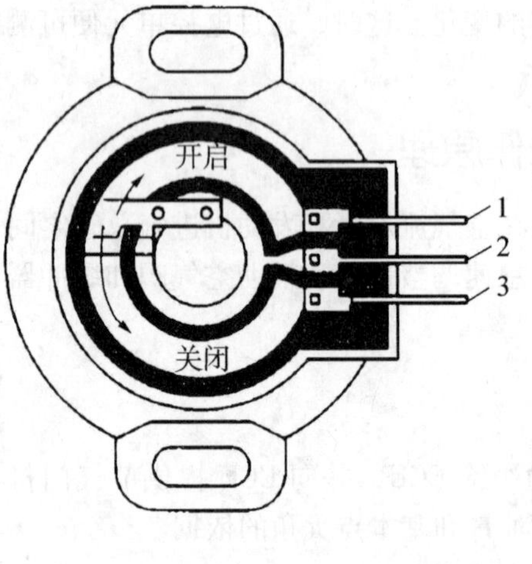

1—基准电压　2—节气门开度输出电压　3—接地

7-4-12　滑动电阻式节气门位置传感器

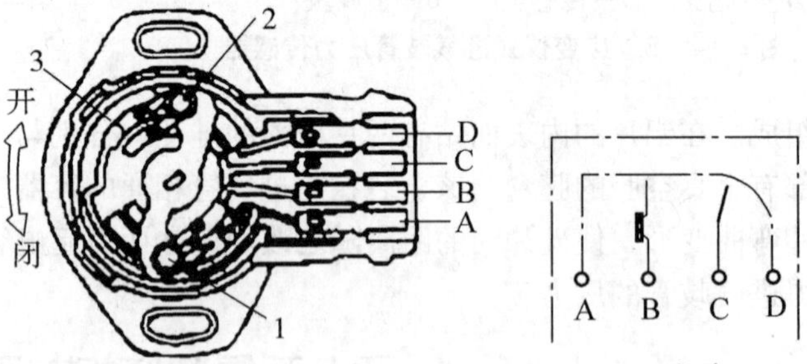

(a) 结构　(b) 电路

1-怠速开关滑动触点 2-线性滑动电阻 3-电阻体

A-基准电压 B-节气门开度信号 C-怠速信号 D-接地

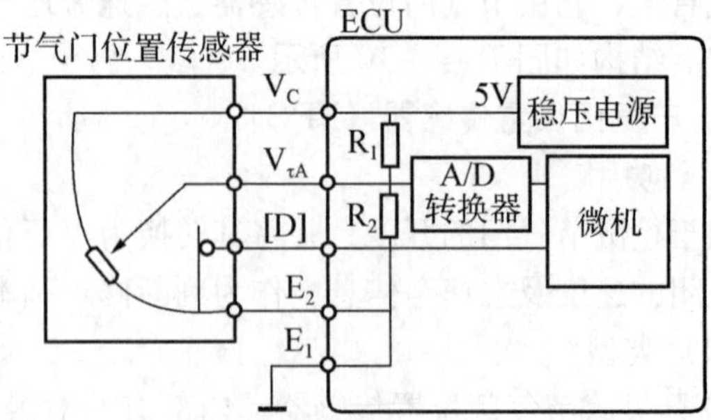

图 7-4-13　综合式气门位置传感器

③ 综合型节气门位置传感器（比线性位置传感器多一副怠速触点）。结构如图 7-4-13 所示。由一个怠速开关触点和滑动电阻组成。怠速时怠速触点闭合，输出怠速信号，其他工况随节气门开度的增大，输出信号电压也提高，直到全开时电压达到最大。采用数字控

制方式的ECU，在滑动电阻有误差时，还将怠速开关的闭合信号作为电控单元校正节气门开度信号值的基准点。

这种传感器是在上述两种节气门位置传感器的基础上加以综合的，具备了两者的优点。它有两个与节气门轴同轴的触点，一个触点可在可变电阻器上滑动，将节气门开度值转化为电压值；另一个专门用于确定节气门完全关闭的位置，提供准确的怠速信号。设置怠速触点不但可以精确地确定怠速工况，而且可以用怠速时的电压值对反映节气门开度的电压值进行修正，以提高控制精度。

2. 怠速旁通气道及怠速调整螺钉结构与工作原理

为了使发动机能适应多种怠速工况，在旁通气道上有怠速调整螺钉，通过怠速调整螺钉来改变进气量，从而控制发动机怠速时的转速。顺时针旋转怠速调整螺钉，旁通进气量减少，发动机怠速转速降低；逆时针旋转将增加旁通进气量，使发动机怠速增加。

四、怠速控制阀（ISC）结构与工作原理

1. 功用

自动调整发动机怠速，使发动机在不同工况下都能以最佳的怠速转速运转。

① 稳定怠速在800r/mim左右。

② 调节怠速。

a. 起动时增高怠速；

b. 低温时，增高怠速；

c. 额外负荷时（如开空调、开大灯和转向助力工作等），增高怠速。

2. 类型

（1）步进电机式怠速控制阀（开度有级调节）

步进电动机和怠速控制阀做成一体装在进气总管内，电动机可顺时针或逆时针旋转，使阀沿轴向移动，改变阀与阀座之间的间隙，以调节流过节气门旁通通道的空气量。端部装有阀芯，结构如图7-4-14所示。当转子旋转时螺杆即带动阀心移动，ECU通过步进电动机控制转子的旋转方向和转角，以控制阀芯的移动方向和移动距离，从而调节旁通道的进气量。ECU根据不同工况下设定的怠速进行控制，因此不再设置怠速空气阀，而是由怠速电控阀来实现对冷车高怠速和热车后正常的自动控制。

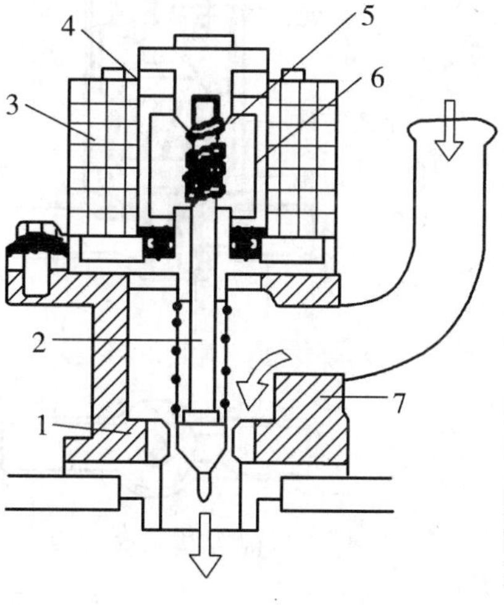

1—阀座 2—阀轴 3—定子 4—轴承
5—进给丝杆 6—转子 7—阀芯

图7-4-14 步进电动机怠速控制阀结构

（2）脉冲线性电磁阀式怠速控制阀（可对开度进行连续无级调节）

与普通电磁阀结构基本相同的脉冲电磁阀，如图7-4-15所示。它的作用是控制旁通气道的气量，当电磁线圈通电时阀芯打开阀门，使旁通气道开启；断电时阀芯在回位弹簧的作用下关闭旁通气道。在ECU输出固定频率的脉冲电流作用下，每个脉冲周期内通

电时间所占的比例（占空比）越大，阀门开启时间的占空比也越大，进气量越多。

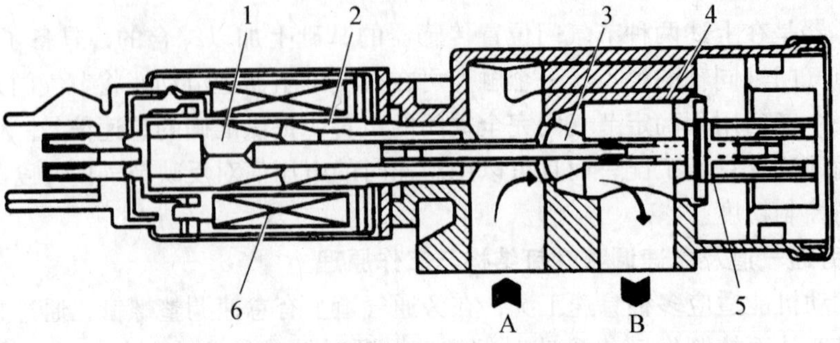

1—活动衔铁　2—固定衔铁　3—阀芯　4—阀座　5—回位弹簧
6—脉冲电磁线圈　A—进气　B—出气

图 7－4－15　脉冲电磁式怠速电控阀结构

ECU 向电磁线圈通以占空比可调的脉冲信号，因此线圈中的平均电流取决于控制信号的占空比，而平均电流的大小又决定了电磁阀的开度和发动机怠速的高低。频率周期不变，通过调节占空比，就可以调节怠速开启和关闭力的比例，从而调节怠速阀的开度。

（3）旋转电磁阀型怠速控制阀

旋转电磁阀型怠速控制阀，结构如图 7－4－16 所示。通过永久磁铁及周围的磁化线圈控制机构来控制阀门的旋转角度，从而改变怠速空气通道的截面积。双金属带一端连接带有凹槽的挡块，一端固定，冷却液流过阀体。当水温发生变化时，双金属带产生变形带动挡块一端转动。挡块的凹槽限制阀门轴上方头的旋转，控制阀门的最大和最小开度。

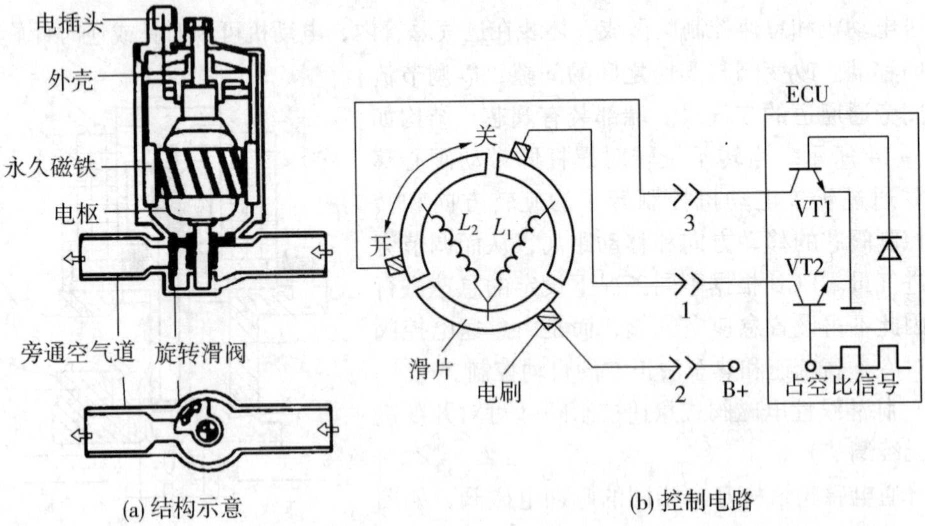

图 7－4－16　旋转滑阀式怠速空气调节阀

（4）开关控制型怠速控制阀

这种阀的怠速信号只有开、关两种状态。怠速时 ECU 发出指令打开阀门，升高到某预定值时切断电源，阀门关闭（老款车使用）。

3. 调节方法（调节进气量）

① 调节旁通气量；

② 调节节气门开度。

五、空气滤清器

功用是清除流进发动机的空气中所含的灰尘、杂质和水等，以减少气缸、活塞、活塞环等零件的磨损，延长发动机的使用寿命。一般为纸质滤芯，盖与外壳用卡子固定，结构与普通发动机上的空气滤清器相似。

六、进气歧管与稳压箱

功用是将空气或可燃混合气引入气缸，并保证进气充分及各缸进气量均匀一致。进气歧管多用铝合金或铸铁制成，有些也采用复合塑料制作。有些车型进气歧管前还设有稳压箱（也称共鸣腔或谐振腔），稳压箱的功用是消除进气压力脉动，保证各缸混合气分配均匀。

七、排　气　系

1. 排气歧管

从气缸盖上各缸的排气孔到各缸的独立管的汇集处的管道总成叫排气歧管。排气歧管一般都采用成本低，耐热性、保温性较好的铸铁制成。

2. 排气消声器

排气消声器的功用是清除废气中的火星及火焰，降低排气噪声。排气消声器有吸收、反射两种基本的消声方式。吸收式消声器是通过废气在玻璃纤维、钢纤维和石棉等吸声材料上的摩擦而减少其能量；反射式消声器则是多个串联的谐调腔与长度不同的多孔反射管相互连接在一起，废气在其中经过多次反射、碰撞、膨胀、冷却而降低压力和减轻震动。汽车上实际使用的消声器，多数是综合利用不同的消声原理组合而成的。

3. 三元催化转化器

三元催化转化器内部为一个圆柱形反应柱，反应柱由很多孔径较小的直管组成，反应柱的所有表面都用白金系列催化剂镀膜。这种催化剂可将一氧化碳（CO）和碳氢化合物（HC）通过氧化反应变成对人体无害的二氧化碳（CO_2）和水（H_2O），将氮氧化合物（NO_X）还原成氮气（N_2）和氧气（O_2）。

第5节　电控系部件结构与工作原理

电控系由电脑、各类传感器及执行器等组成。电脑采集各类传感器的输入信息经过精确计算、发出最佳喷油或断油时机信号和最佳点火时机信号，发动机从而获得最佳空燃比与最佳点火提前角，达到良好的动力性和经济性，当发动机出现故障，该系统有故障诊断系统保存故障代码，并通过故障指示灯输出。应用在发动机上的电控系有：

① 燃油喷射控制系。

② 进气增压控制系。

③ 点火控制系。

④ 怠速控制系。

⑤ 排气净化控制系。

⑥ 巡航控制系。

⑦ 自诊断与失效保护系。

⑧ 应急备用系。

一、电控系传感器结构与工作原理

汽车传感器作为汽车电子控制系统的重要信息源，对位置、转速、温度、压力、加速度和震动等各种信息进行实时、准确的测量和控制。衡量现代轿车控制系统水平的关键是传感器的数量和水平。传感器又叫转换器。它把非电量变为电量，经放大整形处理后变成计算机等自动控制系统所能接受的电信号，以模数量、数字量或开关量的形式输出，作为汽车各种自动控制系统或驾驶人信息系统必不可少的信息。传感器是检测各种状态的物理量，并把物理量转变为电量并进行输入的元件。传感器犹如人的感觉器官，对汽车所有条件下的物理量进行正确的实时检测，并输入控制计算电路，传感器是决定控制系统好坏的关键。对各种信息进行实时检测的有：

① 基本传感器：曲轴位置传感器、转速传感器和空气流量计。

② 修正传感器：水温、气温、节气门、怠速开关、爆震、氧传感器等。

③ 辅助传感器或信号：A/C 信号、制动开关信号。

④ 挡位开关：空挡起动开关、动力转向开关、启动开关。

1. 曲轴与凸轮轴位置传感器

（1）曲轴位置传感器 CPS（发动机转速与曲轴转角传感器）

功用是采集发动机转速和发动机曲轴转动角度信号，并输入电控单元，以便确定点火时刻和喷油时刻。

（2）凸轮轴位置传感器 CIS（判缸传感器）

功用是采集发动机凸轮轴的位置信号并输入电控单元，以便电控单元识别第 1 缸活塞处于压缩上止点的位置，从而进行顺序喷油控制、点火时刻控制和爆震控制，检测凸轮轴位置信号，向电脑提供某缸工作行程的信号。

凸轮轴与曲轴位置传感器的结构原理完全相同，测试方式也相同。由于它们的作用不尽相同，有了曲轴位置传感器还应装有凸轮轴位置传感器；相反有了凸轮轴位置传感器可以不装曲轴位置传感器。曲轴和凸轮轴位置传感器是发动机点火和燃油喷射的主控制信号。是控制系统中最重要的传感器之一，若失效发动机就不能启动。有些车型会把它们两个组合一体安装于分电器或曲轴前端，而有些则分别安装于曲轴的前部、中部或飞轮上。

（3）形式

① 磁感应式曲轴位置传感器（丰田、本田车型）。结构如图 7－5－1 所示。由磁感应式传感器和信号转子等组成，磁感应式传感器用螺钉固定在发动机缸体上，由永久磁铁、传感线圈和线束插头组成。传感线圈又称为信号线圈，永久磁铁上带有一个传感器磁头，传感器

磁头正对安装在曲轴上的齿盘式信号转子。

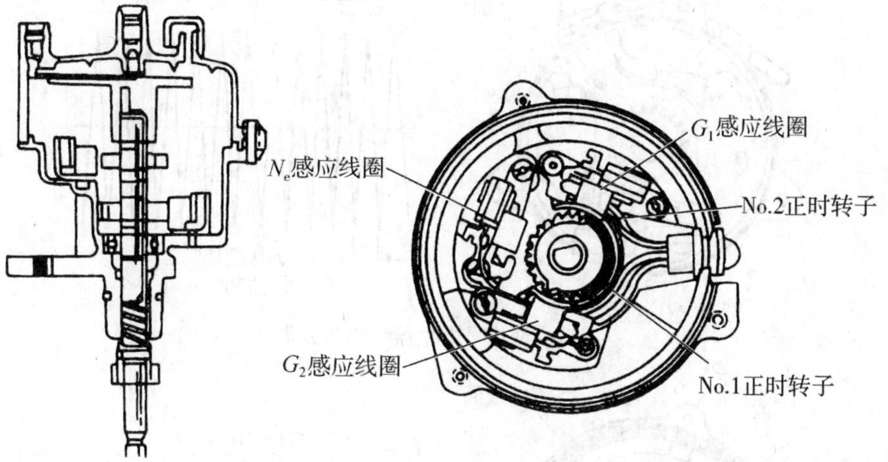

图 7－5－1 转子磁脉冲式曲轴位置传感器

工作（电磁感应）原理是利用信号转子的转动，改变通过感应线圈的磁通量，使感应线圈产生感应电压。当信号转子的凸齿接近磁头时，凸齿与磁头间的气隙减小，磁路磁阻减小，线圈中通过的磁通量增大，磁通变化率增大，所以感应电动势 E 为正；当信号转子凸齿的中心线与磁头的中心线对齐时，虽然信号转子凸齿与磁头间的气隙最小，磁路的磁阻最小，磁通量最大，但是由于磁通量不可能继续增加，因此磁通变化率为零，感应电动势 E 为零。当信号转子凸齿离开磁头时，信号转子凸齿与磁头间的气隙增大，磁路磁阻增大，磁通量最小，所以感应电动势 E 为负值。信号转子每转过一个凸齿，传感器线圈中就会产生一个周期的交变电动势，传感线圈相应地输出一个交变电压信号。因为信号转子上有一个大齿缺，所以当大齿缺转过磁头时，信号电压所占的时间较长，即输出信号为一宽脉冲信号。

② 分电器内磁脉冲式曲轴位置传感器（雷克萨斯 400）。结构如图 7－5－2 所示。传感器分为上下两部分，上部产生用于辨别气缸及活塞上止点位置的信号，下部产生用于测量发动机转速的信号。上下两部分均由磁脉冲感应永久磁铁、电磁线圈及固定在分电器轴上的轮齿或凸缘组成。下部的一组，其转子为随分电器一起转动的圆盘，圆盘的圆周上有 24 个齿，当发动机带动分电器旋转时，圆盘便与分电器轴一起转动，在与其配合的线圈中便产生一组交变的电压信号，其周期相当于 30°曲轴转角。利用 30°转角的时间，由电脑再均分为 30 等份，即可产生 1°曲轴转角的信号。传感器上部的一组由固定在分电器轴上的凸缘转轮（即 G 正时转子）及其对面对称的两个感应线圈（G_1、G_2）组成。

曲轴转角 720°/24 齿 = 30° 曲轴转两圈，分电器转一圈。G_1、G_2 信号分别为检测第 6 缸及第 1 缸的上止点信号。由于 G_1、G_2 信号发生器设置位置关系，当产生 G_1、G_2 信号时，实际上活塞并不是正好达到上止点，而是在上止点前 10°的位置。

③ 霍耳效应式曲轴位置传感器（欧美车型）。结构如图 7－5－3 所示。它由带触发叶轮、霍耳基片和带导板的永久磁铁组成安装位置有：分电器内；曲轴前端；飞轮壳上；凸轮轴前、后端等位置。

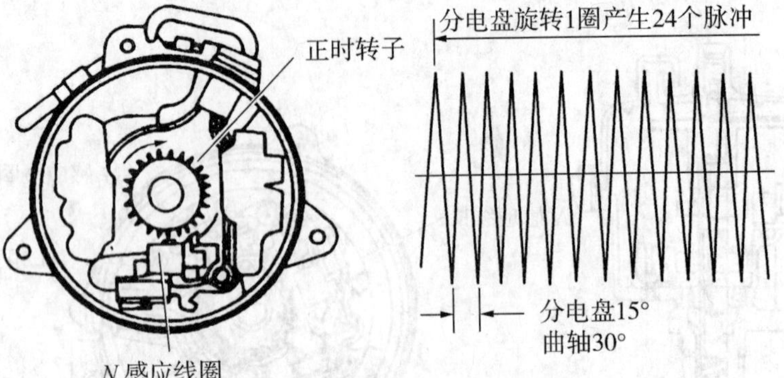

(a) N_e信号发生器结构与波形

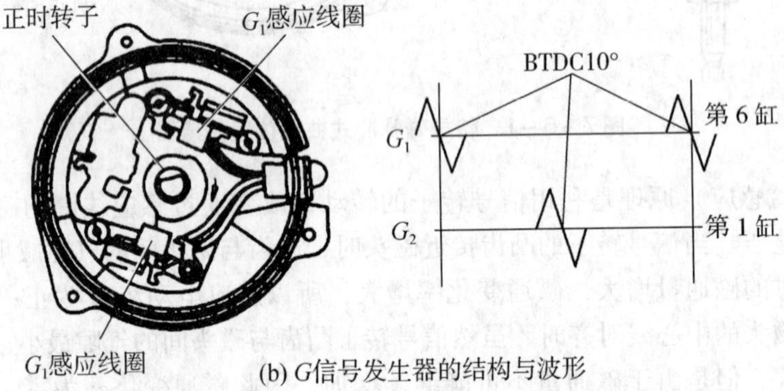

(b) G信号发生器的结构与波形

图7－5－2　曲轴位置传感器信号发生器结构与波形

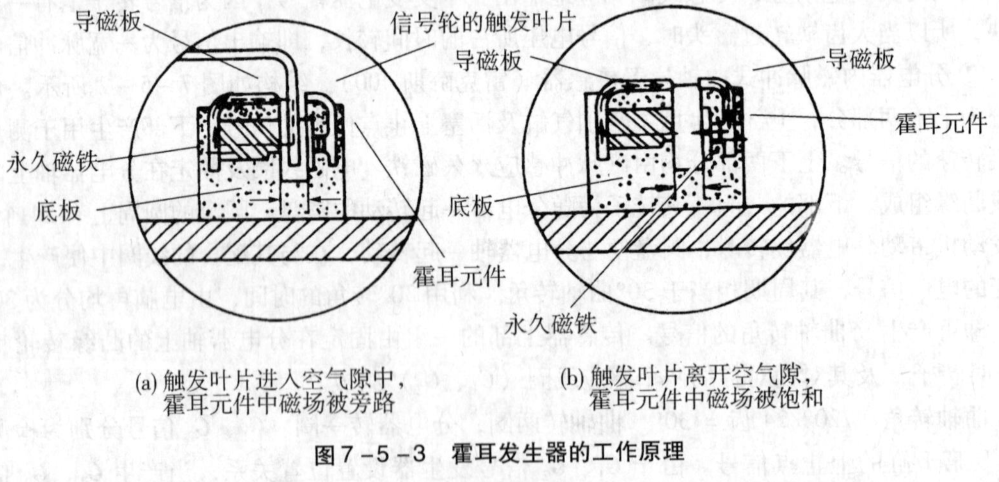

(a) 触发叶片进入空气隙中，霍耳元件中磁场被旁路　　(b) 触发叶片离开空气隙，霍耳元件中磁场被饱和

图7－5－3　霍耳发生器的工作原理

工作（霍耳效应）原理是给一半导体元件（霍耳基片）通一电流，同时在垂直于电流的方向施加一磁场，这时就会在霍耳基片的两侧（垂直于电流和磁场方向）产生一电压信号，称为霍耳效应。

④ 光电式曲轴位置传感器（日产、三菱车型）。结构如图7－5－4所示，它主要由发光

二极管、光敏二极管、遮光盘和控制电路等组成，一般安装在分电盘上，也有的直接安装在凸轮轴前端。工作原理是利用光敏二极管的光敏效应，当光敏二极管接收到光线时导通；没接收到光时就截止。遮光盘位于发光二极管和光敏二极管之间，当遮光盘的转动挡住发光二极管的光线时，光敏二极管截止，控制电路输出低电平；当缝隙对准发光二极管和光敏二极管时，光线照到光敏二极管上，控制电路输出高电平。发光二极管持续发光，遮光盘的外侧缝隙用于测发动机转速，内侧缝隙用于测曲轴位置信号。

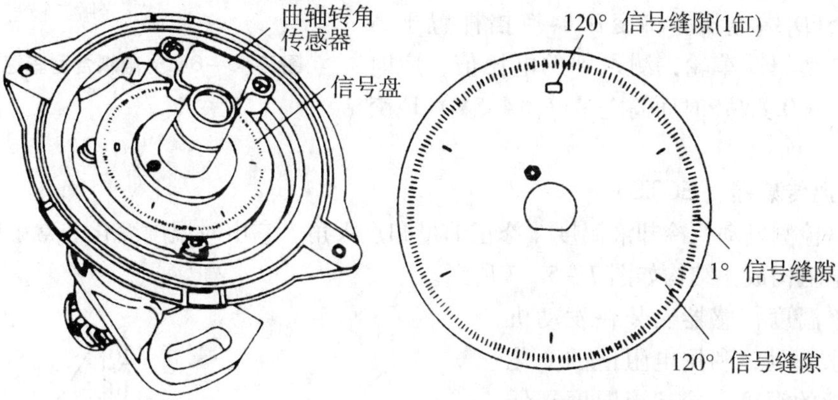

图7-5-4　光电式曲轴位置传感器

光电式曲轴位置传感器的单件测试可用万用电表的电阻挡测量线束侧1号端子与地间电阻，阻值应为0Ω。

2. 车速传感器（VSS）

（1）功用

用于测量汽车的行驶速度，给ECU提供车速信号（SPD信号），以控制发动机怠速和汽车加减速期间的空燃比，强制怠速断油和超速断油。

（2）类型

① 舌簧开关型。舌簧传感器装在组合仪表内，结构如图7-5-5所示，由掩码开关、两对磁铁和软轴组成，软轴由变速器的输出轴驱动，而磁铁又由软轴驱动。由于舌簧开关是固定的，因此每当软轴转一圈，磁铁的极性变换4次。由于极性变换，使舌簧开关内的触点打开或闭合各两次，向ECU输送脉冲信号，ECU根据此信号计算出汽车的车速。

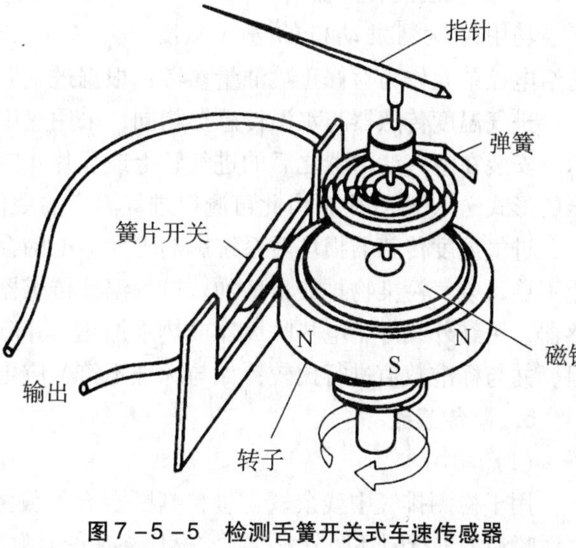

图7-5-5　检测舌簧开关式车速传感器

② 光电耦合型。光电耦合型车速传感器也是装在组合仪表内，它由带切槽的光盘、发光二极管、光电耦合器和光

敏二极管等组成。如图 7－5－6 所示，光盘通过软轴与变速器的输出轴相连，当光盘转动时，带切槽的盘齿间断地遮挡发光二极管光源，使光敏二极管的输出电压发生变化。软轴转一圈输出 20 个脉冲，经分频后变成 4 个脉冲送至 ECU，ECU 由此计算出汽车的车速。

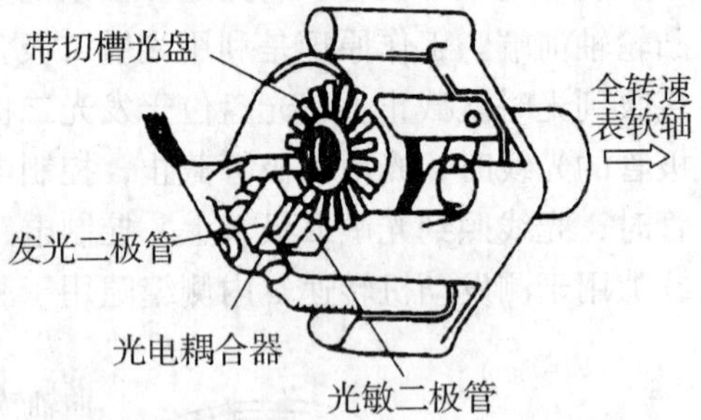

图 7－5－6　光电耦合型车速传感器

车速传感器的测试可找出 ECU 连接器，用电压表测量 SPD 端电压。将变速器换挡杆置于 N 挡，慢慢转动驱动车轮，测量到的电压值，应时而低电平（<0.8V）时而高电平（>4.5V）地交替变化。

3. 水温传感器（ECTS）

功用是检测发动机冷却液温度，修正油量和点火角。它由对温度变化非常敏感的负温度系统热敏电阻构成，结构如图 7－5－7 所示。

冷却水温度传感器安装在发动机水套的出水管处，利用电阻值的变化检测冷却液的温度。冷却液温度越低电阻越值越大，冷却液温度越高电阻值越小。低温时油量大、点火角小；高温时油量小、点火角大。

热源电阻（热敏电阻）

PTC 型（正温度系数）温度越高，电阻越大；NTC 型（负温度系数）温度越高，电阻越小。

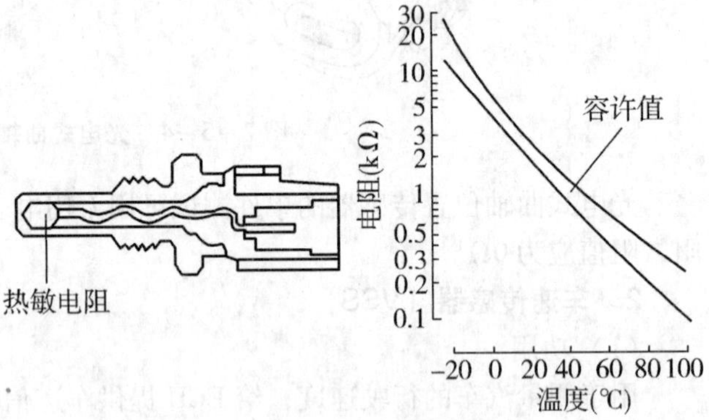

图 7－5－7　水温传感器

4. 进气温度传感器（IAFS）

功用是检测发动机的进气温度，送给电控单元作为对修正喷油量参考；根据进气温度的高低适当调整喷油量和点火正时。

进气温度传感器与水温传感器相同，采用热敏电阻作为敏感元件，结构如图 7－5－8 所示。安装在空气滤清器之后的进气管上或翼片式空气流量计内。传感器将电阻值的变化以电压的形式送入 ECU 中，由此可测得进气温度的变化。

进气温度传感器损坏对系统影响不大，电脑会自动设定，但将导致发动机启动困难、怠速不稳、废气污染物排放量增加。进气温度传感器测试方法与检测水温传感器相同，拆下传感器，用红外线灯、电热吹风器或热水加热，并测量在不同温度下传感器两接线端之间的电阻，并与标准数值进行比较；如与标准不符，应更换新件。

5. 氧传感器

（1）功用

用于检测排气中残余氧含量，判断混合气偏浓还是偏稀，并向电控单元发出反馈信号，以对喷油量进行闭环调节来控制空燃比在理论值附近。如图 7－5－9 所示，安装在排气管中。

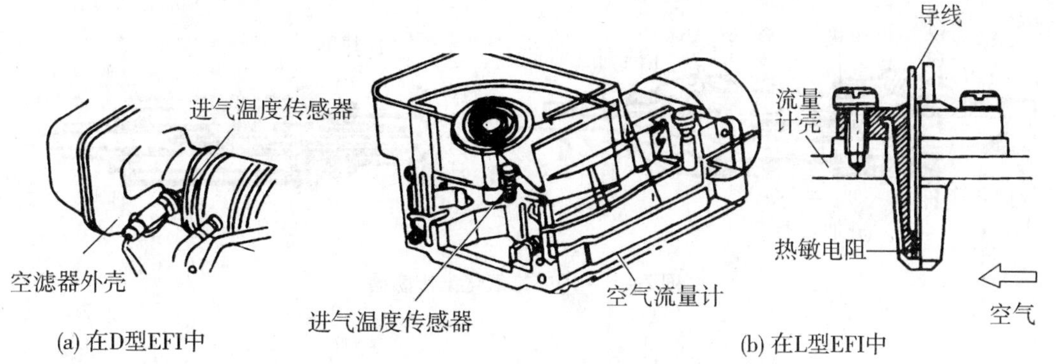

图7-5-8 进气温度传感器安装位置

（2）工作原理

混合气偏稀时增大油量，偏浓时则减少油量。每10s调节8次以上，使混合气浓度处于理想值附近，使燃油得到充分燃烧，减少HC、CO排放。

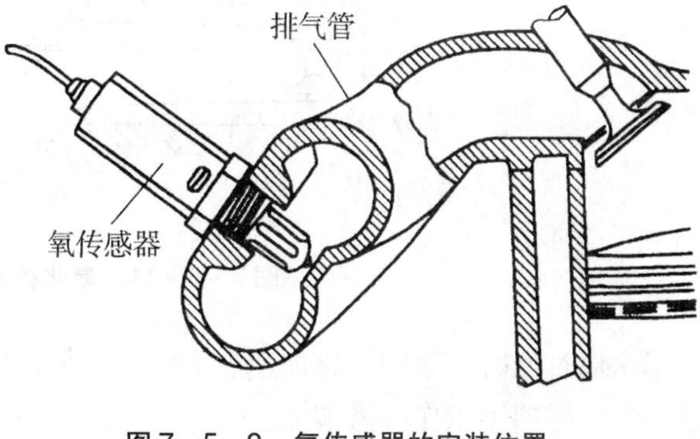

图7-5-9 氧传感器的安装位置

（3）类型

① 氧化锆式氧传感器。带加热器氧化锆传感器，结构如图7-5-10所示。主要由锆管、电极、护套和加热棒组成。锆管是由陶瓷体即氧化锆（ZrO_2）制成的试管式管体，固定在带有安装螺纹的固定套中，内表面与空气相通，外表面与废气相通。单线氧传感器的导线是信号线，传感器外壳搭铁；双线氧传感器的两根导线分别是信号线与搭铁线；3线的氧传感器与单线和双线相比多一个加热线圈。锆管的陶瓷体是多孔体，氧气可以渗入该多孔体固定电解质内。当温度较高时，氧气发生电离。只要锆管内（大气）外（废气）两侧氧含量不同，即存在氧浓度差，在固体电解质内部氧离子会从大气一侧向排气一侧扩散，其结果是在锆管中形成一个微电池，在锆管两铂极间产生电压。当混合气稀时，排气中氧的含量多，两侧氧浓度差小，产生的电压小；当混合气浓时，排气中氧含量少。当过量空气系统$\alpha>1$时，氧传感器输出电压为零；$\alpha<1$时，氧传感器输出电压接近1V。

② 氧化钛式氧传感器。氧化钛式氧传感器，是利用二氧化钛在其周围氧分子的含量变化时电阻会发生变化的原理制成，故又称为电阻型氧传感器，结构如图7-5-11所示。它具有两个氧化钛元件，一个是多孔性的二氧化钛陶瓷，用作感测排气中的氧含量；另一个是实心的二氧化钛陶瓷，用作加热调节，补偿温度的误差。二氧化钛在室温下具有很高的电阻，但当排气中氧含量少时，二氧化钛中的氧分子将脱离，使其晶体出现空缺，产生更多的电子数，使电阻大大降低。利用电阻值的变化，便可检测排气中的氧含量。

◆ 电压型：电压信号越高，混合气越浓；

◆ 电阻型：电压信号越低，混合气越稀。

图 7－5－10　二氧化锆传感器

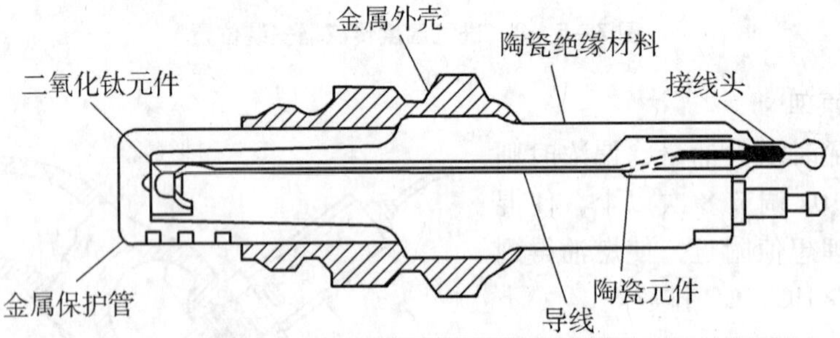

图 7－5－11　氧化钛式氧传感器结构

水温过低时，起动、急加速、大负荷→氧传感器不工作→需加浓；强制怠速时→停止喷油→氧传感器不工作→需加浓。

6. 爆震传感器

汽油发动机是利用火花塞跳火将混合气点燃，使火焰在混合气内不断传播进行燃烧。火焰在传播途中，如果压力异常升高时，一些部位的混合气不等到火焰传播到自己就着火燃烧，造成瞬间爆发燃烧，这种现象称为爆震。爆震不仅发动机的噪声大，而且会使活塞产生过热、熔损等现象。

（1）功用

爆震传感器用于检测发动机是否爆震及爆震强度，一旦有爆震，点火角就逐渐推迟，直到爆震消除之后，点火角又逐步恢复，再次爆震后，点火角又再逐步推迟。其循环调整结果就会使点火提前角总处于爆震的临界点。低温、怠速等情况下 ECU 不接受爆震信号。

（2）类型

① 磁致伸缩式爆震传感器（电感式）。是应用最早的爆震传感器，结构如图 7－5－13 所示。在高镍合金组成的磁芯外侧设有永久磁铁，磁铁上绕有感应线圈，磁力线发生变化，线圈将产生感应电动势，此电动势即为爆震传感器的输出电压信号。输出电压的大小与发动机震动的频率有关，当传感器有震动频率与发动机的震动频率相同时将产生谐振，传感器输出的电压最大。

② 共振型压电式爆震传感器。结构如图 7－5－14 所示。安装在火花塞的垫圈处，每缸 1 个。主要由压电元件、振荡片、基座和外壳等组成。压电件紧压在振荡片上，振荡片又固

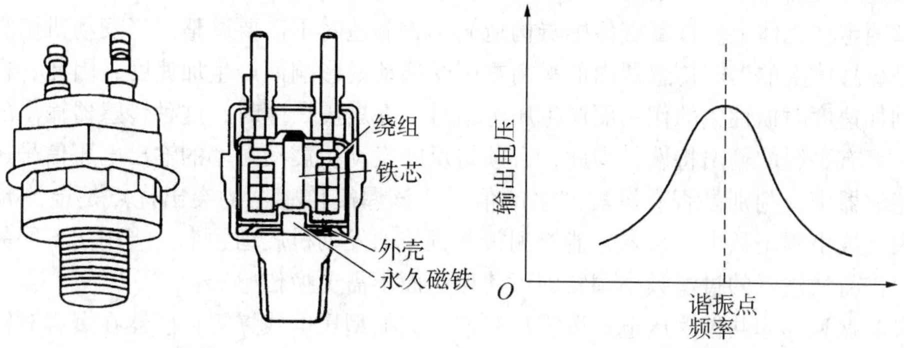

(a) 结构　　(b) 输出特性

图7-5-12　磁滞伸缩式爆震传感器的结构和输出特性

定在传感器的基座上。振荡片随发动机的震动而振荡，波及压电元件，使其变形而产生电压信号。当发动机爆震时的震动频率与振荡片的固有频率相等时，振荡片将产生共振，此时压电元件将产生最大的电压信号，因该爆震传感器在爆震时输出的电压比较高，无须使用滤波器即可判别有无爆震产生。

③ 非共振型压电式爆震传感器。实际是一种加速度传感器。它是以接受加速度信号的形式来检测爆震的。结构如图7-4-14所示。它由平衡重、压电元件、壳体、电器连接装置等构成。这种传感器与共振型传感器的不同之处在于：它内部无振荡片，但设置了一个配重块。配重块以一定预应力压紧在压电元件上。当发动机产生爆震时，配重块就以一正比于加速度的交变力施加在压电元件上，从而产生输出信号。两个压电元件同极性相向对接，平

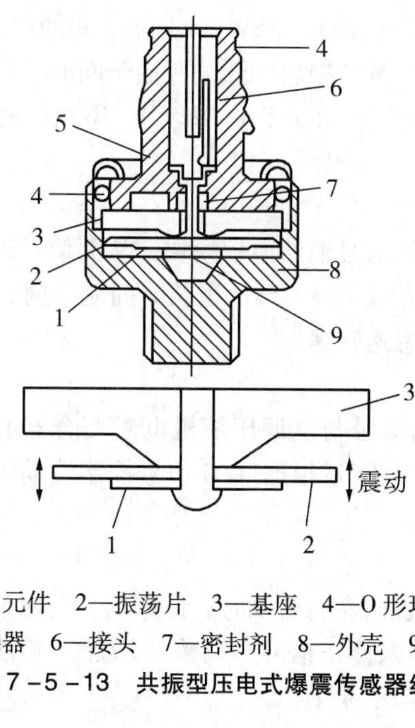

1—压电元件　2—振荡片　3—基座　4—O形环
5—连接器　6—接头　7—密封剂　8—外壳　9—引线

图7-5-13　共振型压电式爆震传感器结构

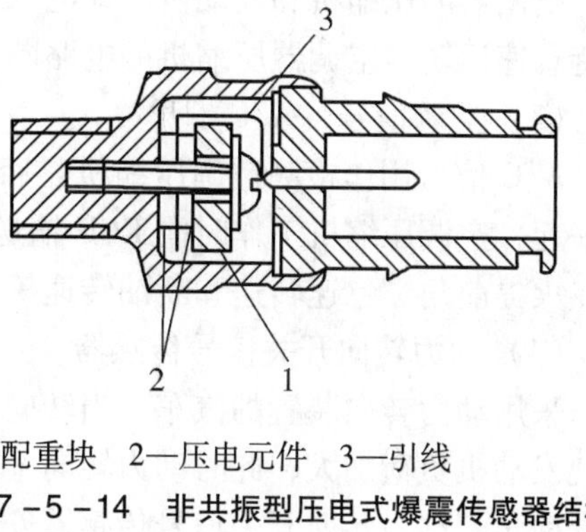

1—配重块　2—压电元件　3—引线

图7-5-14　非共振型压电式爆震传感器结构

衡重将加速度变成作用于压电元件上的压力，输出电压从这两个压电元件的中央取出，平衡重由螺丝固定在壳体上。该爆震传感器构造简单，制造时不需要调整。当发动机爆震时，安装在发动机缸体上的爆震传感器内部平衡重因受振动的影响而产生加速度，因此，在压电元件上受到加速度时惯性力的作用而产生压电信号。在爆震产生时，这种传感器输出的电压不是很大，具有平缓的输出特性。因此，必须将反映发动机震动频率的输出电压信号送至识别爆震的滤波器中，判别是否有爆震产生的信号。该爆震传感器的突出优点是检测频率范围宽，可设计成由零至数十千赫兹，能检测很宽频带的发动机震动频率。当用于不同的发动机上时，只需将滤波器的过滤频率调整即可使用，而不需更换传感器。

比较共振型和非共振型压电式爆震传感器，共振型压电式爆震传感器在爆震时输出电压明显增大，易于测量，但传感器必须与发动机配套使用；非共振型压电式爆震传感器用于不同发动机时，只需调整滤波器的频率范围就可以工作，通用性强，但爆震信号的检测复杂一些。

（3）爆震传感器测试

爆震传感器的单件测试可用万用电表电阻挡检测接线端子与外壳间的电阻，阻值应为无穷大；若为导通则应更换新件。

7. 开关信号

电控燃油喷射系统的开关有两种作用：为电控单元提供控制信号，对系统的部件直接进行控制。

（1）空挡起动开关

当变速器挂入 P、N 挡时空挡启动开关才闭合。电控单元根据开关闭合的信号判断发动机在启动状态。

检测空挡启动开关信号时，可用万用电表电压挡测量 NEW 与 E1 端的电压。当点火开关位于 ST 位置，变速器操纵手柄置于 L、2、D、R 挡位时，NSW－E1 端子间的电压降低，说明空挡启动开关已损坏。也可用万用电表欧姆挡测量空挡启动开关两端子间的导通性，在变速操纵手柄置于 P 或 N 位时，应导通；在变速操纵手柄置于 L、2、D、R 挡位时应不导通。否则，更换新件。

（2）制动（ON/OFF）开关

制动开关信号来自制动灯开关。当汽车制动时该信号输给电控模块，从而使短时间制动时，空调器的压缩机和发动机冷却电风扇的电路自动断开 3～5s；当长时间制动时，发动机保持怠速运转，空调器压缩机的电路断开，并提高怠速转速。

（3）空调信号（A/C）开关

A/C 信号用作检测空调压缩机是否工作。空调信号与空调压缩机电磁离合器的电源接在一起，空调压缩机工作时向 ECU 输送高电平信号，ECU 根据 A/C 信号控制发动机怠速时的点火提前角、怠速转速和断油转速等。

（4）动力转向开关信号传感器

采用动力转向装置的汽车，当转向盘由中间位置向左右转动时，由于动力转向油泵工作而使发动机负荷加大，此时动力转向开关向 ECU 输入修正信号，调整（增加）喷油量及点火提前角。动力转向开关信号传感器安装在动力转向油泵上。

(5) 启动信号（STA）开关

STA 信号用作判断发动机是否处在启动状态。启动时，由于进气管内混合气流速慢、温度低，因此汽油的雾化、蒸发较差。为了改善启动性能，在启动发动机时必须加浓混合气。ECU 接收到 STA 信号，确认发动机处于启动状态时自动增加喷油量。

(6) 巡航控制开关

当进入巡航控制状态时，向 ECU 输入巡航控制状态信号。开关有接地型和正极型两种。接地型开关平时断开，发动机 ECU 测得信号电压为 5V，接通时发动机 ECU 测得的信号电压为 0V；正极型开关断开时发动机 ECU 得 0V 信号，接通时测得大于失 2V 信号。测试步骤如下：

① 测试启动时起动机是否工作。

② 若起动机工作正常，则检查发动机 ECU 的 STA 端子至点火开关 ST1 间导线和连接器是否正常；若正常，则检查 ECU 的 E1 端子搭铁是否良好；若良好，则应更换 ECU。

③ 若启动时起动机不能启动，则检查点火开关至启动机继电器间线路、连接器和蓄电池、点火开关、空挡启动开关和起动机继电器是否正常。若正常，则检查起动机 50 端子的电压，在启动时应为 6 ~ 14V；若电压正常，则应检查起动机；若电压不正常，则应检查蓄电池至起动机继电器间线路和起动机继电器和起动机 50 端子间的线路是否正常。

8. 电子控制装置（ECU）

ECU 的功用是给传感器提供电压，接受传感器和其他装置的输入信号，并转换成数字信号，储存该车型的特征参数和运算所需的有关数据信号，确定计算机输出指令所需的程序，并根据输入信号和相关程序，计算输出指令信号与标准值进行比较确定并储存故障信息，自我修正功能（学习功能）。ECU 各组成部分简介如下：

(1) 输入回路

从传感器来的信号首先进入输入回路进行预处理。

(2) A/D 转换器（模拟/数字转换器）

从传感器送来的信号有模拟信号和数字信号两种，而微型计算机只能处理数字信号，模拟信号须经过 A/D 转换器转换为数字信号后才能输入微型计算机。

(3) 微型计算机（包括中央处理器、存储器、输入/输出装置）

微型计算机把各种传感器送来的信号用内存程序和数据进行运算处理，并把处理结果（如喷油器喷射信号、点火正时信号）送往输出回路。微型计算机主要由中央处理器（CPU）、存贮器、输入输出接口和总线组成。

(4) 输出回路

微机输出的是数字信号且输出电流很小，一般不能驱动执行器工作，因此需要输出回路转换成可以驱动执行器工作的控制信号。输出回路一般起着控制信号生成和放大作用。

在发动机控制系统中，ECU 的主要功能是根据发动机运转状态，确定燃油最佳喷射量，以此控制发动机的最佳空燃比。

9. 继电器

是电控系统执行器，作用是控制电控汽油喷射系统所用电装置的电源，以保证系统可靠地工作，防止意外损坏。

二、燃油喷射控制系（EFI）结构与工作原理

燃油喷射控制系统的功用是根据进气量确定基本喷油量，再根据其他传感器信号对喷油量进行修正，使发动机在各种运行工况下均能获得最佳浓度的混合气。

燃油喷射的控制包括喷油时刻控制、喷油持续时间（即喷油量）控制、断油控制和燃油泵控制等。通过精确控制喷油器的喷油量和喷油时刻，使混合气的浓度始终保持最佳状态，达到降低燃油消耗和排气污染的目的。

总喷油量 = 基本喷油量 + 随水温变化的增量 + 随怠速变化的增量 + 随负荷增大的增量 + 随进气温度变化增量 + 起动时的增量

1. 喷油时刻（正时）的控制

电脑以曲轴位置传感器的信号为依据进行喷油开始时刻的控制。其控制目标一般是在进气行程之内的最佳的时刻。

喷油正时控制是以发动机最先进入做功行程的缸为基准，在该缸排气行程上止点前某一位置，ECU 就输出指令信号。

2. 喷油持续时间（喷油量）控制

喷油量由电脑控制，电脑根据各种传感器测得的发动机进气量、转速、节气门开度、水温、进气温度等诸多运转参数，按设定的程序进行计算，并按计算结果向喷油器发出电脉冲，通过改变每个电脉冲的宽度来控制各喷油器每次喷油的持续时间，从而达到控制喷油量的目的（持续时间越长喷油量越大）。

（1）启动喷油控制

发动机启动时电控单元根据启动开关和转速传感器的信号，判断发动机是否处于启动工况，按发动机的水温、进气温度、启动转速计算出喷油持续时间。

① 通过冷启动喷油器和冷启动温度开关控制冷启动加浓（淘汰）。

② 通过电脑控制冷启动加浓。

（2）运转喷油控制

发动机启动后自动转入正常运转，电脑主要根据发动机转速、进气量计算喷油量，此外电脑还要参考节气门开度、发动机水温、进气温度、海拔高度及怠速工况、加速工况、全负荷工况等运转参数来修正喷油量，以提高控制精度。通常把喷油量分成基本喷油量和修正喷油量两部分。

① 基本喷油量。根据发动机的每个工作循环的进气量，按理论空燃比计算出的喷油量。

喷油量 = 比例常数 ×（进气量/发动机转速）

② 修正量。根据进气温度、大气压力、蓄电池电压、节气门开度等，对基本喷油量进行适当的修正，使发动机在不同的工况下获得最佳空燃比的可燃混合气。

修正系数 = 修正后的喷油量/基本喷油量

◆ 进气温度修正——发动机进气密度随发动机的进气温度而变化，因此为了保持较为精确的空燃比，电控单元以 20℃ 时的空气密度为标准，根据实测的进气温度信号修正喷油量。温度低时增加喷油量，温度高时减少喷油量。

◆ 电压修正——电压低会使实际的喷油持续时间比正常值短，混合气变稀，电源电压

信号主要来自蓄电池电量。

◆ 怠速稳定性修正（补偿）——在过渡工况时，进气歧管绝对压力相对于发动机转速将产生滞后。节气门以下容积越大，怠速时发动机转速越低，这种滞后时间越长，怠速越不稳定。进气歧管绝对压力升高或发动机转速下降时，增加喷油量；反之减少喷油量。

◆ 启动后的修正——增量大小取决于起动时发动机温度。

◆ 暖机加浓修正——增量大小取决于水温传感器所测得的发动机温度。

◆ 加速加浓修正——增量大小取决于发动机进气量、转速、节气门位置、水温。

◆ 大负荷工况增量修正——增量大小取决于节气门开度的大小。

3. 断油控制

ECU 在一些特殊工况下，暂时中断向喷油器驱动电路发送喷射信号，喷油器停止燃油喷射，以满足发动机运转中的特殊要求。

（1）超速断油控制

为了防止发动机转速过高而引起发动机损坏，同时也有利于减少燃油消耗量和减少有害排放物。电控单元根据发动机的实际转速进行比较，当达到设定的最高极限转速时，ECU 立即抑制喷油脉冲，停止输出喷油信号使喷油器停止喷油。当发动机转速降低到极限转速约 100r/min 时断油控制结束，恢复喷油。

（2）减速断油控制

当发动机在高转速运转下突然关闭时，发动机处于强制怠速工况，这种工况发动机不再需要供应燃油。这避免混合气过浓、燃油经济性和排放变坏，由电控单元自动执行减速断油控制，喷油器中断燃油喷射，直至发动机转速下降到设定的低转速时再恢复喷油。断油条件：

◆ 节气门位置传感器中的怠速开关接通；

◆ 发动机水温已达到正常温度；

◆ 发动机转速高于某一数值。

同时满足以上 3 个条件电脑才执行减速断油控制。

（3）减扭矩断油控制

装有电子控制自动变速器的汽车在自动升挡时，控制变速器电脑会向燃油喷射系统的电控单元发出信号。暂时中断个别气缸的喷油，以降低发动机转速，从而减轻换挡冲击。

（4）溢油消除

当多次转动起动机后发动机仍未能启动，淤集在气缸内的浓混合气可能会浸湿火花塞，使之不能跳火。这种状况称为溢油或淹缸。此时将油门踏板踩到底，并转动点火开关启动发动机，电控单元会自动中断燃油喷射，以排除气缸中多余的燃油。

当点火开关处于起动位置，发动机转速低于 500r/min，节气门全开时才能进入溢油消除状态。

4. 反馈控制（闭环控制）

利用传感器对每一瞬间进入发动机的混合气成分进行检测，并将检测结果输入电脑，根据这一反馈信号不断修正喷油量，使混合气浓度始终保持在理想范围内。

三、进气增压控制系结构与工作原理

进气增压控制系的功用是根据发动机转速和负荷的变化，对发动机的进气进行控制。利用进气流的惯性产生的压力波来提高充气效率，从而改善发动机动力性。

1．谐波增压进气系统

是利用进气流惯性产生的压力提高进气效率。当气体高速流向进气门时，如果进气门突然关闭，则气门附近的气体停止流动。但是由于气体流动的惯性作用，使进气管仍在进气，进气门附近的空气被压缩，使气体的压力上升。当气体的惯性消失后，被压缩的气体开始膨胀，向着进气气流反方向流动，压力下降。膨胀气体的波传导至进气管口时又被反射回来，形成压力波。如果使上述进气压力脉动波与进气门开闭配合好，将反射的压力波集中到要打开的进气门旁，在进气门打开时就会形成增压进气的效果。如图 7－5－15 所示。

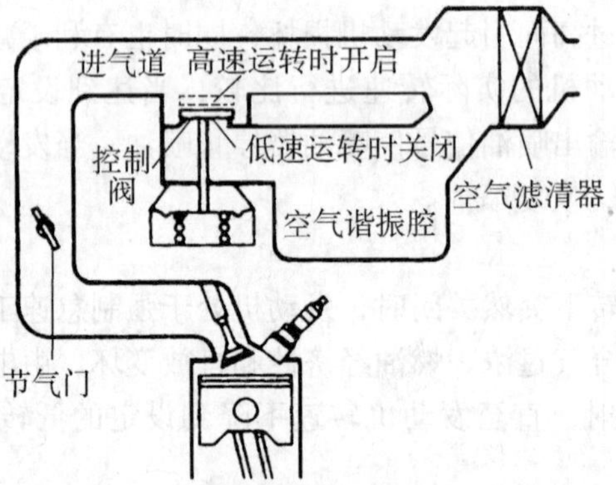

图 7－5－15　进气谐波增压系统工作原理

惯性增压进气系统亦称谐波增压进气系统，是利用进气气流惯性所形成的压力波来提高充气效率，以增大发动机的功率和扭矩。进气管的长度与压力波波长之间有一定关系。进气管长，压力波波长也长，可使发动机在低速和中速区的扭矩增大；反之，进气管短，波长也短，可使发动机在高速区的功率增大。因此，改变进气管的长度，便可增大扭矩和功率。在实际应用中，一般是在进气管中部加设了一个大容量的空气室和电控真空阀，实现了压力波传播路线长度的改变，从而兼顾了低速和高速的进气增压效果。

2．废气涡轮增压系统

涡轮增压的目的是将空气压缩后进入气缸，提高发动机的充气效率，早期被广泛应用在大功率柴油机上。目前已有电控发动机采用 ECU 控制的可变废气涡轮增压技术改善发动机不同工况下的充气效率，如图 7－5－16 所示。

废气涡轮增压是指利用发动机排出的高温高压废气能量，驱动涡轮高速旋转，带动同轴上的压气机，对燃烧所需的空气进行预压缩，这样，在发动机排量和转速不变的情况下，增加了发动机的充气量，因而可提高发动机的功率。

在 ECU 内存储着发动机不同工况所需进气压力的理论数据，发动机工作时 ECU 根据压力传感器信号可以确定发动机实际进气量的大小，若实际进气压力小于理论进气压力时

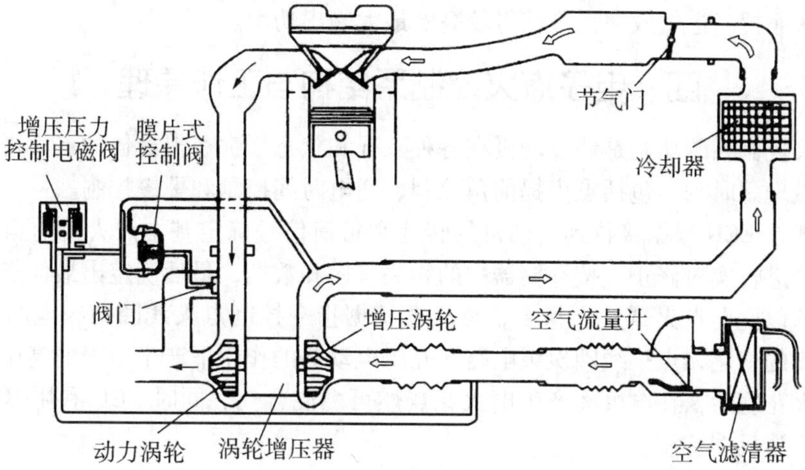

图7-5-16　可变废气涡轮增压系统原理

ECU驱动切换阀逐渐关闭旁通道，排气经涡轮室排出并推动涡轮转动进行增压，加大了发动机的充气量。随旁通排气道逐渐关闭，流过动力涡轮的废气量逐渐增加，增压量也随之加大。

废气涡轮增压闭环控制系统的电控单元根据发动机的加速、爆震、冷却水温度和进气量等信号，确定增压压力的目标值，并通过进气管压力传感器来反馈发动机的实际增压压力值。电控单元根据其差值控制脉冲信号的占空比，进而分别控制电磁阀的相对开启时间，以此调节可变喷嘴环和涡轮增压器废气放气阀真空膜盒的真空度，改变可变喷嘴环的角度和废气放气阀的开度，从而控制废气涡轮的转速，以此产生发动机所需的目标增压压力。在涡轮增压器出口驱动气室之间的管路上，装有由ECU控制的释压电磁阀，控制进入驱动室的气压压力，而驱动气室又控制切换阀的动作，从而控制排放废气的流经路线。

可调叶片式涡轮增压系统，包括同轴的涡轮与压气机叶轮。涡轮与压气机叶片上有很多叶片，从气缸排出的废气直接进入涡轮，并推动涡轮旋转带动压气机叶轮旋转，把吸入的空气增压后，送入气缸。由于利用高温废气进行增压，涡轮增压器温度较高，经压缩的空气也温度较高，会使进气密度减少，对提高进气效率不利，因此，需要在压缩空气出口到进气歧管之间安装冷却器（中冷器），冷却压缩空气，提高其密度。可调叶片式涡轮增压系统能够在发动机整个范围内调整进气增压的压力。当发动机转速低时，叶片开度减少，减少废气流通截面，使废气流速增加，提高废气涡轮转速，增加进气压力；当发动机转速高时，叶片开度增大，增加废气流通截面，使废气流速降低，维持废气涡轮转速在正常范围内，保证进气压力的稳定。

3. 可变进气道控制

在发动机低转速工作时较长的进气道充气效果较好；而在发动机高转速工作时短而粗的进气道充气效果较好。为提高进气效果，有些汽油机电控燃油喷射系统中采用了可变进气系统。可变进气系统的工作原理是发动机在低转速时，进气控制阀门关闭，气流需经过较长的进气歧管进入气缸，这样可利用进气的流动惯性来提高进气效果，使发动机在低速下获得较大的转矩；在高转速时，则是通过打开控制阀门来减小进气阻力，气流经过较短的进气歧管进入气缸，从而提高进气效率，可获得较高的最大输出功率。

四、电子点火控制系结构与工作原理

电子点火控制系的功用是使发动机在各种工况和状态下都获得最佳的点火提前角，将提前角调整到最理想时刻。包括点火提前角控制、通电时间控制和爆震控制。

工作原理是 ECU 根据接收到发动机的转速和负荷信号确定基本点火提前角，并根据其他传感器信号进行实时修正，按存储器中的相关程序和数据，最后确定出最佳点火提前角和通电时间，并以此向点火器发出指令，点火器根据指令控制点火线圈初级电路的导通和截止。由于电流的变化，点火线圈次级电路在互感电动势的作用下产生很强的高压电；这个高压电输送到火花塞后，在电极间产生电火花点燃可燃混合气。同时 ECU 利用爆震传感器对点火提前角实施反馈控制。

另外电控点火系还具有闭合角控制和恒流控制功能，以保证发动机在各种转速下都能产生足够的点火高压、改善点火特性及防止点火线圈过热。影响点火提前角的因素有：转速、负荷、启动及怠速、燃油辛烷值、压缩比、混合气的浓度、火花塞数量、进气压力、进气温度和冷却水温度。

现代汽车已广泛采用微型计算机控制点火系统，取代了原来的机械离心式和真空式点火正时调节装置，而只有高压分火头及曲轴位置传感器，利用发动机转速、负荷、曲轴位置、水温、气温和爆震等传感器信号，由微型计算机选择和计算出点火提前角，并根据结果控制点火线圈中初级电流的通断，从而控制点火系统的工作。这种点火系统的点火时刻完全由燃油喷射系统的电脑通过电子的手段来控制，电脑向点火器发出点火信号，通过点火器的导通和截止，使点火线圈的初级电流接通或断开，从而产生高压电火花，并控制点火正时。

电控系统中都采用 ECU 控制的无触点电子点火系，其基本的特点是点火器（或终端功率输出极）代替机械式中的断电器，ECU 通过控制点火器中大功率晶体管的导通与截止，使得点火线圈中的初级绕组通电或断电。与此同时 ECU 控制断电时刻，即控制了火花塞跳火时刻，这样也就实现了对点火提前角的控制。

1. 有分电器电脑点火系

只有 1 个点火线圈，电控单元通过传感器得到的发动机负荷和转速信号，从存储器内读出相应工况下的点火提前角，再根据水温传感器、进气温度传感器、节气门位置传感器点火开关、空调开关、自动变速器挡位开关等测得的发动机其他运转参数，对所选取的点火提前角进行修正，以保证在任意运转工况下都能获得最佳的点火提前角。最后，电脑还要根据曲轴位置传感器测得的曲轴位置基准信号、通过控制点火器、在各缸活塞到达压缩行程上止点之前、精确地按照这一最佳提前角触发火花塞跳火。

输送给电脑的 3 个基本信号：发动机负荷信号、发动机转速信号和曲轴位置信号。

电子控制有分电器点火系统一般由电源、传感器、电子控制系统（ECU）、点火控制模块、分电器和火花塞等组成。结构如图 7－5－17 所示。传感器主要用于检测发动机各种运行参数的变化，为 ECU 提供点火提前角的控制依据。其中，最主要的传感器是转速传感器、曲轴位置传感器和空气进气量传感器。电子控制系统是点火系统的中枢，在发动机工作时，它不断地采集各传感器的信息，按事先设置的程序计算出最佳点火提前角，并向点火控制装置发出点火指令。

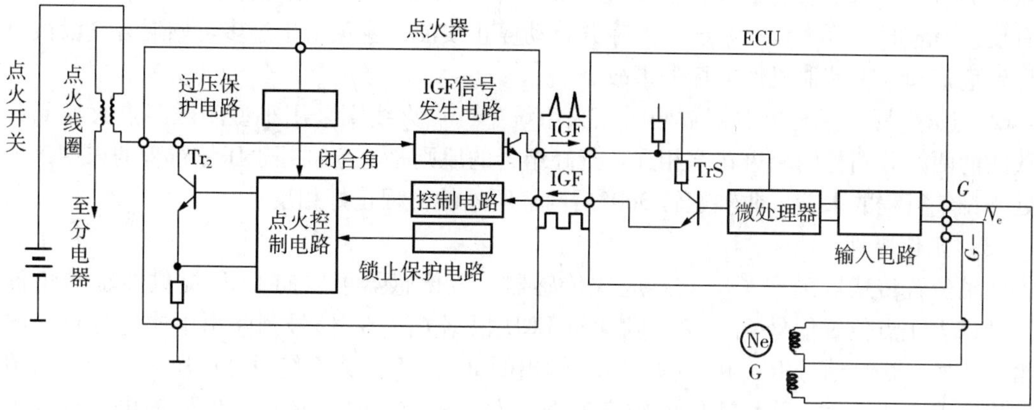

图7－5－17　电子控制有分电器点火系

2. 无分电器电脑点火（DLI）系统（没有中央高压线）

（1）特点

如图7－5－18所示。无分电器电脑点火系统，完全取消了分电器、点火顺序不再依赖分火头，而由ECU控制。利用电子分火控制技术将点火线圈产生的高压电直接送到火花塞。由于没有分电器，故失误率小、无机构磨损、无须调整和节省了空间，同时不存在分火头与分电器盖旁电极间产生的火花，因此它有效地降低点火系统对无线电的干扰。DLI系统的点火控制模块同时还具备电子配电功能，可控制点火线圈组中的点火线圈导通与截止的时序，以此控制火花塞依次点火的时序，完成点火控制过程。

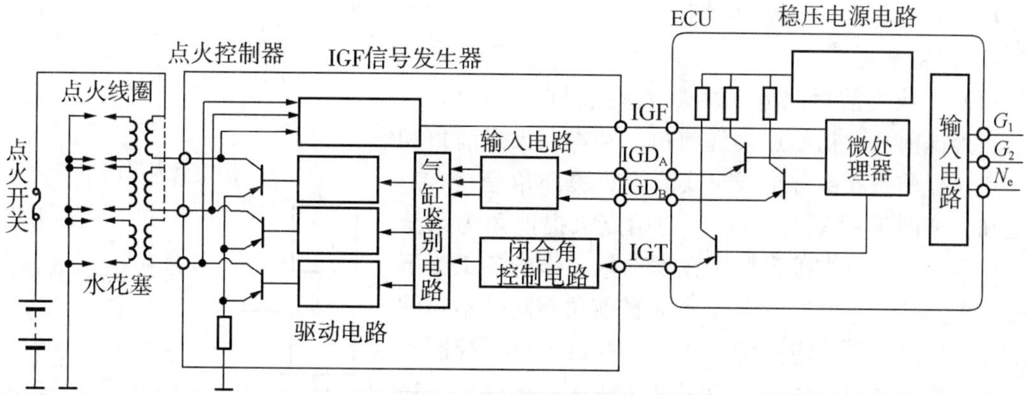

图7－5－18　无分电器双缸同时点火系

（2）主要零件

① 点火模块。功用是根据ECU的指令，控制点火线圈初级电路的通电或断电，并在完成点火后向ECU输送点火确认信号。

点火模块除具有辨别点火气缸、实现点火线圈初级电路的接通和切断功能外，还具有向ECU反馈点火模块工作状态的功能。点火模块的反馈功能主要是向ECU提供火花塞是否正常点火的信息。ECU在每次发出点火正时信号后，都要对IGF信号进行检测。当连续3次没有反馈信号时，认为点火系统有故障并自动停止喷油，避免由于过多可燃混合气没被点燃而导致危险和发生其他机件损坏的事故。

② 点火线圈。无分电器双缸同时点火系统中，点火线圈采用小型闭磁路点火线圈，次级线圈的两端分别与两个火花塞相连。气缸组合的原则是一个缸处于压缩行程的末期，另一缸处于排气行程的末期，曲轴旋转360°后两缸所处的行程正好相反。

（3）工作原理

曲轴位置传感器采用了电磁感应式传感器，该传感器可以向ECU提供曲轴转角信号N_e、活塞上止点位置信号G_1、G_2。发动机ECU根据G_1、G_2信号判断出下次进行点火的气缸组，并发出辨缸信号IG_{dA}和IG_{dB}。ECU输出的IG_{dA}、IG_{dB}为系统设计时所确定的，与传感器结构和点火器选缸电路相适应的约定波型。发动机工作时，ECU不停地输出具有点火正时功能和通电时间功能的点火正时信号IGt。至于此信号用于哪一组点火线圈，则由ECU辨缸信号IG_{dA}和IG_{dB}来决定。

3．微型计算机点火控制类型

（1）双缸同时点火

两个气缸共用一个点火线圈，点火线圈的数目等于气缸数的一半。其次级绕组的两端分别与两个气缸上的火花塞连接。

（2）各缸单独点火

每个气缸的火花塞上各配一个点火线圈，单独对本缸火花塞通电点火。点火线圈的数目与气缸数相等。

（3）二极管配电点火

4个气缸共用一个点火线圈。

4．控制方式

（1）点火提前角控制（跳火时刻控制）

点火提前角由初始点火提前角、基本点火提前角和修正点火提前角3部分组成。实际点火提前角是这3部分之和，如图7-5-19所示。初始点火提前角为系统预先设定，它一旦被确定后，在发动机工作的各工况下都是一个固定值。ECU对基本点火提前角与对基本喷油量的控制原理相同，也是预制程序的控制。电子控制点火系统是将发动机在各种运行工况（转速和负荷）下最佳的点火提前角值储存在ECU中，在发动机实际运行时由ECU根据运行的转速与负荷的实际信息，在所储存的点火特性中取出适应于该工况下的点火提前角数值。同时ECU还根据发动机温度、进气温度和节气门位置等信息对所选取的点火提前角进行修正，使发动机

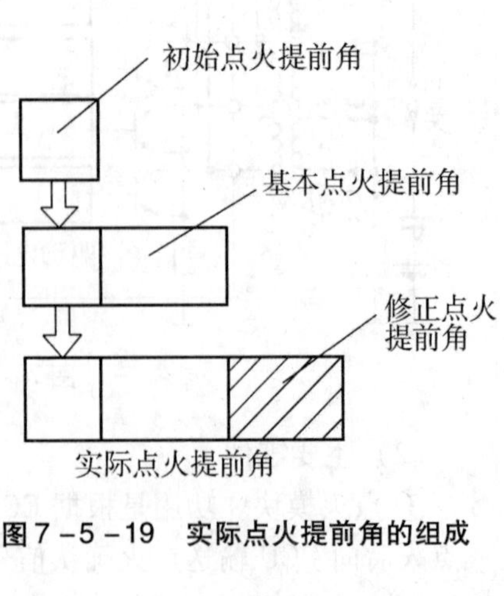

图7-5-19　实际点火提前角的组成

总能得到一个最佳的点火时刻。

发动机各缸的点火时刻，均应在该缸压缩行程中活塞接近上止点时。ECU应能确定第一缸活塞处于压缩行程上止点的时刻，这个信号由发动机转速传感器与曲轴位置传感器或凸轮轴位置传感器提供，原理与确定喷油时刻相似。

最佳点火提前角=初始点火提前角+基本点火提前角+修正点火提前角（水温修正、怠速稳定修正、空燃比反馈修正）

（2）通电时间控制

通电时间控制又称闭合角控制。对于电感储能式点火系统而言，当点火线圈的初级通电后，其电流是按指数规律增长的。初级线圈被断开电流值与初级线圈接通时间长短有关，只有通电时间达到一定值时，初级电流才可能达到饱和；而次级线圈高压的最大值与初级断开电流成正比。为了获得足够的点火能量，必须使初级电流达到饱和。但如果通电时间过长，点火线圈又会发热，并使电能消耗增大。因此，要控制一个最佳的通电时间，以兼顾上述两方面的要求。

影响初级线圈通过电流的主要因素有发动机转速和蓄电池电压。为了保证在不同的蓄电池供电电压和不同的转速下都具有相同的初级断开电流，电控单元根据蓄电池电压和发动机转速信号，从预警的闭合角数据中查出相应的数值，对闭合角进行控制。

通电时间控制是根据发动机的转速信号和电源电压信号确定最佳的闭合角（通电时间）。当发动机转速升高时适当增大闭合角，以防止初级线圈通过电流值下降，造成次级高压下降，点火困难。蓄电池电压下降，基于相同的理由，也应适当增大闭合角。

（3）点火线圈的恒流控制

恒流控制的基本方法是在点火器功率晶体管的输出回路中增设一个电流检测电阻，用电流在该电阻上形成的电压降反馈控制晶体管的基极电流，只要这种反馈为负反馈，就可使晶体管的集电极电流稳定，从而实现恒流控制。

（4）爆震控制

爆震与点火时刻存在着密切的关系。点火时刻提前，燃烧的最大压力就高，因而容易产生爆震。所以，对无爆震控制的点火系统，为了防止爆震的产生，其点火时刻的设定远离爆震边缘，这样势必降低发动机效率，增加燃油消耗。同时由于制造加工上误差或使用劣质燃油，以及发动机磨损等原因，会使发动机因点火过早或过迟而产生爆震。为解决上述问题，采用了带有反馈控制功能的电子点火提前控制系统，就是在靠近燃烧室的地方安装一个爆震传感器，它能将发动机爆震时产生的压力波转变成电信号输送给发动机ECU，ECU中的点火提前角反馈控制电路根据爆震传感器传来的反馈信号来调整点火提前角，以保证在任意工况下的点火提前角都处于接近发生爆震的最佳角度。采用发动机机体震动检测法的爆震传感器安装在发动机的缸体上。发动机爆震动的检测方法有以下几种，最常见的是发动机机体震动检测。控制方法是采用推迟点火提前角，利用爆震传感器中的压电晶体的压力效应。当电控单元收到爆燃传感器的信号后，对爆燃信号进行滤波处理并判定是否在设定范围内，当判定发生爆燃时立即推迟点火时刻。当判定接收的信号不在设定的范围内时，则采用提前角反馈控制形式。此项控制是点火时刻控制中的追加功能，在装有废气涡轮增压器的发动机上常采用此种控制。

第8章　发动机装配与测试

汽车发动机的装配质量，直接影响发动机的使用寿命，因此发动机装配应在发动机各零部件符合使用要求的前提下，按一定程序和技术要求去装配成完整的发动机总成。

发动机装合后需进行性能试验，用以检测其技术状况。通过运行试验还可以改善发动机各系统运行的协调性，及时发现和排除装配过程中的误差。

发动机的装合必须严格按照技术要求进行。发动机竣工验收是对发动机技术质量的综合评定，是对装配后发动机质量的检验。

本章介绍了发动机装配的环境要求、注意事项、装配要点、相关技术标准，并以康明斯6BTA5.9发动机和上海－桑塔纳AJR发动机为例进行了阐述。

第1节　装　　配

一、发动机装配注意事项

1. 发动机装配场所要求

① 发动机的装配过程应在专用装配间和清洁场地进行，装配过程中应防尘和保持较为稳定的室内温度。

② 发动机在装配过程中，要做到工件不落地，工具、量具不落地和油渍不落地，并保持工作台和工作盘的清洁，以保证整个装配过程的清洁。

2. 工件清洁工作要求

装配前应彻底清洗气缸体和曲轴，油道必须用清水冲洗干净后用压缩空气吹干，以保证润滑油道的畅通、清洁。清洗完毕后，应在气缸体和曲轴的机加工表面涂上一层润滑油。对其他零件也应认真做好清洁、清点及检验工作，保证油道等各类通道的畅通，待装零部件应摆放整齐。

3. 装配中注意事项

① 装配中所用的工具、量具应齐全、适用和合格。

② 严格按照装配工艺进行装配，各部位配合间隙均应符合技术要求。严禁违章装配。

③ 注意装配标记和零件的不互换性。对于组合加工件、重要配合副、定时传动件和调整垫等，应按规定的位置和方向（标记）装配，不可错乱，以免破坏其相互位置关系、配合特性及平衡状态。如曲轴和连杆的轴承，各活塞连杆组的位置和方向，气门及挺柱的位置等。

④ 应当用润滑油润滑的运动件摩擦表面和重要的螺栓、螺母的螺纹上，在装配前应涂上一层干净的润滑油，以便在运转初期润滑摩擦表面。

⑤ 各部固定螺栓、螺母应按规定力矩和拧紧顺序拧紧。拧紧后，再复查一次。EQ6100—1型发动机和上海桑塔纳JV发动机的重要螺栓、螺母拧紧力矩见表8－1－1。各

螺栓螺母的锁止装置必须齐全有效。螺母拧紧后，螺栓螺纹露出螺母部分应不少于两牙。康明斯 6BTA5.9、上海桑塔纳 AJR 动机的重要螺栓、螺母拧紧力矩编写在装配过程中。

⑥ 装配时，应检查活动零部件之间的运动是否协调。

⑦ 确保各密封部位的密封，防止漏水、漏油和漏气，重要密封部位应涂上密封胶。安装油封时，应在唇口和外圆涂抹润滑油后再用压具压入。装配时，应防止油封歪斜、唇口损坏、弹簧出槽。安装油封座（盖）时，应注意与轴的同轴度。

⑧ 装配过程中不得直接用榔头锤击机体和零件表面，必要时应垫上铜棒、铜垫等。

表 8－1－1　EQ6100—1 和桑塔纳 JV 发动机重要螺栓螺母拧紧力矩（N · m）

名　　称	东风 EQ6100—1 型发动机	上海桑塔纳 JV 发动机（1.8L）
气缸盖螺栓	170～190	75，再拧紧接 90°
主轴承盖螺栓	170～190	65
连杆螺栓、螺母	100～120	30，再拧紧接 180°
进、排气歧管螺栓	35～45	25
飞轮螺栓	120～140	75
水泵螺栓	20～27	20
风扇螺栓	20～27	—
摇臂轴支承螺栓	35～45	—
飞轮壳螺栓	80～100	—
凸轮轴轴承盖螺栓	—	20
凸轮轴齿带轮螺栓	—	80
中间轴齿带轮螺栓	—	80
曲轴齿带轮螺栓	—	80（M12×1.5L）螺纹用胶粘结剂 D6 涂后坚固
齿带张紧轮固定螺栓	—	45

二、上海桑塔纳 2000GSiAJR 发动机的装配

1. 曲轴飞轮组装配

曲轴飞轮组的装配关系如图 8－1－1 所示。

① 将润滑油泵的主传动链轮加热至 220℃，用专用工具从曲轴前端压入，要到位。将脉冲传感器轮安装到曲轴上，螺栓拧紧力矩为 10N · m，再拧紧 90°。用专用工具将完好的曲轴后端滚针轴承压入承孔内，压入方法及压入深度如图 8－1－2 所示。

② 将堵头正确压入气缸体。螺栓按规定力矩拧紧。

③ 将气缸体倒置在工作台上。

④ 将已安装链轮、脉冲传感器轮和滚针轴承的曲轴、主轴承盖、主轴承，曲轴轴向止推垫圈，依次摆放整齐。

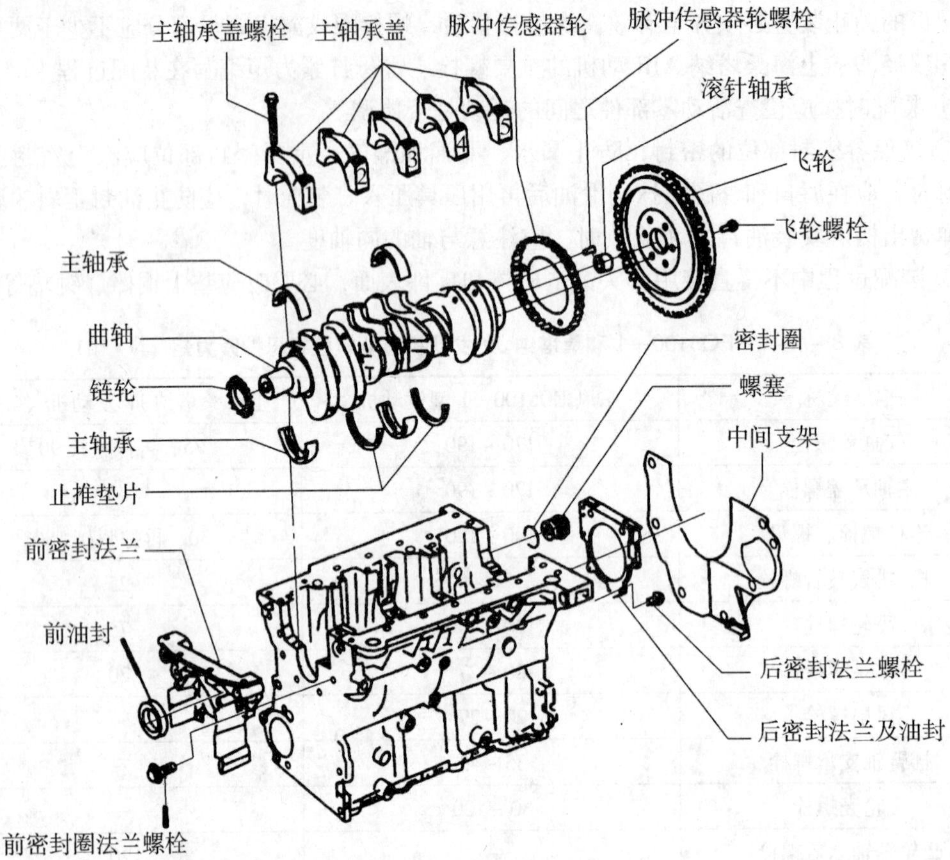

图 8－1－1 曲轴飞轮组的装配

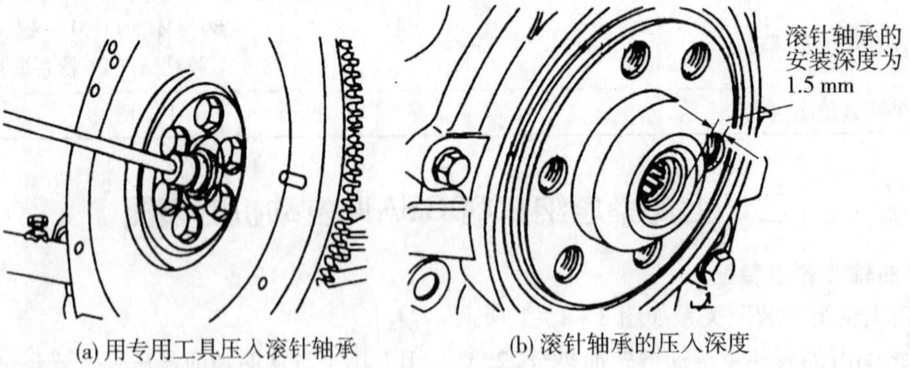

(a) 用专用工具压入滚针轴承　　(b) 滚针轴承的压入深度

图 8－1－2 压入滚针轴承专用工具及压入深度

⑤ 安装曲轴。将有油槽的曲轴主轴承安装在主轴承座及第 4 道轴承盖上，其余轴承安装在其他轴承盖上，并在轴承表面涂上润滑油。将曲轴平稳的置于气缸体的主轴承上，止推垫片与第 3 道轴承盖一同安装到主轴承座上，曲轴轴向止推垫片有减磨合金的一面应朝向曲轴止推面。安装其余轴承盖，用正确的方法确保各轴承盖准确入座。沿曲轴轴向前后撬动曲

轴，从中间向两侧分3次拧紧固定螺栓，最终拧紧力矩为65N·m，再拧紧90°。检查曲轴的径向间隙、轴向间隙和曲轴的转动力矩，检查方法如下：

a．检查曲轴径向间隙。在主轴颈上放置一根塑料间隙条，按规定标记装复轴承盖，并按规定力矩拧紧主轴承盖螺栓，**注意：**此时不得转动曲轴。再拆下主轴承盖，用间隙对照尺测量塑料间隙条的宽度，对应的间隙值即为曲轴径向间隙，如图8－1－3所示。曲轴的径向间隙为0.01～0.04mm，磨损极限为0.15mm，曲轴的径向间隙还可以用千分尺和百分表进行测量、选配。

(a) 在曲轴轴颈上放置塑料间隙条　　(b) 用间隙对照尺检查轴承的间隙

图8－1－3　检查曲轴主轴承径向间隙

b．检查曲轴轴向间隙。轴向间隙为0.07～0.21mm，磨损极限为0.30mm。检测方法同6BTA5.9发动机，见图8－1－3所示。

c．检查曲轴转动力矩。按规定力矩拧紧主轴承盖后，应能用手转动曲轴，无明显阻力。

⑥ 安装曲轴后密封法兰（油封座）。首先将油封装入法兰，再将法兰装到气缸体后端。在安装时，油封上要涂抹润滑油，法兰与气缸体之间有定位销，安装好的法兰底平面应与气缸体底平面处于同一平面内。后密封法兰螺栓拧紧力矩为16N·m。

⑦ 安装飞轮。检查气缸体后端面无零部件漏装现象后，将装有启动齿圈的飞轮安装在曲轴后端，分3次对称拧紧紧固螺栓，螺栓的最终拧紧力矩为60N·m，再拧紧90°。

2．活塞连杆组装配

① 根据活塞上的标记，如图8－1－4和图8－1－5所示，将它们按缸号依次分组摆放整齐。

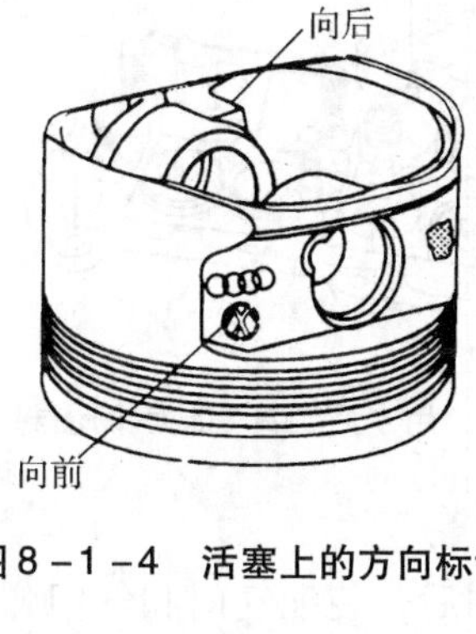

图8－1－4　活塞上的方向标记

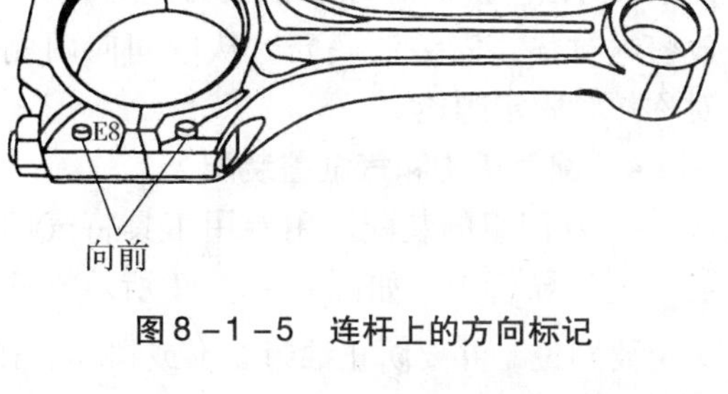

图8－1－5　连杆上的方向标记

② 逐缸检查活塞配缸间隙，选配方法同6BTA5.9发动机。AJR发动机的活塞与气缸的间隙在室温15～25℃时为0.025～0.045mm。

③ 将气缸体侧置在工作台上。

④ 将组装好的活塞连杆组按标记分组摆放整齐，装好经选配合格的连杆轴承，并注意对正油孔和定位凸榫。将待装活塞连杆组的连杆轴颈摇转至下止点位置，将未装活塞环的活塞连杆组装入相应的气缸，按标记安装连杆轴承盖，并按规定力矩分两次拧紧连杆螺栓，最终拧紧力矩为30N·m（此次不要再拧紧90°）。同时需进行下列检查：

a. 检查连杆大头轴向间隙。将曲轴转动数圈用厚薄规片测量连杆大头端面与曲柄臂定位销之间的间隙，此间隙值为0.10～0.35mm。

b. 检查活塞偏缸。偏缸检查方法、偏缸原因和排除方法与6BTA5.9发动机相同，检查校正完毕依次拆下各缸活塞连杆组。

⑤ 安装活塞环并摆放开口位置。安装时应注意第1道压缩环为镀铬内倒角环，内倒角应朝上。第2道环为外倒角环，倒角应朝下。活塞环上的TOP标记应朝向活塞顶部。用汽油清洗干净活塞连杆组，确认各零件装配齐全，向活塞环开口处、连杆与活塞连接处加入润滑油，在连杆轴承和活塞裙部表面抹上润滑油，将活塞环转动数圈。图8－1－6所示为摆放活塞环开口位置。

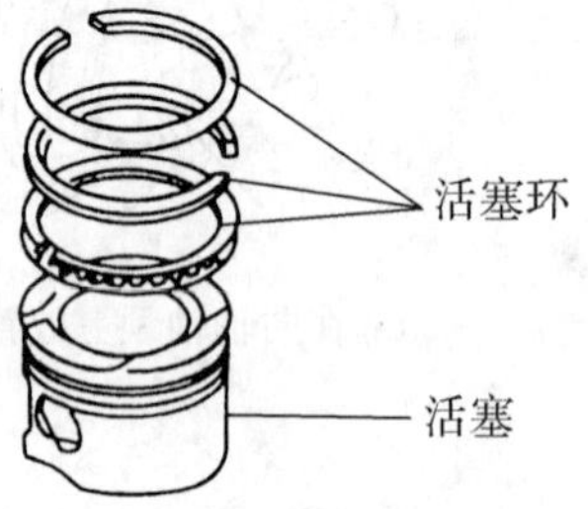

图8－1－6　摆放活塞环开口位置

⑥ 将活塞连杆组装入气缸。根据活塞、连杆的向前标记和缸号，将活塞连杆装入相应气缸内，安装连杆轴承盖并按规定力矩拧紧连杆螺栓，最终拧紧力矩为30N·m，再拧紧90°。活塞连杆组装入气缸时，约束活塞环的方法同6BTA5.9发动机。

⑦ AJR发动机的连杆螺栓为预应力螺栓，大修中拆卸后应更换新件。

⑧ 将发动机倒置。

3. 安装润滑油泵和油底壳等相关零部件

在安装润滑油泵前要先安装定位销钉。紧固已安装润滑油集滤器的润滑油泵。润滑油泵的固定螺栓拧紧力矩为16N·m，将传动链套在主、被动链轮上，固定被动链轮（润滑油泵链轮），固定链轮的螺栓拧紧力矩为22N·m。安装传动链张紧器。安装挡油板。安装带有曲轴前油封的油封法兰（油封座），油封法兰与气缸体有定位销钉定位，油封法兰的固定螺栓拧紧力矩为15N·m。摆放密封衬垫，安装油底壳。从中间向两侧分两次对称拧紧固定螺栓。

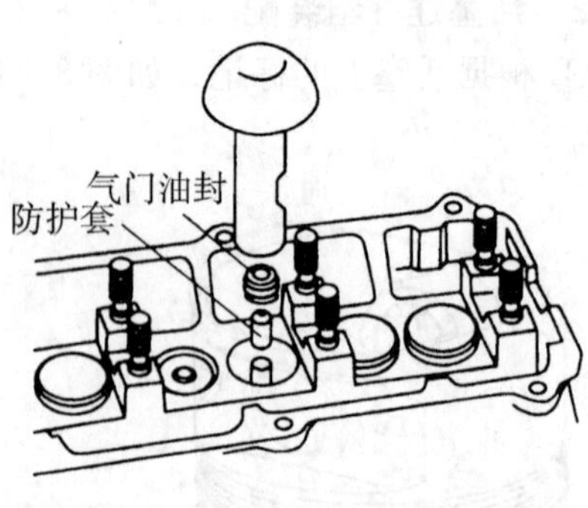

图8－1－7　用专用工具安装气门油封

4. 配气机构和气缸盖装配

① 气门组的装配。用专用工具将气门油封压装于气门导管上，如图8－1－7所示。安装油封一定要到位，并要防止油封变形或损坏。在气门杆部涂抹润滑油后，装配气门和气门弹簧、气门弹簧座，使用专用工具安装气门新锁片，装配关系如图8－1－8所示。安装完毕要用木槌轻敲数下，以确保锁片安装到位。

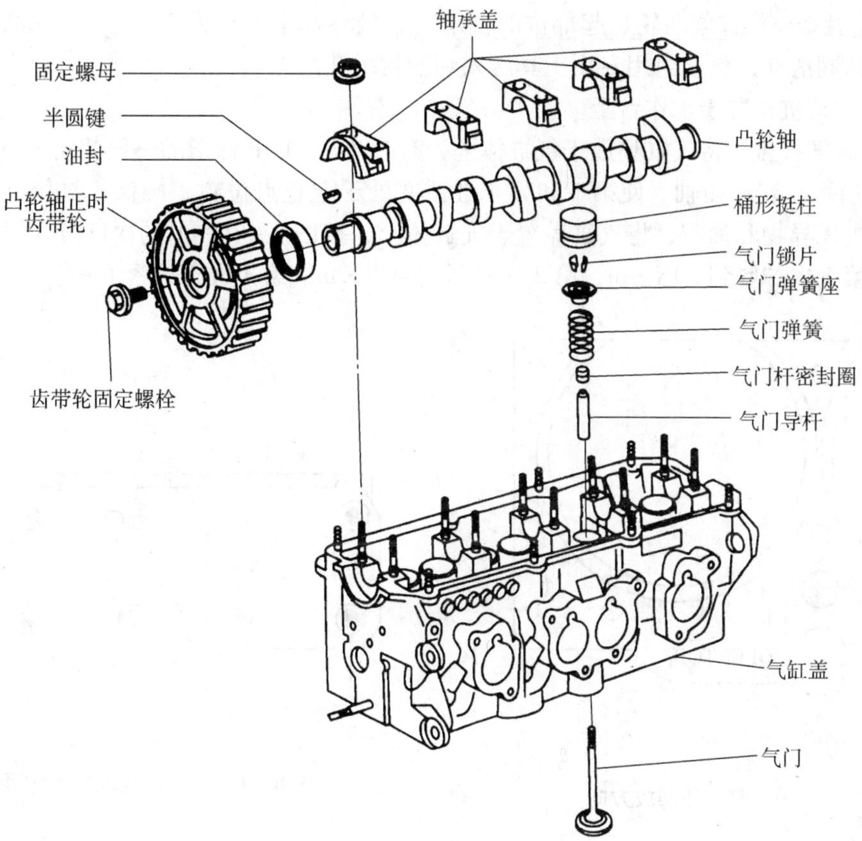

图 8－1－8　配气机构与气缸盖的装配

② 检查凸轮轴轴向间隙。将凸轮轴装在凸轮轴轴承座上，装上第 1 和第 5 道轴承盖，其轴向间隙应小于 0.15mm，取出凸轮轴。凸轮轴轴向间隙检查方法如图 8－1－9 所示。

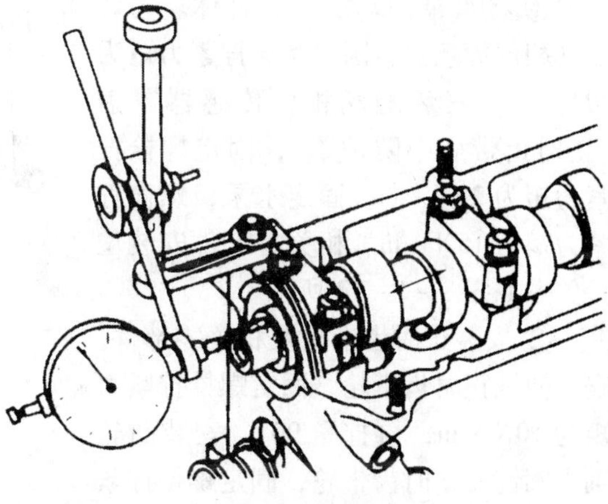

图 8－1－9　检查凸轮轴轴向间隙

③ 安装挺柱。按顺序把气门挺柱涂抹润滑油后放入承孔中。在装配前，应进行液压挺柱密闭性检查。检查步骤如下：

a. 将液压挺柱浸入润滑油中反复推压，排除内腔中的空气。

b. 将排净空气的液压挺柱放在试验台上进行检测，方法如前所述。

c. **注意：**重新安装气门挺柱的发动机在安装凸轮轴后 30min 内不得启动发动机，否则气门有可能与活塞顶部碰撞。

④ 安装凸轮轴和油封。在凸轮轴承孔表面涂抹润滑油，将凸轮轴置于气缸盖上的承孔座中，使第 1 缸凸轮朝上按轴承盖顺序和方向安装轴承盖，从中间向两侧对角交替分多次拧

紧轴承盖。**注意**：先拧紧凸轮顶起部位的轴承盖。最终拧紧力矩为 20N·m。在凸轮轴油封的唇口涂抹润滑油，将油封用专用工具压入到油封承孔内。

⑤ 将发动机正置于工作台上。

⑥ 安装气缸盖。将气缸垫放于气缸体上，有 OPEN TOP 标记的一面朝向气缸盖，如图 8-1-10 所示。转动曲轴，使第 1 和第 4 缸活塞处于上止点位置，确保气缸体上的气缸盖螺栓盲孔内无异物和油液，将气缸盖置于气缸体上，按图 8-1-11 的次序分 3 次拧紧气缸盖螺栓：第 1 次拧紧到 20N·m，第 2 次拧紧到 40N·m，第 3 次再拧紧 180°。

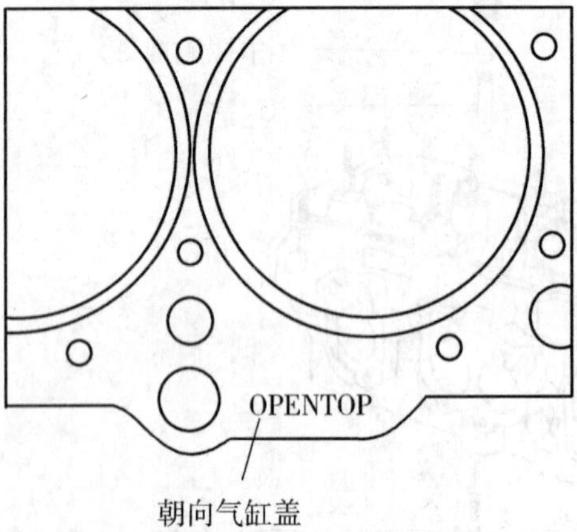

图 8-1-10　气缸垫摆放方向

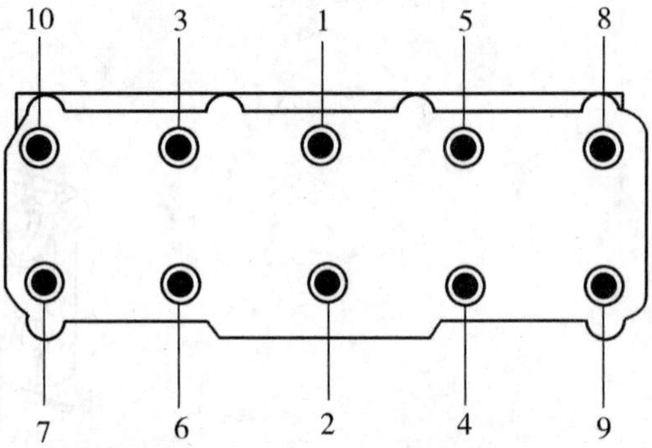

图 8-1-11　缸盖螺栓的拧紧顺序

5. 安装水泵、正时齿轮及相关零部件

① 将水泵一端放入气缸体。安装配气相位传感器，固定螺栓拧紧力矩为 10N·m。安装配气相位传感器罩盖（正时齿带后中防护罩），固定螺栓拧紧力矩为 20N·m。固定水泵，螺栓拧紧力矩为 15N·m。相关零部件安装位置关系如图 8-1-12 所示。

② 安装正时齿带轮及相关零部件。安装曲轴正时齿带轮，固定螺栓拧紧力矩为 90N·m，再拧紧 90°。安装凸轮轴半圆键及正时齿带轮，固定螺栓拧紧力矩为 100N·m。安装张紧轮，固定螺栓拧紧力矩为 15N·m。将凸轮轴调至第 1 缸做功位置，将曲轴调至第 1 缸上止点位置，如图 8-1-13 所示。安装正时齿带，并适当调紧张紧度。正时

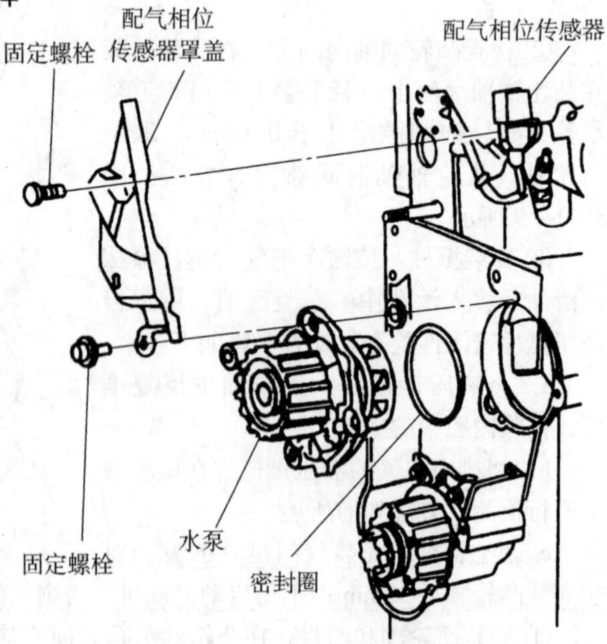

图 8-1-12　水泵、正时齿轮及相关零件装配

齿带的安装必须保证配气相位准确。安装步骤如下：

a. 当转动凸轮轴时必须保证液压挺柱内的空气已经排净，即当凸轮基圆位置与挺柱接触时，气门应完全关闭。

b. 将凸轮轴正时齿带轮上的标记对准正时齿带防护罩上的标记（暂时摆放齿型皮带后上防护罩，以供凸轮轴定位对应标记，完成定位后再取下），如图 8－1－14 所示。

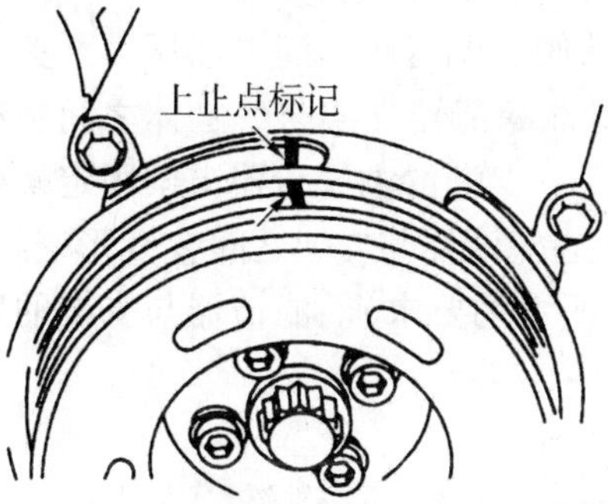

图 8－1－13　第 1 缸上止点位置

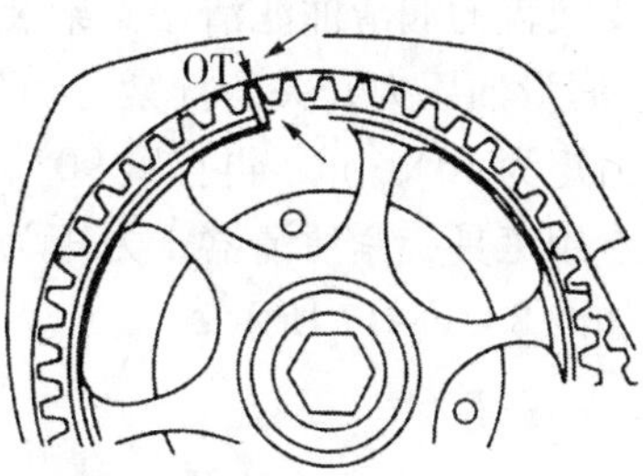

图 8－1－14　凸轮轴正时标记

c. 将曲轴正时齿带轮上的标记对准上止点标记，如图 8－1－13 所示。

d. 将张紧轮安装到气缸体上，并处于合适位置，暂不紧固。

e. 将正时齿带安装到曲轴正时齿带轮和水泵齿带轮上（注意安装位置）。

f. 将正时齿带安装到凸轮轴正时齿带轮和张紧轮上。

注意：正时齿带张紧度的调整与张紧轮的。

固定应按以下方式进行，如图 8－1－15 中的箭头所示，定位块必须嵌入气缸盖上的缺口内。首先将张紧轮逆时针转动到可以使用专用工具，如图 8－1－16 所示。松开张紧轮直到指针 1 位于缺口 2 下方约 10mm 处，再旋紧张紧轮直到指针 1 和缺口 2 重叠，将张紧轮的锁紧螺母以 15N · m 力矩拧紧。张紧度的检查可用拇指用力压正时齿带，指针 2 应该移向一侧。放松正时齿带，张紧轮应该回到初始位置（缺口 1 和指针 2 重叠）。

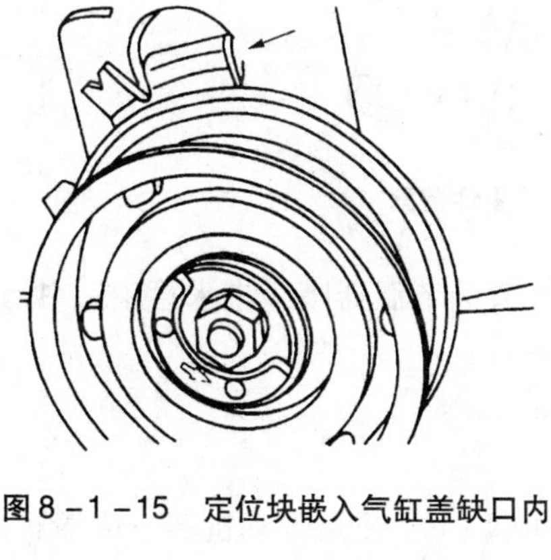

图 8－1－15　定位块嵌入气缸盖缺口内

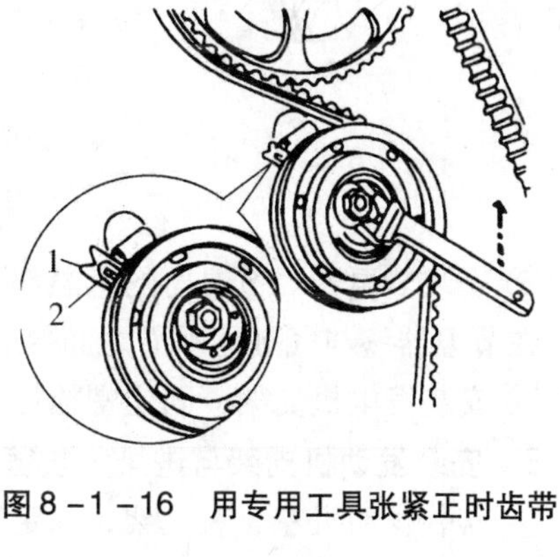

图 8－1－16　用专用工具张紧正时齿带

6．安装气缸盖罩盖与正时齿带防护罩等相关零部件

① 安装气缸盖润滑油反射罩、气缸盖罩盖衬床、气缸盖罩盖、紧固压条、正时齿带后上防护罩等相关零件。均匀、适度拧紧气缸盖罩盖紧固螺母。

② 安装正时齿带下防护罩、中防护罩和上防护罩。安装曲轴皮带轮，紧固螺栓拧紧力矩为40N·m。

7．安装润滑油滤清器与节温器及发电机支架等相关零部件

① 安装曲轴位置传感器。将已装有润滑油压力保持阀、泄压阀、润滑油压力开关、滤清器支架盖的润滑油滤清器支架装在气缸体上（在润滑油滤清器支架与气缸体之间装有衬垫）。润滑油压力开关的拧紧力矩分别为15N·m、25N·m。润滑油滤清器支架固定螺栓的拧紧力矩为16N·m，再拧紧90°。安装润滑油滤清器，在滤清器与支架之间有O形密封圈。使用专用工具旋紧滤清器，力矩为20N·m（或参照说明书的要求）。滤清器与支架的装配关系如图8－1－17所示。

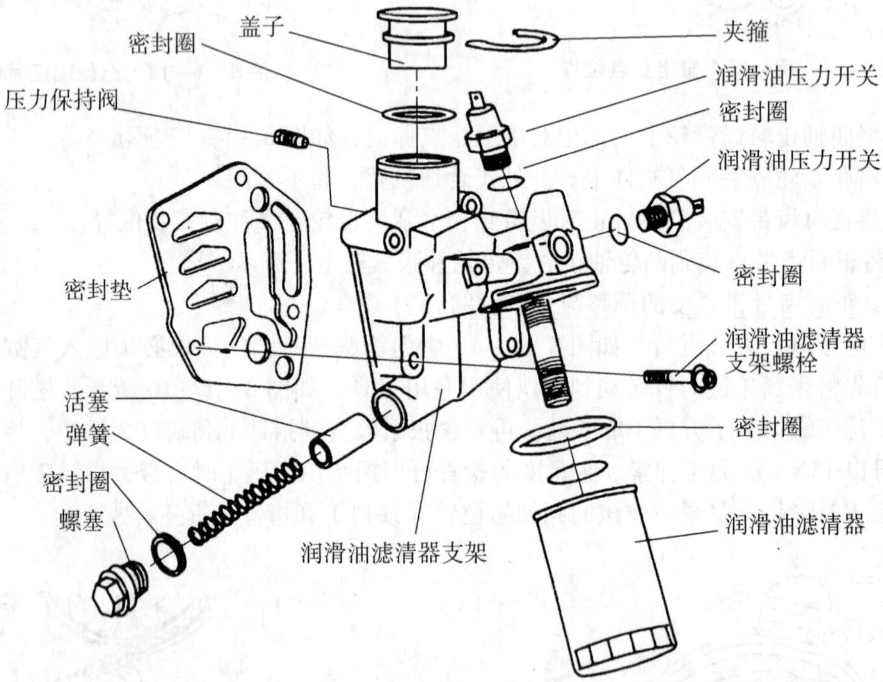

图8－1－17　滤清器支架与相关零件装配

② 安装节温器。节温器的感温部分应在气缸体内，安装节温器座（进水管座），拧紧螺栓。在节温器座与气缸体平面之间要装O形密封圈。

③ 安装发电机支架，固定螺栓拧紧力矩为45N·m。

8．安装发动机支架与进排气歧管等相关零部件

① 安装发动机左、右支架，固定螺栓拧紧力矩为40N·m。安装发动机转速传感器、爆震传感器、发动机出水管和冷却系小循环外水管。安装润滑油标尺下套管、火花塞。

② 将点火线圈组件安装到进气歧管上。摆放进气歧管垫，安装进气歧管及支架，从中

间向两侧，上下对称拧紧进气歧管固定螺母，拧紧力矩为20N·m。用高压分火线连接点火线圈与火花塞，要连接到位。安装进气温度传感器、喷油器、燃油分配管及燃油压力调节器。

③ 安装节气门体、节气门到燃油分配管的燃油压力真空管。安装发动机出水管与出水管座的连接软管，将软管的另一端插入出水管座，将发动机出水管座安装到气缸盖后端出水口处。安装出水管座上的水温传感器和温度传感器。安装节气门座进、出水软管。

④ 摆放排气歧管垫，安装排气歧管，从中间向两侧、上下对称拧紧固定螺母。安装隔热板。安装飞轮壳，在飞轮壳与气缸体之间有气缸体飞轮壳中间支架，固定螺栓拧紧力矩为45N·m。安装起动机，固定螺栓拧紧力矩为65N·m。安装发动机到膨胀水壶的回水软管。

9. 安装发电机等相关附件

① 安装曲轴传动皮带惰轮。首先将惰轮的皮带轮安装到惰轮上，再将惰轮安装到发电机支架上，固定螺栓拧紧力矩为45N·m。安装动力转向泵，固定螺栓的拧紧力矩为25N·m。

② 安装发电机。下固定螺栓拧紧力矩为45N·m，上固定螺栓拧紧力矩为25N·m。安装传动皮带张紧轮，固定螺栓拧紧力矩为25N·m。

③ 安装空调压缩机支架，固定螺栓拧紧力矩为35N·m。安装空调压缩机，将固定螺栓拧到位，暂不紧固。安装空调压缩机调整臂，固定螺栓拧到位后暂不紧固。

④ 安装发电机传动皮带。先套上皮带（若使用旧皮带其传动方向应与原传动方向一致），如图8－1－18所示，沿箭头方向扳动传动皮带张紧轮并用销钉销住，将传动皮带装到位，扳住张紧轮后取下销钉，使张紧轮处于张紧状态。传动皮带应位置正确，张紧适度。安装空调压缩机传动皮带，将传动皮带装到位，调整空调压缩机与曲轴皮带盘的距离，使传动皮带张紧适度，拧紧空调压缩机固定螺栓，力矩为35N·m，拧紧调整臂固定螺栓，力矩为35N·m，拧紧调整臂调整螺栓，力矩为35N·m。最后复查传动皮带张紧度应适度。

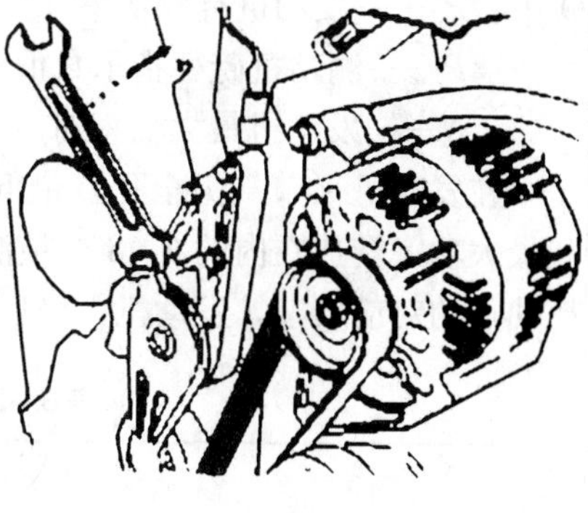

图8－1－18 发动机传动皮带张紧

10. 安装空气质量传感器、连接空气滤清器，安装氧传感器、排气管

11. 安装其他相关控制装置，连接控制单元

12. 检查发动机装配的完整性

13. 完成启动的准备工作

连接相关电器设备和相关器件，加注润滑油和冷却液，连接燃料箱并接通电源，进行起动前的必要检查。

第2节 性能测试

反映发动机动力性和经济性的指标有最大功率、最大转矩、最低燃油消耗率，以及它们的对应转速，这些指标用以鉴定发动机大修后的性能是否达到标准。

一、发动机测试

1．准备工作

将发动机固定在试验台上，并确保固定牢固。按使用说明书加注冷却液和润滑油，调整火花塞间隙和分电器继电器触点间隙及点火正时，接入试验台润滑油散热系统，接入测量燃油消耗量的量油装置，选用规定燃料；启动发动机，预热至水温80℃。

2．测试操作方法

启动发动机，逐步打开节气门至全开，同时调整测功机的负荷，使发动机在最低稳定转速下运转。这时测功机磅秤上指示的数值 P 达到最大值，此时试验台上所指示的转速，即为发动机最大转矩时对应的转速。发动机最大转矩可用下式计算：

$$M_e = 7.026P$$

式中：M_e——发动机额定转矩（N·m）；

P——测功机磅秤指示数值。

逐渐减少发动机负荷，使转速逐渐升高。当转速达到说明书规定的额定转速时，记下测功机磅秤所指示的数值 P。发动机的有效功率可用下式计算：

$$P_e = 0.736 \times 10^{-3} P_n$$

式中：P_e——发动机有效功率（kW）；

P——测功机磅秤指示数值；

N——发动机最大功率对应转速（r/min）。

在发动机（节气门全开）最低稳定转速和最大功率转速之间，选取包括最大转矩转速和最大功率转速在内的6～8个被测转速点，并测出上述转速点的耗油率，从而确定出最低耗油点的对应转速。发动机大修后的主要技术性能要求如表8－2－1所示。

表8－2－1　发动机的主要技术性能要求

机　型		EQ6100—1发动机	康明斯6BTA5.9发动机	上海桑塔纳JV发动机	上海桑塔纳AJR发动机
转速（r/min）		3 000	2 600	5 200	5 200
最大功率（kW）	原厂设计	99	140	62.7	74
	大修出厂	89.1	126	56.4	66.6
转速（r/min）		1 200～1 600	1 600	3 300	3 800
最大转矩（kW）	原厂设计	353	638	138	155
	大修出厂	318	574	124	139.5
最低燃油消耗［g/（kW·h）］		306	204	285	278.5

二、发动机竣工验收

发动机经装合、调整和测试后进行验收，竣工验收按GB/T15746.2—1995《汽车修理质量检查评定标准发动机大修》的要求执行。应符合下列要求：

① 整体检视装备应齐全、完整有效。零部件应无破损、漏装的情况。

② 在环境温度≥－5℃时应能顺利启动，允许连续起动≤3 次，每次启动≤5S。

③ 用转速表和真空表检查，在稳定的怠速运转时，真空度值应为 51～70kPa。波动范围六缸发动机≤3kPa；四缸发动机≤5kPa。

④ 使用气缸压力表测量，各缸压力应在原设计标准值。各气缸压力差：汽油机各缸相差≤8%；柴油机各缸相差≤10%。

⑤ 怠速运转稳定，其转速符合原设计规定（阻风门全开），转速波动≤50r/min。发动机无抖动现象；在中速或高速时均应运转均匀，改变转速时应过渡圆滑；突然加速或减速时，不得有突爆声，及断火、回火或放炮的现象。

⑥ 发动机在正常工况下，不得有异常响声。但允许有轻微而均匀的正时齿轮、润滑油泵齿轮和气门脚响声。

⑦ 用测功机按规定测量，发动机最大功率和最大扭矩不得低于原设计标准值的 90%。

⑧ 用油耗计按有关规定测量，发动机最低燃油消耗率不得高于原设计标准。

⑨ 检测发动机排放应符合最新国家标准。

⑩ 检查发动机润滑油压力应符合原设计规定（中型货车怠速运转时应≤98 kPa；中速运转时应为 196 ～392 kPa）。

⑪ 用水温表和油温表进行试验，水温和油温应符合原设计规定。

⑫ 检测润滑油的规格、数量，应符合要求。

⑬ 外观检查应无“四漏”（漏水、漏油、漏气和漏电）现象。

⑭ 检视柴油发动机停机装置，应灵活有效；汽油发动机应按规定加装限速装置。发动机应按规定涂漆，漆层应均匀，不得有漏涂现象。

⑮ 发动机应按规定涂漆，漆层均匀，不得有漏涂现象。

参 考 文 献

赵新民，马步进 . 2002. 汽车构造［M］. 北京：人民交通出版社.
张第宁，魏白荣 . 2002. 汽车维修［M］. 北京：人民交通出版社.
张第宁，卢荣林 . 2004. 汽车发动机构造与维修［M］. 北京：人民交通出版社.
崔振民，魏白荣 . 2004. 汽车底盘构造与维修［M］. 北京：人民交通出版社.
杨海泉，郭庆德 . 2004. 汽车故障诊断与检测技术［M］. 北京：人民交通出版社.